加藤光一・大泉英次 [編]
Kato Koichi　Oizumi Eiji

東アジアの
グローバル地域経済学

日韓台中の農村と都市

大月書店

まえがき——本書の課題と方法

大泉英次・加藤光一

　東アジア経済圏を構成する日本・韓国・台湾・中国の政治経済関係は，戦後世界が東西冷戦体制から経済グローバル化へと転換する中で，大きな変化と発展を遂げてきた。

　今日の日本・韓国・台湾・中国は，経済面では相互依存関係を深めているが，政治面では深刻な対立関係を抱えている。それは，日本を一方の当事者とする領土問題であり，戦争責任と補償の問題である。そして韓国は分断国家として北朝鮮と対立し，台湾と中国は国家と民族のあり方をめぐって対峙し合っている。これらの諸問題を平和裡に解決しないかぎり東アジア経済圏の安定と発展を展望することは難しい。

　本書はこれらの政治・外交課題に応えるものではないが，しかし日本・韓国・台湾・中国の現在と将来を考える時に必須の経済課題を考察する。すなわち本書は，経済グローバル化の中で国家政策と地域経済に起きている変化，農業・農村問題と都市・住宅問題を分析し，その打開のための政策課題を検討する。初めに，これらの課題を考察する歴史的枠組みとグローバル地域経済学の方法を説明しよう。

開発主義と新自由主義

　今日の日本・韓国・台湾・中国では，経済グローバル化が進む一方，各国内で地域格差・所得格差・貧困が深刻化している。本書はこの問題に歴史的観点から接近すべく，日本・韓国・台湾・中国の国家体制と支配イデオロギーの変化を開発主義から新自由主義への転換として特徴づけ，その過程を考察する。

　開発主義は日本・韓国・台湾の高度経済成長を推進した政策・イデオロギーであり，中国も改革開放後の国家政策は開発主義の性格を強く帯びている。日

本・韓国・台湾の開発主義国家は冷戦体制のもと，政治と経済の両面でアメリカに強く従属・依存しながら発展した。そして経済グローバル化の中での各国の経済成長は，国家政策の開発主義から新自由主義への転換をもたらした。改革開放後の中国も，経済発展をめざして自由主義的国際経済秩序に参加し，アメリカ経済との相互依存関係を深めてきた。

グローバル資本蓄積

　経済グローバル化とはグローバルな資本蓄積の発展である。市場経済の成長・変動を生み出す動力は資本蓄積であり，資本蓄積は現実資本蓄積と貨幣資本蓄積という2つの形態で展開しグローバル化する。

　現実資本蓄積とは財・サービス商品の生産と流通における資本蓄積である。そのグローバル化とは，製造業・商業・サービス業部門の企業による対外直接投資の増加と国外生産・営業拠点の構築，そしてサプライチェーンを担う企業関係のグローバル化を指す。

　編者は，グローバル資本蓄積の東アジアにおける具体的様相を，日本・韓国・台湾・中国が相互に編成するネットワーク＝「グローバル東アジア外生循環構造」と把握する。その編成論理はアウトソーシングとサプライチェーンである。1950年代半ば〜70年代初頭に高度経済成長を遂げた日本，1970年代に高度経済成長を遂げ開発途上国から中進国となった韓国および台湾は，短期間の急速な経済成長という「圧縮型経済発展」を経験した。ここに東アジア資本主義の「外生循環構造」が形成される。さらに1978年「改革開放」政策の中国がこれに加わり，タイムラグはありつつも高度経済成長を遂げた。こうした諸国・地域を密接に相互連関させる経済循環の成立は世界の中でも東アジア圏に限られる。その特異性に注目すべきである。

　次に貨幣資本蓄積とは，ほんらい現実資本蓄積の一部である貨幣資本が，そこから分離し金融市場で運用され増殖しつづけることを言う。先進国経済の低成長（国内投資・消費の減退）を背景に，財・サービスの生産への投資に向けられない過剰資金は金融資産に投資されて増殖をくりかえし，これが金融経済の肥大化をもたらした。

　貨幣資本蓄積の発展は現実資本蓄積の停滞と表裏の関係にある。グローバル企業（多国籍企業）の資本蓄積自体が金融収益に大きく依存している。貨幣資

本蓄積のグローバル化は，慢性的な経常収支赤字国アメリカから流出するドル資金が対米黒字国に堆積し，国際金融市場で運用・増殖されるという資金循環を基軸として展開している。このグローバル資金循環において，日本・韓国・台湾・中国の企業と金融機関は重要なプレーヤーを演じている。

　これら2つの形態で展開するグローバル資本蓄積は，国民経済そして地域経済にいかなる影響を与えているか。これがグローバル地域経済学の問題意識である。

グローバル地域経済学の方法

　経済社会に地域性を与えるのは一定範囲の土地であり，そこに成立している自然・歴史・文化空間である。そして土地は本源的な生産手段にして生活手段である。これが私的所有を介して資本主義の生産関係・社会関係に組み込まれる。

　資本主義と社会的分業の発展は，農村と都市の分業と対立を発展させる。農村と都市は産業と土地利用が対照的な様相をとる地域経済である。農村と都市の土地所有は，資本・賃労働関係とともに社会編成の様相を決定する基本的要素である。国民経済は，国家という政治組織によって統治される経済社会であり，資本・土地所有・賃労働と国家で構成される地域経済社会である。

　経済グローバル化は，グローバル企業（多国籍企業）間の競争だけでなく，企業が立地する地域間の競争，そして企業が依拠する国家間の競争として展開される。グローバル地域経済学は，グローバル資本蓄積およびグローバル企業の競争が，農村および都市という地域経済を構成する資本・土地所有・賃労働の関係にもたらす変動を分析・考察する。

なぜ「農村と都市の土地所有」なのか

　編者は，農業・土地所有が地域経済・国民経済の基底であり，農業・土地所有の様相が資本主義の構造の型を決定するという見地に立つ。東アジアに特有な社会編成の基底をなすのは小土地所有・零細農耕であり，それと結びついた低賃金労働である。

　本書の考察対象は農業・農地所有であり，そして都市の住宅地・住宅（持ち家および貸家）所有である。住宅地・住宅所有は居住生活と地域社会の編成を

根本的に規定する要素であり，土地市場において企業土地所有との競争の中に置かれている。そして農地所有とは異なるメカニズムで資本蓄積のシステムに包摂されている。

　資本蓄積の発展は，農村と都市の土地所有の様相に強く作用し，地域社会編成の変容をもたらす原動力である。本書は，この観点から日本・韓国・台湾・中国の農村・農業問題と都市・住宅問題を考察する。それぞれの問題状況は共通する側面を持つと同時に，各国の歴史的政治的条件に規定されて，相違する側面を持つ。

　本書の考察は，資本蓄積の発展とそのグローバル化が生み出す農村と都市の危機の分析から，これに抗して農村と都市の再生，労働と生活の再建をめざす政策課題の提起に及ぶ。本書の特色は，日本・韓国・台湾・中国の農村・農業問題と都市・住宅問題の考察を通じて，東アジア資本主義における小土地所有の危機の様相を分析し，その再生を展望しようとするところにある。

　農村と都市の再生という課題は，グローバル資本蓄積に対抗する地域経済・国民経済の再生を展望することにつながり，さらには東アジアにおける対等・互恵の政治経済関係の構築を展望することにつながるであろう。

本書の構成

　序章「グローバル東アジア資本主義の基本構造」は，グローバル資本蓄積の東アジアにおける具体的態様，すなわち各国・地域の相互ネットワーク関係がどのように形成されてきたかを，外生循環構造の形成・確立・変容の過程として図式的に鳥瞰する。ここで外生循環構造とは，一国の国民経済＝再生産が，第二次世界大戦直後の初発段階から，第Ⅰ部門（生産手段生産部門）と第Ⅱ部門（消費手段生産部門）の均衡的な発展という姿ではなく，外需（外国市場）の存在を必須の前提とする偏倚した姿で成立したことを表現する概念装置である。これが各国・地域の相互ネットワーク関係として成立したところに東アジア経済圏の特異性がある。

　第Ⅰ部「東アジアの農業・農村と土地所有」は，やや長期的なパースペクティヴから小農・小土地所有・「アジア的零細農耕」で構成される東アジアの農業・農村の歴史的構造について，日本・韓国・台湾・中国における具体的な様相と問題の展開を考察する。

　第II部「地域再生の作法」は，地域再生がめざすべき具体的な方向を多彩な切り口で論ずる。今日の地域再生論議の中で注目される「内発的発展・地域内再投資」論ならびに「関係人口」論の検討，世界的な SDGs の取り組みと関連した森林社会や有機農業の展望，歴史的に形成された地域産業の一つである酒造業の動向を考察する。

　第III部「東アジアの開発主義・新自由主義と都市土地所有」は，国家体制の転換（開発主義から新自由主義へ）ならびにグローバル資本蓄積の発展という2つの歴史的条件のもとで，日本・韓国・台湾・中国の大都市における土地所有と住宅市場，住宅政策の様相および変容を考察する。

　終章「グローバル東アジア資本主義の展望」は，以上の各部での考察を総括し，日本・韓国・台湾・中国の農村と都市について今後の中長期的な展望を，とりわけ中国の動向に注目しつつ検討する。

目　次

第II部　地域再生の作法

序　章

グローバル東アジア資本主義の基本構造

加藤光一

はじめに

　21世紀に突入して20年以上が経過した。2019年12月に中国武漢で確認された新型コロナウイルスが一瞬のうちに広がり，世界的なパンデミックを経験している。これにより，グローバリゼーションの世界とはどのようなものかを世界中の人々が具体的に経験し，ある程度可視化することができた。かつてのスペイン風邪が世界中を席巻するのに多くの時間を要したのと比べれば，比較にならない速さだ。当初のコロナ株が様々な変異株をつくりだし，ワクチンで一定克服するように見えたが，なかなか終息を展望することができていない。またパンデミックは，雇用と生活を直撃し，世界的なサプライチェーン関係に影響をもたらし，同時に，物不足によるインフレをももたらしつつある。とりわけ，資本，労働，土地所有の編制論理が大きく変わり，様々な矛盾を生み出しつつある。大企業を中心にテレワーク（＝リモートワーク）が増加して在宅勤務が増え，都心ないし地方中核都市でのビジネス街にオフィスを構える意義が問いなおされている。一方では，フリーランスの「雇用によらない働き方」（高田 2021）が進み，デジタル社会の進展で個人事業主・個人請負・自営業の「シェア・エコノミー」（sharing economy），「ギグ・エコノミー」（gig economy）という名称を変えた働き方が常態化する事態が注目され，様々な変容をもたらしている。「コロナショック・ドクトリン」とでも形容できる事態が進み，人材ビジネス会社や「マッチング・プラットフォーマー」がコロナ後の働き方を展望するように，無権利状態の労働者を多く創出する可能性がある。労働と生活の部面で大変革が急速に進みつつある。国・地域挙げての非正規雇用

のよりいっそうの拡大化・常態化である。

　こうした直近の変動を射程に置き，1990年代以後に本格化するグローバリゼーションから見れば，グローバルな資本蓄積は，財・サービス商品の生産と流通において，企業＝資本の直接投資，国外生産・営業拠点のネットワーク，アウトソーシングとサプライチェーンで成立していると言える。とりわけ，東アジアの日本・韓国・台湾・中国においては顕著である。

　そこで，以下，1. グローバル東アジア資本主義，2. グローバル東アジア資本主義の実体，3. 東アジア外生循環構造の形成・成立・確立・変容，の順で概観しておきたい。

1　グローバル東アジア資本主義

　「グローバル東アジア資本主義」とは何かを，「東アジア外生循環構造」という概念装置で説明しておきたい（涌井 2005，2010，2013）。東アジア資本主義のグローバル化の実態とは，①多国籍企業による企業内貿易の拡大＝「企業内分業」の空間的分離・配置，②この企業内貿易は生産工程の外部委託（アウトソーシング）で発展しているということだ。

　①は「資本（多国籍企業）の専制」として，②は多国籍企業が直接投資を回避し，既存の現地企業との業務提携（実質的に下請け化）で実現している。

　企業内国際分業の発展，すなわち作業場内分業レベルの資本（多国籍企業）の専制として，企業内国際分業に組み込まれた国・地域に「労働対象（半製品・部品・素材）・労働手段（機械・装置）の国外依存＝輸入」，そしてその「分割工程での加工・組み立て（高次の部品・完成品の生産）」は，「労働対象（部品・完成品）の輸出」をつくりだし，「国外の再生産循環が国内の再生産循環構造を抱え込み補完する」（下線は加藤）。このモデルが「東アジア外生循環構造」である。すなわち，社会的分業を前提にした生産財部門と消費財部門が，国内で応答的に再生産・循環するというマクロ経済レベルの一般的な応答循環構造に対して，外生的循環構造であることを提示した。

　ただし，こうした整理は，社会的分業を前提にしたマクロ経済レベルのモデルに対して，いわば作業場分業レベルのものであり，果たして論理的に整合性を持つのかという批判が成立する。同時に，この「外生循環構造」モデルは東

アジア地域のみに成立するものではなく，現代の資本（多国籍企業）の運動・循環モデルそのものでもある。しからば，「グローバル東アジア資本主義」の特殊性とは何か，が問題になる。その「淵源」が，①「農業・農村」の小農・小土地所有にあり，②東アジアの国・地域で相互規定し合う関係が大きく作用しているというのが，私たちの主張するコンテクストだ（下線は加藤）。工程分割というアウトソーシング・外注および国際サプライチェーンは，とりわけ中国で成立・確立し，中国＝「世界の工場」が確立した（加藤 2020）。このことが同時に中国とアメリカとの米中貿易戦争，米中デジタル技術覇権戦争＝米中対立を生み出す結果にもなった。

　なお，付言すれば，かかる「東アジア外生循環構造」のモデルは，中国の「一帯一路」構想（平川ほか編 2019）ともオーバーラップする。「一帯一路」は中国基軸の「中国版外生循環構造」と言ってもよい。もちろん否定的に捉えられ「債務の罠」等の多くの問題を抱えている。しかし世界経済，アジア経済の今後の展望を考えれば，中国基軸の「新たなフロンティア」の創出は，多くの新興国の経済成長を支援していることも事実だ。別の見方をすれば，アメリカ基軸から中国基軸への転換，世界経済からアメリカをデカップリングすることである。当然のことながら米中対立＝新「米中冷戦」体制を必然化させている。このことの認識は，東アジア経済を占う問題でもある。

2　グローバル東アジア資本主義の実体

　グローバル東アジア資本主義の実体とは，アウトソーシング・外注＝フラグメンテーション（fragmentation）という財・サービス等の商品をめぐる関係として整理することが可能だ。通常，「アウトソーシング」（outsourcing）は和製英語で，いわゆる「外部委託」なり，「外注」などの言葉と厳密には違う。一般的には，経営学的なアプローチで様々な形態分類がなされているが，本来，組織内部でおこなっていたものを，外部組織，具体的には子会社，系列会社，協力会社等に委託して，その労働サービスに対して享受すること（そのサービスに対して契約すること）と観念されている。ここでの問題は，国際的な海外アウトソーシングであり，「オフショアリング」（offshoring）のことである。図0-1は，海外アウトソーシング概念を整理したものだ。国際的なアウトソー

図0-1　オフショアリングとアウトソーシングの概念図

立地場所（Location）

		国内（Domestic）	海外（International）	
支配形態 （Control）	内部調達 （Insourced）	国内供給 （Domestic supply）	海外インソーシング （International insourcing）	オフショア リング
	外部委託 （Outsourced）	国内アウトソーシング （Domestic outsourcing）	海外アウトソーシング （International outsourcing）	

出所：OECD（2005：5）および冨浦（2014：vii）をもとに筆者加工。

シング・外注，それを前提にした国際的サプライチェーンは，現代的な表現をすれば，生産過程・工程分割化が各国に関わっているフラグメンテーション（fragmentation）として注目されている。この進捗度合いを示す指標は，輸出額に占める輸出国の「付加価値」の割合である。一般に各国の輸出額のみを比較すると，それが多ければ表象的には輸出大国ということになる。しかし，輸出を拡大している国ほど他国から「部品」等を多く輸入している。たとえば，アップル社のiPhoneの場合はつとに有名である。こうした生産過程・工程分割化，フラグメンテーションは，「東アジア外生循環構造」とほぼ同じと位置づけてよい。あくまでも貿易上のモノ（商品）と金額に関わるもので，その背後にある「政治経済学」的問題は捨象した場合のみに適用できる。この「フラグメンテーション」に対する研究（藤田・Thisse 2017）は，産業連関表や貿易統計等をもとに推計する手法等がとられ，限界があり限定的なものである（中田 2013）。

　ちなみに1980年からの世界貿易統計で確認すれば，東アジア地域の輸出シェアは90年代まで顕著に伸び，その後も確実に拡大傾向は続いている。なお，80年代後半には日本のシェアは低下し，代わって当初はNIESが伸ばし，その後，中国が伸ばすが，NIESと中国の輸出シェアの伸びは，日本のシェア低下を補って余りある。軽工業（食品，繊維，玩具・雑貨）では90年代前半までは，NIESがシェアを伸ばすが，その後は縮小傾向，代わって中国がシェアを伸ばす。また機械産業では，先進国のシェアは低下傾向を示すが，東アジアのシェア拡大は顕著になる。しかし日本のシェアが大きく低下する一方，当初はNIESが拡大し，その後は中国がNIESとASEANを合わせた以上の大きなシェアを占めている（桑森編 2020）。この過程は，先発＝日本，後発＝NIES，そして中国の追いつき，追い越し過程となる。資本（企業）は生産のプロセス

の全工程を複数の中間財「製造」段階と最終財の「組み立て製造」に分割し，
労働集約度が高い工程は労賃の安い国・地域に移転させるという方法をとる。
図0-2は，「機械輸出先」に限定して中間財と最終財に分類しそのシェアを見た
ものである。「東アジア外生循環構造」の序列・編制そして生産基軸の転換，
具体的には日本→ NIES →中国が，2000年代に突入すると中国→日本・NIES
という逆転関係が成立していることが確認できる。

3　東アジア外生循環構造の形成・成立・確立・変容

　図0-3は東アジア外生循環構造の形成・成立・確立・変容の概念図である。
①日本はアメリカを代位・補完するアジアの基軸として戦後日本資本主義を立
　ち上げた。そして戦後重化学工業化を成立させた【東アジア外生循環構造の
　形成】。
②その日本は，アメリカのアジア基軸として「日本－韓・台（NIES）」の編制
　序列を確立する【東アジア外生循環構造の成立】。
③そしてアジア NIES のその下に中国の沿岸部を編制する「日－韓・台
　（NIES）－中国沿岸部」の編制序列を確立する【東アジア外生循環構造の確
　立】。すなわち，「日本・アメリカ（欧米）そしてアジア NIES からの生産手
　段の輸入＝国外依存→沿岸部（珠江デルタと長江デルタを中心に）の特殊な輸
　出加工区での加工組立・剰余価値の生産→香港経由での再輸出，日本，アジ
　ア NIES・欧米への輸出で剰余価値の実現」という国外の再生産循環が国内
　の再生産循環構造を抱え込み補完するという，かかる「外生循環構造」が中
　国経済の発展をもたらした。
④東アジア外生循環構造＝「日－韓・台（NIES）－中」編制序列は，中国企業
　の成長，中国国家資本主義と言えるシステムの結果だ。中国は21世紀に入
　り，2001年 WTO への加盟，2009年にドイツを抜き世界第2位の輸出国，
　さらに，2011年には GDP で日本を抜き第2位となり，20世紀末に「世界の
　工場」から「世界の市場」と呼ばれるように大きく変化した。すなわち，
　「中－日・韓・台（NIES）」と編制序列が逆転する【東アジア外生循環構造
　の変容】。

20

図0-2　各国・地域の機械輸出先シェア

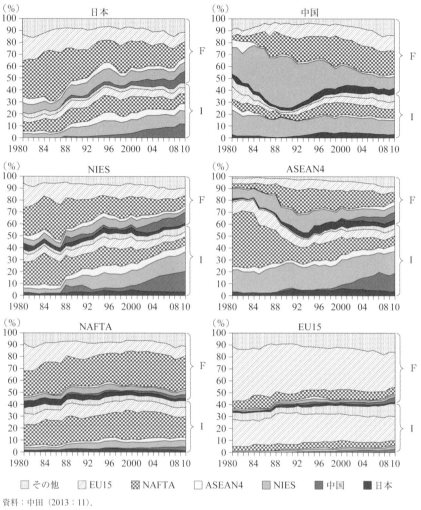

資料：中田（2013：11）．

註
1．図中の「I」は中間財，「F」は最終財の輸出を示している．
2．EU15は，2004年5月以前のオーストリア・ベルギー・デンマーク・フィンランド・フランス・ドイツ・ギリシア・アイルランド・イタリア・ルクセンブルグ・オランダ・ポルトガル・スペイン・スウェーデン・イギリスの15ヵ国を指す．
3．NAFTA は，アメリカ・カナダ・メキシコの3ヵ国を指す．
4．ASEAN4はタイ・マレーシア・インドネシア・フィリピンの4ヵ国を指す．
5．NIES は，韓国・台湾（データは1989年より）・香港・シンガポールの4つの国・地域を指す．

図0-3　東アジア外生循環構造の形成・成立・確立・変容の概念図

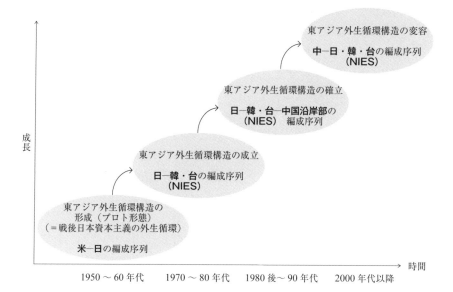

かかる「東アジア外生循環構造」の政治経済学的検討を，戦後日本資本主義との関係から示しておきたい。

　米ソの冷戦構造，とりわけアメリカの世界戦略＝パクスアメリカーナのアジア戦略は，1949年中華人民共和国の成立と，朝鮮半島における1950年6月の朝鮮戦争勃発（それは同時に中国の人民軍の参戦）によって決定的に変更した。アジア・極東の最前線基地＝兵器廠として日本を位置づけることであった。まさに日本の戦後復興＝工業化は軽工業から立ち上げるのではなく，「重化学工業化」であった。日本の驚異的な「高度成長」への道である。この間の事情を記しておけば，周知のように1945年敗戦直後の対日占領政策の基本は「日本の非軍事化＝民主化」であったが，1946年に入ると反ファッショ国際統一戦線（アメリカ・イギリス・ソ連を中軸）は急速に解体が進行し，米ソの対抗関係＝冷戦構造が顕在化した。とりわけ，中華人民共和国の成立，ソ中友好条約の締結に対してアメリカは，極東における社会主義陣営の防壁として日本を位置づける（反共政策への急展開，かくして日本の敗戦による民主化とGHQの反民主化占領政策という「革命と反革命の時期」）。

　戦後アメリカはアジア戦略の変更（具体的にはソ連の原爆保有，中国革命＝社会主義国家等）で，対ソ戦略として利用可能な工業生産力をアジアに移植・創出する必要に迫られた。具体的にはそのターゲットを日本に求め，アメリカからの生産設備，資源・原材料，技術の全面輸入・移植によって日本資本主義は立ち上げられ，「戦後重化学工業化」（1955〜65年）を確立する。戦略物資＝工業製品は国内市場を前提としたものではなく，輸出＝外需を前提としていた。すなわち，外生的なものであった。アメリカによる〈戦略物資の調達補給〉を最大限利用し，戦後日本資本主義は，生産と輸出を驚異的に伸ばす。たとえば，朝鮮戦争（1951〜53年）により，1953年には戦前水準の繊維製品輸出を回復した。また，農地改革による小農制・零細農耕＝自作農的土地所有からの限りない低賃金労働力の供給を梃子に，米欧に重化学工業製品の輸出攻勢をかけ，1965年に戦後初めて貿易黒字を達成する。

　そして1971年のアメリカの「金・ドル交換停止」，ドルの減価，1ドル＝360円が一挙に円高になることで，日本の企業は，ME化＝合理化でコストダウンを強め，費用価格の圧縮で為替差益損の対策をとる。しかし，労働集約的な低級家電・雑貨・繊維縫製関係等の労賃コストを商品として吸収できない低付加価値消費財の生産拠点を求めて，その生産工程をアジアNIES等に移植した。アジアNIESは工業化（ある意味「工場化」）を遂げ，「アジアの小龍」と言われることになる。アジアNIES（韓国・台湾）も巻き込む本格的なアジア外生循環構造の成立・本格化である。韓国・台湾においても1950年から実施される農地改革・土地改革で自作農＝小農を創出し，そこから低賃金労働力がNIES工業化＝工場化を成立させる。この場合は，日本およびアメリカからの「労働対象（半製品・部品・素材）・労働手段（機械・装置）の国外依存＝輸入」，そしてその「分割工程での加工・組み立て（高次の部品・完成品の生産）」は，日本およびアメリカへの「労働対象（部品・完成品）の輸出」という構造を成立させる。

　こうしたアジアNIESの国・地域は，都市国家（シンガポール，香港）または島＝半島国家＝分断国家であり，一国内応答できる再生産＝経済発展の道は閉ざされていた。すなわち，局地市場圏をもとに国民統合的な国内産業の存立を許す，いわゆる「内包的工業化」は望めなかった。それがゆえに，外向きの「外延的工業化」でしかなかった。まさに外生循環構造を出発点で刻印されて

いたとも言える。

　最初から一国の再生産・循環が成立しないような，都市国家ないしは分断国家のアジア NIES で工業化＝経済発展が可能になるというアイロニーは，従来の経済学体系の変更をもたらした。まず，都市国家は農業部門＝消費財生産部門が脆弱であるから，経済発展するためには生産財生産部門内部で「固定資本」が形成され，その過剰を本来，農業部門＝消費財生産部門等が吸収すればよいが，それが脆弱ないしほぼ存在しない場合には，内需創出にも限界があるので，輸出＝外需拡大しかない。分断国家も，同じように国内「市場」規模が狭隘（きょうあい）ということも関係し，外需拡大しかない。市場＝人口の限界もふまえると最初から，外需に依存する外生循環構造でもある。

　中国が国際社会にデビューするのは1971年で，それはアメリカの「金・ドル交換停止」，そしてアジア NIES（韓国・台湾）も巻き込むアジア外生循環構造の本格化する中でのことだった。1978 年の「改革・開放」政策が定着するのは，鄧小平の1992年の「南巡講話」まで待たなければならなかった。これをもって中国では「市場経済への移行＝社会主義的市場経済」と認識されている。かかる「南巡講話」は深圳（しんせん）が聖地である。委託加工の来料加工の最前線だ。それは原材料・部品等の調達と製品販売を国外に求めるというものだ。珠江デルタの成功をもとに1990年以後，長江デルタへと展開し，沿岸部経済発展の礎となる。すなわち，80年代の香港の雑貨・繊維関係が，最初に広東に進出する。90年代になると，日系の精密機械，家電，事務機器が進出し，同時期に台湾の大陸投資解禁により，靴メーカー等の世界の一流メーカーの OEM が進出する。すぐ，同じようにパソコン，金属加工，プラスティック等が進出し，欧米，韓国系企業も次々に大挙して進出する。それに伴い，中国系ローカル企業として郷鎮企業から民営・私営企業になった現地企業，たとえば，深圳市の「康佳」（Konka），「華為」（Huawei），恵州市の「TCL」，順徳市の「科龍」（Kelon），「美的」（Midea），「格蘭仕」（Galanz），珠海市の「格力」（Gree）等も，日本，韓国，台湾，香港等の下請，OEM を担っていたが，90年代の終わり，2000年に突入すると，逆に，日本，韓国，台湾の進出企業は，これらの現地ローカル企業が「グローバル企業」として成長したために部品供給の側に回ることになる。これにより，東アジア外生循環構造は大きく変容し，GAFA（Google，Amazon，Facebook，Apple）資本が世界中を席巻する時代になった現

在，中国はかかる GAFA に対抗する BATH（百度，アリババ，騰訊，華為）を成長させ，人口13億のミニ「世界の市場」である中国では，デジタル，人工知能（AI），ビッグデータ，IoT，そしてフィンテック（FinTech）による金融テクノロジーが席巻し，すべてのことが携帯電話で生活が可能になっている（これは都市のみではなく農村でも主流）。こうした中国で，第5章で明らかになる農民工という農村の土地と結合した低賃金労働力は，社会の底辺部分として位置づけられ，固定化され苦悩している。

おわりに

　最後に新「米中冷戦」体制と言える現在，東アジア外生循環構造の前提にあるアメリカの存在，そしてその性格の変化も確認しておかなければならない。

　①ME革命，IT革命そしてICT革命より，アメリカは「インターネットによるネットワーク化＝ネット新世界」という新しい競争領域に入り，すなわち，アメリカ資本主義は産業空洞化に対し，金融・株を中心とした分野に資本の蓄積部分を見出し，②日本，アジアNIES，中国に結果的に非正規雇用・低賃金を固定化させ，③農業＝土地所有は，アジア零細農耕を解体させる大規模化，企業形態の農業経営の萌芽を展望させるまでになっている。しかし，アメリカの基軸国家としての弱体化で，日本，韓国，台湾そして中国では次のような動きも存在していることは認識しておかなければならない。

　かくして，各国・地域は，①零細土地所有を固定しながら，かつ一方でそれを解体させる，資本からの要請に対応する大規模化・組織化を政策として進めている。同時にこの農村部における労働力は，かつて都市部門への労働力＝低賃金の供給地であったが，すでに「無制限な労働力供給」はできなくなり，労働力不足は深刻な問題である。それゆえに，資本の要請から，資本に適合的な土地所有編制ということだけでなく，零細土地所有の内部から自らが変革する，新しいコミュニティの論理も内なる新しい互酬と共同性が内発的論理として萌芽している。その形態は，日本，韓国，台湾そして中国でも農業専業合作社の組織化も生まれている。同時に，都市への住宅問題，居住問題は深刻な矛盾も生み出している。都市の土地はいまだ蓄積の基盤としての役割をもたらされ，都市の土地不足は，過剰資本の蓄積の基盤にもなっている。これが土地所有を

めぐる東アジア資本主義における「基底」的な部分である。②賃労働としての
意味では，現象的には日本を除き実質的な賃金上昇はすれども，結局は非正規
雇用を拡大させ，「変動費」として位置づける政策がなされている。「零細私的
土地所有」と「非正規雇用」賃労働を固定化させているのが，グローバル東ア
ジア資本主義の特徴である。その意味で言えば，「零細私的土地所有と非正規
雇用の相互規定関係」という構造が基底で存在している。

第 I 部

東アジアの農業・農村と土地所有

第 *1* 章

東アジア小農社会と農業・農村
―――社会基層としての小農・小土地所有―――

加藤光一

はじめに

　東アジア地域（とりわけ日本，韓国，台湾，中国），その成長し変貌する姿は，世界中で最も注目されるエリア＝地域である。この地域（＝経済圏）の基本的性格を分析しなければ，現段階の世界経済の動向を展望することはできない。同時に，個別具体的なエリアである「地域」も，私たちが本書で明らかにしようとしている広義の東アジアの「地域経済学」においても然りである。これら，東アジアの経済成長については，序章「グローバル東アジア資本主義の基本構造」で一定程度鳥瞰したが，確認しておかなければならないのは次の点だ。

　第一に，1950年代半ばから70年代初頭まで高度成長を遂げた日本，そして70年代に工業化で年率平均10%前後の高い成長を経験し，開発途上国から中進国となった韓国・台湾は，米ソ冷戦体制のもと短期間に成長する，いわゆる「圧縮型経済発展」を経験してきた（東アジア資本主義外生循環構造の成立）。第二に，それは1978年「改革開放」政策の中国等の隣接する国・地域へ，タイムラグを持ちながらも経済成長をもたらし，こうした国・地域に連関したのは世界の中でも東アジア（圏）に限られている（その特異性）。

　また，従来の経済学の手法は，アジア，とりわけ東アジアについて検討する場合，その常套手段はヨーロッパ先進国やアメリカ等の欧米社会等との比較であり，欧米社会を特徴づける基本指標（具体的には，経営規模，労働生産性，所得水準等）をもとに検討される傾向が強かった。しかし，こうした表層的な指標等では，なぜ，東アジア諸国・地域がまさに絶妙なバランス＝均衡のもと相

互に連関し,「世界の工場」そして「世界の市場」として成立したか,の特異性は明らかにならない。

　本章では,かかる東アジアの「特異性」の淵源(えんげん)が,そこに共通する社会編成の基底である「土地所有と農業・農村との相互規定関係」(＝零細農耕と低賃金の相互規定関係)に存在するという「仮説」から検討する。また同時に,資本主義的発展の道が閉ざされたかに見える零細農耕,アジア的零細農耕＝小土地所有,零細地片の保有(所有と利用)も,20世紀末,とりわけ21世紀に突入し,資本主義的大経営に類似する会社・生産法人方式等の大経営も成立しはじめており,「産業としての農業」が成立するような政策的誘導・支援も国家政策として追求されるようになった。こうした状況については,本書の日本(第2章),韓国(第3章),台湾(第4章),中国(第5章)の各章で概観しているので基本的には略している。

　具体的には「土地所有と農業・農村との相互規定関係」をシェーマ化(やや強引ではあるが)しておきたい。その場合,表象的・現象的な側面より,構造的な側面(小土地所有が組み込まれているという意味での構造)として意識するならば,歴史的なパースペクティヴ(やや「長期社会変動」というベクトル)から説明しておかなければならない。なぜそのような手法をとるのかは,詳細には各章,各論で一定明らかになるが,日本,そして東アジア社会の基底,基層において小農＝零細農耕が出発点になっており,農村的領域(農業・農村問題),かつ都市的領域(都市の住宅問題)に通底しているからである。以下,1.歴史的視点＝「東アジア小農社会」から考える,2.なぜ,土地改革・農地改革で小農を刻印・固定＝再定立したか,3.「現代東アジア小農社会」としての小土地所有の刻印・固定化のパースペクティヴ,を中心に検討しておきたい。

1　歴史的視点＝「東アジア小農社会」から考える

　やや唐突に16〜18世紀に成立した「東アジア小農社会」(宮嶋 1993)なるコンセプトをなぜ提示するかを示しておかなければならない。16〜18世紀の東アジア近世期(「伝統社会」)は,それ以前の旧来の秩序の崩壊が模索された時代であり,税制などの国家の統治政策から「いえ(家)・むら(村落)」等の社会の基層的編成がおこなわれ,それぞれの地域に特有のあり方が定着していく。

それを，（1）人口増加と開墾・農民経営の変化，（2）国家が土地・人口を把握・税や賦役を割り当てるシステムの変化，（3）「いえ（家）」の観念・「身分」的編成の特質，（4）「むら（村落）」などの社会結合の動向に関わって，歴史的長期的なパースペクティヴから，「東アジア世界」の社会編成，その若干の地域的相違も概観しておきたい（岸本 1998）。

（1）人口増加と開墾・農民経営の変化

　16〜18世紀の東アジアの地域では活発な開墾がおこなわれた。日本ではこの時期は，沖積平野の新田開発がおこなわれ，「大開墾の時代」と称される。それは大名による大規模な河川灌漑工事（工学的適応）と農民による品種選択（農学的適応）によって成立した。中世の開発を担った大規模な共住集団が解体し，小農経営が優勢になった時期でもあり，分割相続・分家創出で人口の急速な増大が起こる。しかし，18世紀になると，分家相続の減少，人口停滞が見られる（斉藤 1988）。朝鮮においても，李朝前期の15世紀から16世紀に山間平地帯と海岸の干拓の外延的拡大の大規模開発が進み，その中心的な担い手は，新興の在地両班層で多数の奴婢を有し，自ら農業経営の指揮にあたっていた。17世紀になると開発は一段落し，小農民による集約的経営がおこなわれるようになると両班は経営から遊離し，寄生地主化する（宮嶋 1994）。日本と朝鮮の開発の性格は若干の差が存在するが，17世紀頃は「小農自立」と捉えることができる。中国では，明初に多く見られた奴隷を用いた在地手作地主経営が明末に解体し，地主の寄生化および佃戸（小作人）たる小農の自立化がおこなわれた（小山 1992）。とりわけ，人口・耕地開発の拡大基調は18世紀になってからである。16〜17世紀には江南デルタの「分圩」（クリークに囲まれた耕地を仕切り分割）等の集約化の動きが存在するが，小農の家計補充的な副業や都市への出稼ぎ等が広汎に展開し，これらが小農自立になったというアイロニーでもある（小農「世帯」維持の発展戦略または世帯維持の多就業稼得構造）。

（2）国家が土地・人口を把握・税や賦役を割り当てるシステムの変化

　16世紀末からおこなわれる中国の丈量（1578〜80年），日本の太閤検地

（1582～98年）は，混乱・曖昧化していた土地所有関係を土地調査により整理し，租税・賦役負担者の明確化をおこない，同時に集権化を図った。ただし，日本の太閤検地は，地主・土豪等の中間層の搾取を排除し，直接生産農民を土地の保有者＝耕作者として確定した。中国の丈量は地主的土地所有の急激な展開に対応し，地主，すなわち土地所有者＝租税・賦役負担者を確定した。前者の日本は，検地や兵農分離を経て確立する日本の近世社会において，「家」（小農自立としての直系単婚世帯）に応じた「役」は貢租や賦役と結びつき，後者の中国は人・家と負担との具体的関係の切り離しに，その特色の違いがある。また，朝鮮は家と身分と賦役との関係が完全に固定化されておらず，同時に完全に切り離されてもいない。

（3）「いえ（家）」の観念・「身分」的編成の特質

　日本の「いえ（イエ）」，中国の家・チア（jia），朝鮮のチプ（chip）の「いえ（家）」の観念，家の系譜，とりわけ相続のあり方について確認しておきたい。中国の家・チア（jia）は，「同居共財」の家族を指す場合もあり，父系血縁である宗族を指す場合もある。5～6人程度の小家族であったが，その相続の仕方は嫡子・庶子を区別しない男子均分相続であった（科挙制度に象徴されるように地位は個人の能力で家に付着するものではない）。朝鮮のチプ（chip），とりわけ士族（両班）層の系譜認識は，父系のみの男女均分相続から男子のみの均分相続，そして長子優待相続に変化した。同時に，異姓不養・同姓不婚の原則が厳しく，それは祭祀の方法にも採用されていた。日本の場合，近世の伝統社会では，特定の「役」はそのまま後継者に継がれ，それが家の存続の目的となり，他姓の有能な人物をも養子にすることは普通であった。

（4）「むら（村落）」などの社会結合の動向

　むら（村落）等の農村社会集団の性格については議論がされているが，日本との比較で見ておきたい。日本の実証的社会学の巨匠である鈴木栄太郎や福武直は同時代に，1930～40年代という時代的な制約（正確には日本帝国のアジア侵略との関係）が存在するにもかかわらず，アジア伝統社会との関係で，いわ

ばモノグラフ的研究からアジアのむら（村落）を提示している（園田 1993）。
農村社会集団の性格を，たとえば鈴木は朝鮮の「契」と日本の「講」との比較
では，ともに任意の構成員によって組織された相互扶助的共同組織であるのに，
朝鮮は合理性が徹底していると述べている。また朝鮮のプマシ（農作業を共同
でおこなう組織）と日本の「結」を比較して，韓国のそれはその場かぎりのも
のであると述べている。このことを私はいえ（家）との関連を含めて，日本の
むら・いえと韓国のマウル（＝村落）・チプについて別の表現をしたことがあ
る。日本のそれを「タイトなむら・ルースないえ」，韓国の「ルースなマウ
ル・タイトなチプ」と（加藤 1993）。また，福武は数度にわたる「華中調査」
および『北支刊行調査資料』をもとに，いくつかの特徴を提示している。村落
について，①村有財産は日本には多く，中国はほとんどない，②村の境界は，
日本は属地主義，中国は属人主義で不明確，③農業経営は過小農で，その規模
は，中国は日本の112％，単位当たり収量は日本の約60％，④地主小作関係は，
中国は契約的であからさまな階級関係，日本では身分的温情関係が階級関係を
包んでいる，⑤村仕事・自治は，中国は協力関係が少なく，自治も低調と述べ
ている。こうした日本・朝鮮・中国の農村社会集団の性格をどこまで時代的に
遡ることができるかは確定できない。日本の「村切り」（村落の境界確定）は
太閤検地以後のことを前提にしており，「むら（村落）」の社会結合が実質化し
たのは，ほぼ16〜18世紀の伝統社会＝近世期と考えて間違いない。

　最近の歴史学（岸本 2021）でも，ある一国の国家の枠組みから解き放たれ，
東アジアという広い文化圏における相互交流の中でダイナミックに把握すると
いうのが主流になっている。かつ，それは受動的なヨーロッパの植民地支配の
対象としてのアジアでなく，アジア地域の中に，固有性と自立性を発見してい
くという問題関心から「東アジア世界」が重要なコンセプトになっている。確
認しておかなければならないのは，この「東アジア伝統社会」と「東アジア小
農社会」はオーバーラップしており，ほぼイコールと観念してよい。

（5）「東アジア小農社会」をどのように理解するか

　小農社会とは，自らの土地を所有するか，または他人の土地を借り入れるか
を問わず，その基本は自己および家族労働力のみをもって独立して農業経営を

おこなう小農が支配的な存在である社会である。ただし、自己および家族員以外の労働力を用いることがあっても、あくまでも副次的ないしは緊急避難的な役割を果たすにとどまっている。かかる小農社会は時代や地域を問わず普遍的な存在のように見られるが、東アジアを小農社会として把握するには次の2点を押さえておかなければならない。

　第一に、中・近世ヨーロッパの典型である領主層＝政治的支配層の大土地所有に基づく大規模直営地が存在しなかった。かかる形態は西アジア、ラテン・アメリカにも広範に存在し、東アジアの中国の士大夫層、朝鮮の両班層も大土地所有であっても直営するのではなく、小借地農に小作させるのが一般で、経営の主体は小借地農であった。第二に、東アジア小農社会の特徴は、自らは土地所有しない者も農業経営する主体となっているのが一般的である（東南アジアからインド亜大陸では農業従事者は農業労働者が圧倒的に多いことと比較すれば明らかである）。

　この16〜18世紀（世界的工業化が本格化する1750年）の時期、世界の他の地域と比較して急激な人口増加を実現している。そのために農業技術＝農業変革が必要になってくる。その行動はたとえば、日本のそれは多肥−労働集約であり、近代経済学的に表現すれば、労働投入と産出量の関係である。開発経済学者の石川滋の「石川カーブ」によると右上がり曲線は労働集約的な、左上がり曲線は労働節約的な稲作改良等の技術であり、労働吸収的な「農業成長」と言える（石川 1990, 斉藤 2008）。

　16〜18世紀の「東アジア伝統社会」は、換言すれば「東アジア小農社会」で、両者はオーバーラップしている。若干小括しておきたい。小農社会成立の前提となった、耕地の大開発を推進した主要階層は、中国の士大夫階層、韓国の両班階層、日本の武士階層であり、彼らはみな支配階層に属していた。この階層は小農社会以前の開発初期には単純に耕地のみならず、従属的な労働力を利用し、大規模直営地経営をおこなう場合が多かった。中世日本の武士階層は、それ自身が農業経営の主体であり、朝鮮前期の両班階層も多くの奴婢を従え、直接農業経営を指揮した。しかし、開発が一段落し、農業の発展が集約化の方向に進むにしたがって、この階層は次第に農業経営から遠ざかった。集約化を実現させるためには、従属的な労働力を利用して大規模な直営地を経営するよりも、小農に土地を貸し出し、彼らに経営を任せて地代を取ったほうが、はる

かに生産性の向上という面で優れていたからである。東アジアの小農社会は，まず人口と耕地の増加が並行するという段階を経た後，耕地の増加は頭打ちになった状態で，単位面積当たりの生産量の増大を追求する集約化の段階に入り，成立した。しかし，小農社会の成立は，単純に農業の形態と村落の構造を大きく変化させるにとどまらず，社会構造と国家の支配形態にも多大な変化をもたらした。

　社会構造と国家の支配形態に関しては次の点を確認しておけばよい。政治的支配と土地所有とがかけ離れていたということである。小農社会が成立した過程において，政治的支配階層は，直営地を経営しなくなっただけでなく，特定地域に対する領域支配権も喪失していった。中世ヨーロッパの領主階層やインド，西アジアでは，政治的支配権と領域支配権は引き離せない関係にある場合が多かったが，東アジアの小農社会において，政治的支配階層は，いかなる領域支配権も持たなかったのである。

　特に，「東アジア小農社会」で基本的に確認しておかなければならない点は次の点である。第一はむら（村落）である。その形態は，日本と韓国そして中国・台湾で違いは存在する。当然であるが，それぞれの国・地域に，独自の国家，国民国家の形成が刻印されている。第二に，家，家族制度にも，その形態はそれぞれの国・地域により，独自の編成のあり方が存在する。この2つが，小農社会の社会編成の基底に固定，埋め込まれている。このことが，他のエリア（圏）との違いを示し，それが生活圏まで関わっている。とりわけ，農村的領域（農業・農村問題）では存在しており，そこから都市的領域（住宅問題）にも派生している。こうした文脈からすれば，いえ・むらを前提にした小土地所有とその利用＝保有は，没歴史的な鍵概念として存在しているとも言える。東アジア社会に共通する特異性は，ここにその淵源が存在する。ゆえに，私たちは「東アジア小農社会」から出発した（ただし，インプリケーションとしては詰めなければならない問題が多い）。

　かくして，東アジア社会と近代社会との関係，換言すれば資本主義との関係が問題となる。その点を「農業・農村と土地所有」という観点，戦前日本資本主義との関係を「零細農耕と低賃金の相互規定」関係として問題把握した論点に目を転じておきたい。

（6）山田盛太郎が提起した「零細農耕と低賃金」の再措定

　もともと「零細農耕と低賃金の相互規定関係」は，周知のごとく日本の社会
科学の金字塔というべき山田盛太郎『日本資本主義分析』（山田 1977）が出発
点である。この著書が戦前日本資本主義の性格をめぐる論争を呈していたこと
はつとに有名である。しかし，その評価については様々な議論が展開され，山
田盛太郎をはじめとしたいわゆる「講座派」理論を，「ドグマ」とまでは言わ
ないが，「特殊から普遍へ」という一般的な社会科学の思考・作法でなく，逆
に「普遍から特殊へ」という関係から，弁証法でなく「発展的疎外」＝疎外が
発展的であるという「機械論」的と位置づける論者も存在する（バーシェ
イ 2007，加藤 2020）。しかし，私たちが注意を要するのは，グローバリゼー
ションの現段階であるからこそ，山田の分析視角は色あせてはおらず再措定し
なければならないことである。たとえ，グローバリゼーションという「資本の
文明化」作用・均一化，市場化されても，「零細農耕と低賃金の相互関係」は
基層＝基底としてグローバル東アジアに埋め込まれているからである。
　山田盛太郎『日本資本主義分析』の「第一編　生産旋回＝編成替え」の最後
に「付注　半農奴制的零細耕作と資本主義との相互規定」として注意を喚起し
ている。

　付注　半農奴制的零細耕作と資本主義との相互規定
　基準
　I。半隷農的小作料と半隷奴的労働賃銀との相互規定の関係。
　第一，資本主義は半隷奴的零細耕作農民における農業と自家用手工業との結合を
解離し，後者を剥奪し，その代わりに次の物を置く＝編成替え。（中略）
　第二，賃銀の補充によって高き小作料が可能にせられ，補充の意味で賃銀は低め
られる。賃銀の鉄則＝半隷奴的小作料支出後の僅少な残余部分と低い賃銀との合計
でミゼラブルな一家を支えるような関係の成立＝［日本の家族制度の経済的基礎］

　ここには，先に見た「東アジア伝統社会」＝「東アジア小農社会」で明らか
になったキーワードが埋め込まれている。すなわち，零細農耕＝小農，いえ
（家），むら（村落），自己搾取的自家労賃＝低賃金を紡ぎ出す労役土壌を示し

ている。それが基層＝基底すなわち社会編成原理として固定されている。かくしてそれが「範疇的低賃金論」（加藤 1991a，下山 2010）を結実することになる。ところで，「インド（印度）以下的労働賃銀」という呪縛が講座派賃金論＝「範疇的低賃金論」には付きまとっている。「インド以下的労働賃銀」という言説は，『分析』では随所に反復的に示されている。しかし，「アジア的低賃金」を示唆するこの「インド以下的労働賃銀」は，「賃金論」として成立しているかどうかは疑問のあるところである。あくまでも，「インド的労働賃銀」は大工業，とりわけ紡績業とその基礎的規定としての低廉な労働力＝半隷奴的賃銀労働創設との関係で説明される。第一の「挙証」として，日本とインドの綿糸生産費比較表（工賃，石炭代，要具代，包装荷造費，諸雑費，金利等）から格安な日本の労賃を「植民地以下」的性質と見る。第二の「挙証」として，紡績業における徹夜業の肉体破壊事情の表（体重，夜業後の体重減量，昼業中減量回復量，回復せざる量等）から「生命消磨的労役」的条件の実態を論証している。さらに寄宿舎制度があいまって劣悪な条件をなすという。現代的な意味合いからすれば，かかるインド以下的労働賃銀論争の定量的検討自体よりも，山田が述べたことに関わるならば，次のことが重要と思われる。すなわち，紡績業興隆の基礎的条件である「朝鮮市場独占および中国長江開市を主要な一帰着点とする」ことは産業資本確立に対する地盤となり，「紡績業と植民地＝半植民地国との連繋把握」が重要であるという指摘は，現代においても生きている。後に明らかになるが，アジア，とりわけ中国への生産拠点の移転，そのことによる移転先の市場占有率を高める。その前提としての中国ローカルの低賃金＝出稼ぎ労働力利用の実態は，「アジア的低賃金」を示唆する。山田は「単位産出物当たり労働費用」の比較において，日本とインドで物財費の大小は変わらないが労賃部分はインドがきわめて低いことを示している。これは「賃金」をめぐって，生産のアジア化・中国化を示唆すると考えると，きわめて重要である。付言すれば，賃金の絶対的な比較の持つ意味は，指数的な比較としては成立するが，いわゆる「労賃の国民的差異」という国際価値論争にも関わるアポリアは解決しない。あくまでも指数・指標等としての比較でしかないことも忘れてはならない。

　かくして，「東アジア小農社会」そして『日本資本主義分析』へつながる「零細農耕と低賃金の相互規定関係」の問題を，東アジアの土地改革・農地改

革から見ておきたい。

2　なぜ，土地改革・農地改革で小農を刻印・固定＝再定立したか

　1945年に第二次世界大戦が終了し，「土地改革の時代」（野田 2012）を迎えることにより，農地改革・土地改革によって小農・小土地所有を刻印・固定して，ふたたびの現代版「東アジア小農社会」論を再定立しなければならなくなった。各国・地域に共通する土地改革・農地改革が，それ以前の大土地所有（いわゆる地主的土地所有一般）を解体し広範な自作農＝小農を創出したことである。ここに，戦後の東アジア社会の基層・基底＝現代版「東アジア小農社会」としての小土地所有が刻印・固定化されることになる。なお，東アジアにおける土地改革・農地改革に対する分析はかつてのものとは比べものにならないくらいの厚みが加わり，とりわけ，中国については，「公式的な文書」等による土地改革論ではなく，民国政府まで遡る資料によって，状況が明らかになりつつある。土地改革・農地改革の東アジア比較研究は新たな局面に突入した。
　ここでは，小農，小土地所有が現代版「東アジア小農社会」として刻印・固定化されるという旋回状況を簡単に素描しておく。

（1）日本の農地改革

　日本の農地改革は，周知のように明治維新−地租改正を起点として展開した戦前日本資本主義の基底を成した地主的土地所有をその根幹において瓦解＝解体させた。戦後改革の中で労働改革，財閥解体は結果としては不徹底であったのに対して，唯一，徹底かつ短期におこなわれ，それがその後の戦後日本資本主義の基本的な性格づけをおこなうことになった。その具体的実施過程を示せば，敗戦直後，日本政府主導のもと作成された第一次農地改革（案），その大幅修正としてGHQ主導の第二次農地改革がある（加藤 1989）。

第一次農地改革（案）＝日本政府（農林省案）

　一般に，戦後改革とりわけ農地改革は占領軍（GHQ）の主導のもと実施されたと認識されているが，戦前からの農民運動・小作争議＝地主制の危機と戦時

体制下の戦時農地立法をふまえ，開明的な農水省官僚のもとに立案されたもの
が第一次農地改革案であった。さらに付け加えるならば，GHQ の初期の占領
政策は「日本の非軍事化＝民主化」であり，農地改革に対する明確な見解は持
っていなかった。この第一次農地改革の骨子を踏襲し，その限界をふまえて第
二次農地改革が GHQ の主導で徹底的に実施されることになる。このことをふ
まえて，第一次農地改革の農政当局の骨子は，第一に小作料の金納化，第二に
自作農創設の強化（強制譲渡方式），第三に農地委員会の民主的改組であった。
その後，1945年11月に閣議決定し，日本帝国議会（いまだ日本国ではない貴族
院の存在するままの）で大幅修正を受けた。①在村地主の小作地保有限度は内
地平均面積が 3 町歩から 5 町歩に引き上げられ，②不在地主でも将来，自作
するのであれば，5 町歩を超え自作する場合には強制譲渡対象から除外，③
土地の権利移動の例外は認め，農地の耕作目的の権利移動は許可を要しない，
となり，結果的には地主温存的なものとなり，この改革案は「農地調整改正法
案」として同年12月 6 日に衆議院に上程される。

第二次農地改革＝GHQ 主導

　1945年12月 9 日 GHQ は「農地改革ニ関スル覚書」を出し大幅な修正を多
岐にわたり迫ってきた。しかし，日本政府は第一次農地改革案に若干の修正を
加えるにすぎなかった。これに GHQ は承服せず，これ以後，イニシアティブ
は GHQ へ移り，第二次農地改革が実施されることになる。なお，第二次農地
改革具体案は，対日理事会に付託され，日本案に近い英国案（ソ連案との検討
で）が採択され，対日理事会の勧告となる。かくして，対日理事会および
GHQ からの調整をもとに，「農地制度改革の徹底に関する措置」（1946年 7 月）
および関連 2 法案「自作農創設特別措置法」「農地調整法改正」を閣議決定し，
GHQ 総司令官マッカーサーの承認声明を受け，10月29日に施行された。その
主内容は次のものであった。①不在地主の全小作地，在村地主の所有する平均
規模 1 町歩（北海道 4 町歩）以上の小作地，および自作地と小作地との合計が
3 町歩を超える場合の超過小作地，これら小作地は 2 年以内に解放すること。
②農地解放の有償原則。③残存小作地における小作料の低率および金納化の徹
底。④小作地の取り上げ，農地移動に対する統制（農地委員会のもと）。⑤市町
村農地委員会の公選による民主化（その構成比は地主 3，自作 2，小作 5）。

　以上であるが，その実績結果は，農地の買収面積181万町歩，財産税物納地・旧軍用地等の国有地所管替え面積18万町歩で合計199万4千町歩，このうち旧小作人への売り渡し面積197万5千町歩であった。かくして農地総面積の92％が解放され，改革前の地主保有地82.6％が解放され，自作地は改革前の54.1％から91.7％へ激増，小作地は45.9％から8.3％へ激減した。戦前戦後の農民層の自小作別構成を見ると，いわゆる自作層は91.2％，小作8.7％となった。かくして平均規模1町歩の戦後自作農が形成され，ここに小農＝零細農耕が刻印・固定化される。

農地改革の実施主体としての農地委員会

　戦前の小作立法・農地立法過程で，農村社会の階級的対立等の調整的役割を持ったのは，戦前の「農地委員会」である。ただし，それはあくまでも「在村地主を中核とする地主的秩序の農村」の側面が強かった。しかし，戦後の「農地委員会」はこの構成（地主3：自作2：小作5）に見るように民主的改組になり，それまでの在村地主型の農村ではなく，小作および自作の「小農」の力学が働くようになる。ただし，注意を要するのは，個々の具体的な市町村「農地委員会」では，小作争議・農民運動が広範に展開した地域と，地主・自作農の影響が強かった地域とでは，改革の買収・売り渡しの実績に違いが示される。公正・中立の「農地委員会」機能は具体的に農地改革の実施遂行主体であり，買収・売り渡し計画の立案・確定および異議申し立て処理をおこなったのであるが，当時の農村状況を反映する，個々の市町村の政治的・階級的な力学が働いていた可能性が強い。同時に，市町村「農地委員会」の下部にはむら（村落）に買収・売り渡し等を確定する調整機能が存在したことを認識しておかなければならない。その点では，農地改革は「むらの農地改革」と言ってもよい（加藤1989）。とはいえ，この組織を農村の「中間団体」として位置づけ，再定立する必要性がある（野田2012，坂根2011）。

（2）韓国の農地改革・台湾の農地改革

　前述の日本の農地改革は所有制の根幹に関わるにもかかわらず，実質的には短期間に実行し，1949年にはほぼ完了したといってよい。それとの関係で確

認しておかなければならないのは，韓国の農地改革はアメリカ軍政庁により1948年3月に旧日本人帰属農地の解放（韓国第一次農地改革），1949年から韓国政府により朝鮮人地主所有地も含む農地改革（韓国第二次農地改革）が実施されることになったが，本格的に実施するのは「農地改革法改正法」，「同施行令」，「同施行規程」そして1950年6月23日の「農地分配点数制」が公布されてからであった。しかし同年6月25日には朝鮮戦争に突入する。朝鮮戦争のために，関係書類，公簿等の紛失・消滅等を乗り越え農地分配事業がいちおう終了するのは1957年末であった（加藤 1998）。台湾の農地改革は，日本の敗戦により植民地から解放され，南京国民政府による土地徴収（1946年）の後におこなわれる「耕地三七五減租」（1949年），「耕者有其田条例」（1953）等の「第一段階農地改革」（1949〜54年）が実施された（本書第4章および加藤 2020）。

　両国ともにアメリカの間接的な援助により実施されたが，日本の農地改革の東アジア農地改革に与えた影響はきわめて大きい。同時に，韓国，台湾の国内的特殊事情により，その実行過程，実行主体は別である。そのことはきわめて重要な論点であるが，ここで確認しておかなければならないのは，東アジアの農地改革は小作解放の改革であったことだ。すなわち，小作農への土地分配による自作化への道を結実させた。ただ注意を要するのは，韓国も台湾もともに，日本のように該当する既農地を耕作していた小作人へすべて分配されるのではない。ちなみに韓国は93.1%，台湾は95.2%が既耕地の耕作農家であった。すなわち，小土地所有の小農を創出した農地改革であったが，必ずしも「自作農体制」を確立したとは言えない。高率小作料負担と耕作権の不安の軽減が目的だった可能性がある。とはいうものの，小土地所有の小農＝零細農耕を再版したことは事実である。

（3）中国の土地改革

　中国の土地改革を理解するには，1949年の中華人民共和国の成立後と，それ以前の中華民国政府との一部連続性もふまえて検討しなければならない。そのためには詳細な研究を待たねばならない（中国農業部農村経済研究中心当代農業史研究室編 2000）。したがって，日本，韓国，台湾のような全国を統一した形での詳細な統計数字（全国数値不明）は管見の限りではない。

　ここで確認しておかなければならないのは，中国の土地改革は，国民党と共産党との権力闘争という側面が強いことだ。毛沢東は「『耕す者がその農地をもつ』（耕者有其田）は土地の封建的搾取者の手から農民の手に移し，封建地主の私有財産を農民の私有財産に変え，農民を封建的土地関係から解放し，それによって農業国を工業国に変える可能性をつくることだ」（毛沢東『連合政府論』）と，まずは自作農に変え，貧農・下層農を中立化させ，革命闘争に勝利することと述べている。まさに，中国の土地改革の真意は，革命運動の正当性を獲得する革命理論そのものであった。同時に，中国革命，そして中華人民共和国での改革はすべて「農村」から始まっている。中華人民共和国の成立は「農村」からであり，その後の互助会，初期合作社，高級合作社，人民公社への集団化過程，人民公社を解体させ生産請負制への移行，そして農地利用権の保障，この一連の動きは，中国の変貌そのものを示している。

　ここで注意しておかなければならないのは，分配・配分が農民だけではなかったことだ。四川省の事例（奥村 2013）をもとに分配・配分された土地取得者はいかなる者かを類推するに，小作農26.2％，零細農36.2％，農業労働者11.5％，その他26.0％（都市貧民11.7％）となっている。この点からすれば，小作層＝小農的の側面が強い。注目すべきは零細農＝貧農が多く，かつ，農業経営能力が必ずしもない層，同時に都市貧民層が多いのも注意しなければならない。このことは，自作農を創り出すことではなく，互助会，合作社，人民公社への再編は，最初から必然であったと思われる。

3　「現代東アジア小農社会」としての小土地所有の刻印・固定化のパースペクティヴ

　東アジアの各国・地域の具体的な農地改革・土地改革により小農＝小土地所有が再度刻印・固定化されたと理解してよい。ある意味，東アジアの「土地本位」，土地信奉を生み出し，結果として「土地資産保有意識」を強めたのかもしれない。このことが「土地バブル」を生み出し，「土地」による資本蓄積，土地開発主義の思想を生み出し，都市開発・住宅問題を困難なものとしている。とはいえ，小土地所有，小農のポジティヴな側面を認識しておかなければならない。資本に完全なる「従属・包摂」という関係ではなく，一定の距離を置く

ことができる存在でもある。もちろん,「形式的包摂」から「実質的包摂」へ
もつながるが,自らのアソシエーション＝新しい互酬性の共同体を,ある意味
自由に形成できる可能性を持っている。この点は「個体的所有」という点を認
識しておかなければならない（その点は,マルクスが小農の土地所有＝分割地所
有を「個人的＝人格的自立の発展のための基礎」「経済的自立の出発点」と述べ,人
格的・経済的基礎・出発点としていることを想起したい）。小土地所有,小農の現
代的解釈・適用は,環境・農業問題そして持続可能な社会＝SDGs にとって重
要な論点である。

　東アジアは小農社会であり,それゆえに,東アジア特有の性格も有している。
そのために新自由主義に適合的でもあったが,同時に変貌すれども小農は強固
に残存している。完全には,グローバルな資本主義に適合的な土地所有には変
えることができていない。これをどのように考えるかも私たちに課せられてい
る問題だ。

　強靱な小農,小土地所有も,換言すれば「資本に包摂・従属」しながら,資
本に適合的な形態に改変されてきた。その具体的な経過は,日本,韓国,台湾,
中国に関する章で明らかにしているので多くはいらない。最後に確認しておか
なければならないのは,直近のグローバルな東アジア資本主義は自らに適合的
な土地所有形態に変えようとしていることである。その方向は大規模経営,大
規模法人経営,そして会社法人の方向である。すなわち,アジア的零細農耕の
解体,グローバルな東アジアに適合的な土地所有への編成替えである。戦後の
農地改革で自作農＝小農を前提にしたものが成立した日本,韓国,台湾はその
方向に向かいつつある。しかし,東アジア小農社会であるにもかかわらず,中
国の土地改革の基本は「自作農」育成という視点は欠如したもので,あくまで
「革命」の正当性を成すためのものであったと言ってよい。しかし,そのため
に大規模化が日本,韓国,台湾より進みつつある。それは,海外輸出のための
大規模経営化だけではなく,海外の「農地」それ自体を獲得する動きも出てい
る。若干のタイムラグはあるが,この動きは,日本・韓国・台湾にも生まれる
可能性を孕んでいる。まさに飽くなき利潤追求のためには何でもおこなう,資
本主義に適合的な土地の所有と利用の姿そのものである。とりわけ,世界的な
アグリビジネス巨大企業に匹敵する姿を中国に見ることになる。アイロニーで
ある。

第 2 章

日本の農業・農村問題
———構造政策と農村政策の非対称性———

加藤光一

はじめに

　戦後の日本農業・農村問題を概観することはきわめて難しい。そこで，本書が鍵概念として設定している「東アジア小農社会」（第1章）という，「歴史的範疇概念」であるが同時に「没歴史的範疇概念」でもあると述べた装置をもとに，いえ（イエ），むら（村落），土地に関わることに限定して概観する。

　以下，1. 構造政策と農村政策の非対称性では，政策体系（制度設計と政策立案）に関わるいえ（イエ），むら（村落＝集落）に収斂させ戦後過程を概観する。2.〜6. については，筆者（加藤）がリアリティを出すために，長年定点調査してきた山形県酒田市旧北平田村新青渡集落の事例を入れて，戦後75年間の変動過程（農家数の減少に注目）を概観しておきたい。なぜならば，個別具体も若干のタイムラグ等は生ずるが，政策に関わり，いえ（イエ）やむら（集落）はどのように対応したかが理解できるからだ。

【註】
　利用する具体的な調査について説明しておきたい。私が1985年から2021年までほぼ毎年定点調査している山形県酒田市旧北平田村新青渡集落調査データをもとにする。利用する資料は，①農地改革時の集落文書，②1955，1961，1969年の継続した労働科学研究所「労働力基本調査」，③加藤が実施してきた集落農家悉皆調査の1987年調査，1995年調査，2015年調査を用いる。かかる詳細なモノグラフは『NIAODO 新青渡——東北庄内地方の一農村集落の戦後75年の変動』（仮），2022年刊行予定，を参照のこと。

1　構造政策と農村政策の非対称性

(1) 構造政策

　一般的な経済政策における「構造政策」(structural policy) とほぼ同意的であるが,「農業」においては, 圧倒的多数の零細経営を選別・淘汰して, 点的な少数の大規模経営に置換する政策的誘導をおこない, かつ創出されたその経営体に政策的支援を集中すること, と観念しておけばよい。「構造政策」が主として進められてきた日本の農業・農村は, 農業・農村解体, そして農村の,「地域」,「集落」の崩壊をもたらしていることを, まず認識しておかなければならない (田代 2012)。

　日本農業の構造政策が登場するのは, 戦後の農地改革とそれを継承する農地法のもとの自作農体制がその前提と背景にある。そこでやや煩雑だが, 表2-1および表2-2で,「農地法制の改正過程」を示しておく。なぜならば, これに農業・農村政策は方向づけされ, 政策誘導をされてきているからだ (以下の叙述はこれを参考にする)。

　すなわち, 農業構造の固定化＝自作農的土地所有と生産性の伸び悩み, その一方では, 高度成長の開始と農工間所得格差の拡大, 開放経済体制への移行に適合的な農政の再編等の要請が, 1961年農業基本法 (旧基本法) 制定を促した。そこでは自作型の「自立経営」, それも農工間所得均衡がめざされた。この旧基本法の制定に合わせて農地制度改正も進む。1962年農地法改正により, ①農協の農地信託, ②農業生産法人制度の創設, ③権利取得の上限面積制限の部分的緩和がなされ, その農業生産法人制度は構造政策の一つの手段として機能するのではなく, あくまでも課税問題によって発生したものである。むしろ, この時期の構造政策は農家にとっては, そして地方自治体としても,「構造改善」というフレーズは, そのまま圃場整備・基盤整備事業と観念されていた。その名残は地方に行けば, 圃場整備・基盤整備事業を構造改善と呼んでいることに象徴的に示される。その基盤整備事業は, 機械化を促し, 兼業農業, とりわけ稲作兼業化を可能にした。また生産者米価の高い支持水準と, 工業化による農地の転用価格の不断の上昇は, 農地の資産保有化を増幅した。以上の60

年代の状況を受け，1970年農地法改正では，①農地保有合理化法人の制度化で自作農主義は完全には崩さず，②賃貸借規制の大幅緩和と小作料統制の撤廃と標準小作料制度への移行，それによる賃貸借による農地流動化，規模拡大の方向に展開した。③農業生産法人制度の大幅な要件緩和，権利取得の上限面積規制は撤廃され，いわゆる「自作農主義」から「借地主義」に大きく転換させた――ただし，自作農主義は「耕作者主義」に衣替えした。

　かくして，1970年以降，日本の農政は，「構造政策」に重きを置き推移することになる。それを象徴するのは，農林省の組織再編である――1972年の農政局の構造改善事業課と農地局が合体して構造改善局となり，2001年に構造改善局が再編され経営局ができるまで実に29年間は，「構造改善」という冠のついた局であった。より詳細な施策をここで取り上げ説明する必要はないが，トピック的なことで政策の変化を見ておけばよい。当然のことであるが，それは戦後の日本資本主義の変化，ないしは日本資本主義の再生産構造の型，形態に規定されたものである。その意味からすれば，1972年の構造改善局として組織再編される年は，田中角栄による『日本列島改造論』に象徴される「土木国家」日本を決定的に刻印するものであった。これに合わせるように，社会的資本整備として道路，高速道路の全国への拡大，それに伴う農村地域への工業再配置，工場の地方への分散化がおこなわれる。それを後押ししたのが，1971年「農村地域工業等導入促進法」の制定である。このことにより，日本の農村は雇用の場が拡大し，在宅型賃労働兼業という本格的な総兼業化の道を歩むことになる。そのことにより，農業内部の過剰就業は緩和・解消されたが，しかし，政策が意図した兼業化→プロパーの労働者世帯の創出→離農という脈略の「離農」には結びつかず，結果的には零細経営・兼業農家を大量に創出することになり，それは「土地」に兼業農家を固定化させる政策となった。兼業化による「農地」は，必ずしも規模拡大農家に集積されず，農村内に大量の零細経営を残し，農地の流動化は進まず，逆の結果を生み出した。まさに「合成の誤謬」そのものになった。ただ注意しなければならないのは，農地の流動化――農地の所有権移転と賃貸借移転――が進まなかったわけではない。いわゆる「ヤミ小作」と言われる実質的な「賃貸借」移転として，統計的把握はできないが進んでいた。しかしそこでの規模拡大農家は，「借り足し型」であり，自作地が不足している部分を借り足しているにすぎないもので，あくまでも自

表2-1　農地法制の改正過程：1952〜93年

（　）内は農地法の条文

	目的（第1条）	農業生産法人（第2条）	農地等の権利移動の制限（第3条）	上限取得面積（第3条）
農地法制定1952年	自作農主義「農地はその耕作者みずから所有することが最も適当であると認め……」	—	知事許可。ただし，使用賃借または賃貸借については農業委員会許可	都府県平均3ha（北海道12ha）
農地法改正1962年	—	農業生産法人の創設：①法人形態，②事業内容，③構成員資格要件，④借入地面積制限，⑤議決要件，⑥雇用労働力制限，⑦配当制限	—	自家労力による場合3haを超えても可
農地法改正1970年	借地等による農地の流動化を追加。「土地の農業上の効率的な利用を図るため……」	上記の要件のうち，④⑤⑥⑦を廃止し，これに代わり業務執行役員に関する要件を設定	原則として知事許可。同一市町村内の個人が権利を取得する場合は農業委員会の許可。農作業常時従事要件を明記	上限取得面積を撤廃
農地法改正・農用地利用増進法制定1980年	—	農地法：業務執行役員に関する要件を緩和（常時従事者が業務執行役員の過半数を占めればよい）	増進法（適用除外）。農地法：原則として農業委員会許可	
農地法改正・農業経営基盤強化促進法制定1993年	—	農地法：事業要件の拡大（農業に関連する事業を追加），構成員要件の拡大（農協等および一定限度内での物資の供給を受ける者等を追加）	基盤強化法（適用除外）。農地法：農地保有合理化法人が農地等の権利を取得する場合届出で可	—

註：なお，1975年農業振興地域の整備に関する法律の改正（農用地利用増進事業の創設）により，農地等の権利〔条）が適用除外となった。

出所：加藤（1989：218-219），大西（2018：48-49）より作成。

下限取得面積 （第 3 条）	農地等の転用の制限 （第 4，5 条）	小作地の所有制限 （第 6，7 条）	賃貸借の法定更新 （第19条）	賃貸借の解約等の制限 （第20条）	小作料の規制
取得前都道府県原則30a（北海道 2ha）	知事許可。ただし、5000坪を超える場合は農林大臣許可。1966年のメートル法への移行に伴い、5000坪を2ha に引き上げ	在村地主は都道府県平均 1ha（北海道 4ha）所有可、不在地主は所有不可	期間満了 1 年前から 6 ヵ月前までに通知しない場合従前と同様の条件で法定更新	知事の許可を得なければ賃貸借の解除・解約・合意による解約等は不可	統制小作料（第21条）定額金納制（第22条）
－	－	－	－	－	－
取得前都道府県原則50a（北海道 2ha）	市街化区域内の農地等については知事への届出で可	挙家離村の場合は不在地主も在村地主並みの所有可	－	書面に基づく合意による解約および 10年以上の定めのある賃貸借については知事許可不要	統制小作料廃止、標準小作料制度新設
増進法（適用除外）	増進法（適用除外）。農地法：市街化区域内の農地等については農業委員会への届出で可	増進法（適用除外）	増進法（適用除外）	－	農地法：定額金納制の緩和
基盤強化法（適用除外）	基盤強化法（適用除外）	基盤強化法（適用除外）	基盤強化法（適用除外）	－	－

移動の制限（第 3 条），下限取得面積（第 3 条），小作地の所有制限（第 6，7 条），賃貸借の法定更新（第19

表2-2　農地法制の改正過程：1998〜2015年

（　）内は農地法の条文

	目的（第1条）	農業生産法人（第2条）	農地等の権利移動の制限（第3条）
農地法改正 1998年	－	－	－
農地法改正 2000年	－	法人形態に株式会社組織を追加，事業要件の拡大，構成員要件の拡大，業務執行役員要件の緩和	－
農業経営基盤強化促進法改正 2003年	－	基盤強化法：認定農業者たる農業生産法人の構成員議決権要件の緩和	－
農業経営基盤強化促進法改正 2005年	－	－	基盤強化法：遊休農地の利用増進のための特定法人貸付事業を規定
農地法改正 2009年	目的変更。「農地を効率的に利用する耕作者による地域との調和に配慮した農地の権利の取得を促し」に改正	－	一般の法人なども賃借による権利取得可
農地法改正 2012年	－	－	耕作目的での権利移動の許可制限がすべて農業委員会
農地中間管理事業法制定 2013年	－	－	農地中間管理権の取得と農用地利用配分計画による貸付等の制度化
農地法改正 2015年	－	農業生産法人の名称を農地所有適格法人に改称。農外の議決権を2分の1未満まで拡大。理事等の農作業従事要件は1人以上に緩和	－

出所：加藤（1989：218-219），大西（2018：48-49）より作成。

作農的な範疇の行動原理のものであった。

（2）「構造政策」・むら・集落

　こうした中で，構造政策と結びついた農地法制の変更，具体的には1975年

農地等の転用の制限 （第4，5条）	小作地の所有制限 （第6，7条）	小作料の規制
農地転用許可基準の法定化，4ha以下の転用はすべて知事許可	－	－
－	－	－
－	－	－
－	－	－
農地確保のため学校・病院等の公共事業を許可対象。違反転用に対する罰則強化	小作地所有制限の廃止	標準小作料制度廃止
－	－	－
－	－	－
農地は4haを超える場合も都道府県知事許可。農地転用に関わる事務権限を以上する指定市町村の創設	－	－

「農用地利用増進事業」，そしてそれに続く1980年「農用地利用増進法」は，農業における基底的な法である「農地法」とは別の農地管理の体系をつくり，「農地管理の二元化」をもたらした。農地法上の賃貸借とは異なる短期の「定期賃貸借」を創設し，この「利用権設定」が賃貸借の主流となり，今日まで続く，農地流動化，規模拡大という構造政策の農地制度における主要な路線にな

る。同時に，それは農村社会，具体的には「むら」の顔の見える関係での自由
な貸し借りという，「むら」の土地管理機能を利用することになった（椿
澤 2016）。ところでここでいう「むら」とは，すなわち，ほぼ集落と同意のも
のと考えてよい。なぜ，この「むら」が重要なのか。そのことは歴史的に見れ
ばすぐ了解できることである。日本の農政は常に「むら」を利用し，農村の末
端機構として位置づけてきているからである。とりわけ，危機の時代には積極
的に「むら」を利用してきた。象徴的なのは，1930・40年代と1970年代以降
である。前者は，戦前の小作争議が頻発する準戦時体制期，戦時体制期のファ
シズム期であり，後者は，1970年以後の日本資本主義の国際化，総兼業化に
よる矛盾の打開策を模索する時期である。ここでは，1970年代以降のそれに
論点を絞っておきたい。70年「農地法改正」，75年「農用地利用増進事業」，
1980年「農用地利用増進法」の農地法制の改正等は，自作農主義との決別で
あり借地主義への大きな転換であった。そこでは，地域で，すなわち農地の貸
し手と借り手の調整を「むら」に期待した。具体的なその「むら」の土地管理
機能を制度・法として体系化したのが，「農用地利用増進法」であり，そこで
は「むら」に「利用改善団体」という土地利用調整の土地管理機能をもたせた。
すなわち，「むら」が本来持っている機能を，「利用改善団体」と承認し，地域
住民の主体性と自主性を重視するものであった。その意味では，一貫して規制
法的な農地法とは別のものをつくりだすことにより，中核農家に農地が集積さ
れるようにしたものであった。1980年「80年代農政の基本方向」では，かか
る中核的農家と安定兼業農家が共存している現状を認識し，そこまでは良いの
であるが，あくまでも兼業農家は，中核農家の規模拡大に理解を示し，「地域
農業の振興に協力する」ことが期待された。しかし，この構造政策としての
「むら」機能の活用は，正確に言えば成功しなかった。なぜならば，「むら」は
基本的には「形式的平等性」と「位階階層」という相矛盾した構造を持ってい
る。「平等性」を担保するものには対応するが，根深い位階階層が存在しても
一部の特定の者に農地が集積することには対応しない。それを政策的に誘導す
るのであれば，反対するというのが現実である。ここで重要なことは，「平等
性」を担保する手法であれば，農家は対応するが，それでない場合には忌避を
示す場合が多い。あえて言えば，制度設計上のミスであり，それは「むら」に
対する認識不足がもたらした結果である。

（3）構造政策と農村政策の非対称性

その後，1986年から始まるガット・ウルグアイ・ラウンドにより，農産物価格支持政策を撤廃することが世界的な議論となる。WTO 体制への移行，グローバリゼーションという世界的な農業調整である。

当然のことながら市場原理主義に大きく転換することになる。いわゆる新基本法（＝1999年「食料・農業・農村基本法」）制定につながる，1992年に示された「新しい食料・農業・農村政策の方向」（「新政策」）で，農家を選別し特定農家に支援を集中させることを明確にする。先に見た「農用地利用増進法」は1993年に「農業経営基盤強化促進法」になり，そこでは「認定農家」制度を設け，その認定農家に直接に融資するというものにつながった。かくして，構造政策の手法は，「むら」機能を利用し，特定の農家に集中させるというのではなく，市町村を核とする行政が特定の農家を選別し支援をそこに集中させる方法に変わる――「むら」の土地管理機能との決別（加藤 2020）。

ところで，1980年代後半の状況は，なぜ，「新政策」（1992年）そして「新基本法」（1999年）の制定に取り組まなければならなかったのか，は説明しなければならない。すなわち，経済大国日本は，バブル経済に象徴されるように，農産物輸入の拡大と農産物価格の低迷により，農業とその担い手（主体）および農村社会の空洞化が急速に進行する。そして新たに中山間地問題に象徴される過疎化，高齢化，担い手不足，そして限界集落等の顕在化，それに加えて先のガット・ウルグアイ・ラウンド農業交渉への対応の要請も強まり，まさに新しい構造政策が必要になったからである。特に，「新基本法」においての構造政策は，農産物価格と国境保護のさらなる引き下げ方針とリンクした経済効率を重視する市場原理主義の手法になり，農地流動化と規模拡大のいっそうの強化が謳われ，そこに出てくる用語は，「経営体」，「経営政策」であり，とりわけ「法人経営」を主要な農業の担い手と明確に位置づけることになる――その「法人経営」は農業法人でも形態としては「株式会社」形態，そして企業の農業への参入を目論むのであった。

しかしながら，グローバリゼーション，市場原理主義の政策手法を，すべての場面で貫徹させることができず，中山間地域を念頭に置いた「農村政策」を掲げ，農業・農村の多面的機能に着目させざるをえなかった。この「農村政

策」は当然のことながら，農村地域の基本的な単位である「むら」を対象にし
なければならない。たとえば，2000年の「中山間地域等直接支払制度」も基
本は集落協定を前提にしており，そこに存在するのは，むら＝集落である。と
りわけ，農業の多面的機能に着目するのであれば，農村における農家構成の多
様性を前提に成立している農村を維持するには，農家を選別する構造政策の論
理ではとうてい無理であることは明らかである。もちろん，兼業化等により，
その役割分担は，専業的農家や高齢農家に重くのしかかっている。それでも
「むら」に期待しなければならない矛盾も内包しているのである。

　周知のように，2005年「食料・農業・農村基本計画」では，「品目横断的経
営安定対策」という認定農家，認定農業者に特別の支援をして構造政策を進め
ようとした。しかし，その名称すら「水田・畑作経営所得安定対策」に変更し，
その面積用件はあまりの批判に認定農業者4ha（北海道10ha），集落営農20ha
を基本にしつつも，要件に合わなくても市町村が加入を認める特認制度を設け
ざるをえなかった。多くの地域で認定農業者のみでは対応できず，結局は「集
落営農」を選択する地域が圧倒的に多かった。かくして，「新基本法」を制定
して10年経ち，また民主党政権が成立したことにより，「戸別農業所得補償制
度」も入れた変更がなされ，新しい「食料・農業・農村計画」が2010年 3 月
30日に閣議決定し，装いを新たにスタートした。以前の「構造政策」のトー
ンとは違い，「再生産可能な経営を確保する政策への転換」を明確にし，「兼業
農家，小規模経営の農家を含むすべての農業者が将来にわたって農業を継続し，
経営発展に取り組むことが出来る環境を整備し，再生産可能な経営の基盤を作
る政策への転換」を計画に取り入れた。しかし，2011年には「人・農地プラ
ン」が出され，集落等を単位とした地域での話し合いを通じて，平場地帯では
20〜30ha，中山間地域で10〜20ha の中心的な経営体に 5 年間で農地の 8 割を
集積する構造政策で，経営転換協力金，規模拡大加算，青年就農給付金等が設
けられた。これでは，民主党政権の小規模農業重視とは違ったものとなった。
このプランは自民党安倍政権で引き継がれ，「官邸農政」と言われる現段階の
農政になった（田代・田畑 2019）。

　いわゆるアベノミクスは異次元金融緩和による円安誘導，それによる輸出を
伸ばす成長戦略の一環として，農業においても成長産業化・輸出産業化が強調
されることになる。2013年「農林水産業・地域活力創造プラン」が策定され，

10年間に全農地の 8 割を企業も含む担い手に集積し，米生産コスト 4 割削減をすると輸入農産物に対する価格対抗力をつける政策に舵を切った。この中で，農地政策に関わる主要な目玉として農地中間管理事業法，併せて農協法・農業委員会法改正等の農業競争力強化関連 8 法が制定された。

とりわけ，2013年 5 月，民間企業も含めて農業に意欲のある「担い手」に，農地をまとまった形で貸し付ける「農地集積バンク」構想のもと，規制改革会議が具体化した，農地中間管理事業法が制定（2014年）され，土地所有形態は大きく変化しようとしている。まさに，現段階のグローバル資本主義に適合的な土地所有への編成替えが着々と進んでいる。

この農地中間管理事業法は，市町村が作成した農地集積計画に基づいて県の中間管理機構に利用権設定された農地の，その配分計画の決定権限を県の中間管理機構が持つことにより，企業等への貸付を図ろうとするものである。借り手のない条件不利な農地は，当然のことながら中間管理機構は借りないので，結果的に中山間地域の担い手不在の地域の農地や耕作放棄地は対象から外される。実は，農地を維持管理するメンテナンスすることができないから，農地を中間管理機構に出すのであり，規模拡大したい企業や法人組織のためではないことの認識は重要である。農地中間管理事業に適合的なところは平場地帯の農地であるが，それでも思うように集積は進んでいない。ちなみに，農地の利用権設定（受け手側）はどのようになっているかを2015〜17年（農水省『農地の権利移動・借賃等調査』）で確認すると，個人50.6％〜52.6％，農地所有適格法人12.6％〜17.8％，中間管理機構31.2％〜22.7％，円滑化団体4.1％〜5.4％，その他1.6％〜1.6％であり，個人同士の相対が多く，中間管理機構は多くなったといえ，停滞している状況である。2023年に担い手への集積率 8 割を目標にしていたが，2019年で57.6％と実績を上げてきているが，いまだその水準にはほど遠く，中間管理機構の転貸面積も増加しているが，対前年増加ポイントは鈍化している（桂 2021）。しかし，グローバル資本主義に適合的な大規模経営，土地所有を政策誘導的に進めても現実にはなかなか進まないことの認識はしておかなければならない。

筆者も構造政策を全面的に否定するわけではないが，セーフティネットの役割をする農村政策が不十分な状況では，かなり厳しい。基本的には農村政策と構造政策は同時におこなわれなければならないという，まさにシュンペーター

が述べる「時計の針を止めないで時計を修理する」という困難を本格的に考え
なければならなくなっている。農村政策は，本来，農村地域に住む農家，農業
者へのセーフティネットの役割を果たすために，そのセーフティネットを十分
に張った後に構造政策を実施しなければならないのである——この点は EU の
農村政策の実態を見れば明らかである。

　若干，農業への企業参入に関わって確認しておきたいことがある。現在の農
地法制では，株式会社・一般企業での農地所有は認められていない。早晩，そ
の方向に政策は進むであろう。しかし，問われるのは，「農村政策」のあり方
であろう。「新基本法」の見直しに関わって，2020 年 3 月に閣議決定された第
5 期「食料・農業・農村基本計画」を受けて，具体的な農村政策のあり方を
めぐり，「新しい農村政策の在り方に関する検討会」が中間まとめ（2021 年 6
月 4 日）を提示した。そこには，「世代やジェンダーを超えて，農業従事者だ
けでない多様な者が農村に集結し，地域に根ざして国民の生活に必要不可欠な
食料を生み出す農業をはじめ，地域資源を最大限活用した事業を推進すべき」
時期が来たと述べ，農村「RMO」（Region Management Organization）を提示し
ている。しかし，その具体像はいまだ明らかではない。あえて言えば，中山間
地域のみを前提として，構造政策と農村政策の整合的なものではない。この主
体はどのようにするかも含めて考えなければならない（第 7 章参照）。私たち
にあるべき選択＝オルタナティブは，小農，小土地所有を重視する政策である。
すなわち，EU（欧州連合）は「グリーンディール」の一環として工業的な食料
システムから持続的な食料システムへの移行を促す地域食利用プロジェクト等
に取り組み，かつ 2023 年から始まる次期の共通農業政策（CAP）改革では，農
業就農者数と農村人口の減少に歯止めをかけるために農業経営の規模拡大政策
を見直すこととなっている（関根 2021）。こうした認識がいま私たちに問われ
ている。

　以下の節は，具体的な農村の事例をもとに述べる（図2-1を参考に）。

2　農地改革と農業・農村（1947年）——自作農的土地所有

（1）「北平田村」農地改革——3.5ha 保有上限
　すでに，第 1 章で日本の農地改革の概要を示しているので再論は要しない。

しかし，農地改革の結果については示しておかなければならない。

農地改革

　日本の農地改革は，周知のように明治維新―地租改正を起点として展開した戦前日本資本主義の基底を成した地主的土地所有をその根幹において瓦解＝解体させた。このことにより，自作農的土地所有を創出した。では，その地主的土地所有から自作農的土地所有になる「解放実績」等を，表2-3および表2-4で確認しておきたい。農地の買収面積181万町歩，財産税物納地・旧軍用地等の国有地所管替え面積18万町歩で合計199万4000町歩，このうち旧小作人への売り渡し面積197万5000町歩であった，かくして農地総面積の92％が解放され，改革前の地主保有地82.6％が解放され，自作地は改革前の54.1％から91.7％，小作地は45.9％から8.3％へ激減した。戦前戦後の農民層の自小作別構成を見ると，いわゆる自作層は91.2％，小作8.7％となった。

　したがって，平均規模一町歩の自作農的土地所有，戦後自作農が形成され，ここに小農＝零細農耕が刻印される。

　ところで，農地改革・土地改革が日本，韓国，台湾，中国の私たちが対象としている国・地域と東欧の社会主義国以外で成功したところはない。日本とそれ以外の国・地域との違いを示しておきたい。日本の農地改革の受益者は，「いえ」を単位にした小作農100％，韓国の場合には93.1％，台湾の場合には95.2％，中国の場合は26.5％である。とりわけ，中国は農村の小作農以外の零細農，農業労働者また都市貧民も含めた農業対象者にも受益対象を広げたという点で，農地改革イコール小作の自作農化でなく，体制変革も意図した革命戦略の側面が強い。また，いえ（家）＝世帯単位を日本も韓国・台湾も対象としているが，中国は一人ひとりの世帯員を対象としている。参考までに述べておけば，先述した（第1章）日本の農地改革は戦前の小作争議等の地主制の危機に対応した自作農創設政策の流れと戦時体制の農業政策の流れを汲む開明的農政官僚が主導し，第一次農地改革（案）を独自案として提示したが，それは，個人であったが，第二次農地改革（GHQ主導による実施）では，世帯に変更されている。

　なお，私有財産制，絶対的所有権を前提にしたにもかかわらず，地主の土地を国家強制買収にし，アメリカの占領政策のミッションであった日本の非軍事

図2-1　時期区分と新青渡集落の農家変動

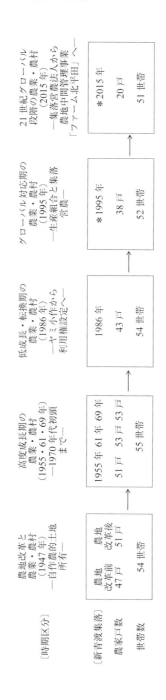

[時期区分]	農地改革と農業・農村（1947年）—自作農的土地所有—	高度成長期の農業・農村（1955・61・69年）—1970年代初頭まで—	低成長・転換期の農業・農村（1986年）—ヤミ小作から利用権設定へ—	グローバル対応期の農業・農村（1995年）—生産組合と集落営農—	21世紀グローバル段階の農業・農村（2015年）—集落営農法人から農地中間管理事業「ファーム・北平田」へ—
[新青渡集落]	農地改革前 農地改革後	1955年 61年 69年	1986年	*1995年	*2015年
農家戸数	47戸　51戸	51戸　53戸　53戸	43戸	38戸	20戸
世帯数	54世帯	55世帯	54世帯	52世帯	51世帯

注：なお、時期区分の表題は本文の2〜6に対応している。
＊1995年と2015年の数字は集落悉皆調査をもとにしている。農地は所有している農家もいるが、農地は所有していない自給的農家や農産物販売金額がない自給的農家については面接調査はしていない。そのために面接調査をした農家からは集落責任者も、調査を依頼することもきわめて難しく、「農家」という範疇に属さないと観念している。
　なお、調査補充の意味から、集落責任者等から面接調査していない農家については基本的動向をヒアリングした。

表2-3　農地改革による自作地・小作地の変動

（単位・町）

		総数	変動率	自作地	小作地	小作地変動率	(総数＝100.0) 自作地率	(総数＝100.0) 小作地率
			%			%	%	%
改革前（1945年11月23日）		5,155,697	100.0	2,787,464	2,368,233	100.0	54.1	45.9
改革実績 不動	自作保有地	2,750,443	53.3	2,750,443	－	－	53.3	－
	地主保有地	410,991	8.0	－	410,991	17.4	－	8.0
	解放面積	1,994,263	38.7	△(37,021)	△1,957,242	82.6	△0.7	△38.0
解放	売り渡し面積	1,975,132	38.3	1,975,132	－	－	38.3	－
	保留国有地	19,131	0.4	－	19,131	8.1	－	0.4
改革後（1952年10月20日）		5,155,697	100.0	4,725,575	430,122		91.7	8.3

註：1．自作保有地＝改革前・自作地－解放・自作地
　　2．地主保有地＝改革前・小作地－解放・小作地
　　3．保留国有地＝解放面積－売り渡し面積
　　4．解放面積＝買収面積＋国有地所管換え
　　5．いわゆる残存小作地は，表の上では地主保有地と保有国有地の合計となる。
出所：加藤（1989：205）。

表2-4　自小作別農家数構成

年次	総農家数	構成比 自作	自小作	小自作	小作	耕作しないもの
	戸	%				
1944	5,536,508	31.2	20.1	19.9	28.4	0.4
1946	5,697,948	32.8	19.8	18.6	28.7	0.1
1947	5,909,227	36.5	20.0	16.9	26.6	0.0
1949	6,246,913	57.1	35.1		7.8	0.0
1950	6,176,390	61.9	25.8	6.6	5.1	0.6
1952	6,148,266	66.5	25.4	5.4	3.4	0.2
1955	6,040,535	69.5	21.7	4.7	4.0	0.1

出所：加藤（1989：205）。

化・民主化のためには，地主制の廃棄が最も重要であった。同時に，米ソ冷戦に突入する極東における「最前基地」と日本を位置づけるためには私有財産制を否定する共産主義の浸透を阻止するよう，小作農を自作農にし，それも可能なかぎり多く私有財産権者にする必要があった。また地主の所有地をすべて解放すれば，私有財産制を否定することになるため，在村地主の小作地1町歩は認めることで，政治的な判断をしたと考えられる。これによって，自作農的土地所有を成立させた。

「北平田村」農地改革

　新青渡集落は旧山形県飽海郡北平田村であり，庄内地方はいわゆる旧千町歩地主地帯とつとに有名なところである。戦前日本農業の地帯構成の基本型である「東北型」（千町歩地主地帯）と「近畿型」（西南・高位生産力地帯）を確定したのは，山田盛太郎である。この2つの基本型が農地改革により一転して顛倒したものとして現れ，遅れた東北型が躍進し，先進であった近畿型が停滞すると把握し，農地改革はとりわけ千町歩地帯の，かつての小作農ないしは小自作農が比較的大規模な自作農となり，それが躍進の原動力になったと山田盛太郎は総括している。

　庄内地方は，「乾田馬耕」による明治農法の定着が，大地主本間家を中心とした地主主導の「飽海郡耕地整理事業」（1901年着工，1912年ほぼ完成）により，生産力は増大するとともに小作大経営を成立させた。ちなみに北平田村は，明治末期には自作地率45％，小作地率55％，飽海郡耕地整理事業が完成し，自作地率35％，小作地率65％になる。1938年経営規模別農家戸数（302戸＝100％）で見ると，「5反未満37戸＝12.3％」，「5反～1町40戸＝13.2％」，「1～2町54戸＝17.9％」，「2～3町64戸＝21.2％」，「3～5町94戸＝31.5％」「5町以上12戸＝4％」となっており，3町以上が35.1％，2町以上であれば56.7％であるから，当時，いかに大規模な経営が存在したかをうかがうことができる（菅野ほか 1984）。

　具体的な農地改革の実施過程を少し確認しておきたい。

　ここ北平田村の農地改革には特徴がある。①地主の所有地解放を徹底的に遂行（戦前の農民運動・小作争議等の影響），②山形県農地委員会における保有上限四町四反と決定される前に，独自に耕作面積上限3町5反に制限し，③この耕作面積上限3町5反を前提に「交換分合」を実施し，いわゆる「北平田農地改革」を実施した。なぜこのようなことができたのか。農民運動の歴史が蓄積されていたため北平田農民組合と農業会という組織が一体となり，部落長・農家実行組合長らを集め村の「交換分合委員会」を結成し，耕作面積上限を田畑合計3町6反5畝（畦畔を除く）のうち，水田3町6反未満（村の人が言う3町5反）という方針を独自に決定した。委員会は，所有関係を無視して耕作面積上限3町5反を地味，家からの耕作距離等を勘案し，農地の団地化する方針にし，これをもとに村農地委員会は法律に基づき買収・売却をおこな

った。実は、「農地改革」には、零細農耕＝零細分散錯圃制を解消することが
目標でもあった（中央農地委員会決定 /1947年5月16日に基づく「通達」）。しかし、
北平田村の農地改革は、「交換分合」を前提に成立しており、『新青渡集落文
書』（農地改革関連文書は「交換分合」文書）もそのことを示している。

新青渡集落＝むらの「農地改革」

　「北平田村交換分合委員会」は各集落に「集落交換分合委員会」を設けてい
るが、各集落の委員長は集落の区長が委員長になり、新青渡集落では区長＝委
員長を含めて委員が11名で構成されている。先述したように交換分合は、従
来の土地所有権を無視し、面積、地味、耕作距離を考慮し団地化するという方
針で作成されたが、農地委員会の業務である買収・売渡しを交換分合委員会で
おこない、これを農地委員会で追認したものである。当時のその実績は、新青
渡集落の農家戸数53戸、被買収人数（戸数）49戸。被買収面積38町1反6畝
（水田37町9反3畝・畑2反2畝）である。すなわち、水田の旧所有者と新所有
者の間に水田を耕作することになった人との間に、従来から小作関係が成立し
ていたと見なし、もともと自作地であっても小作地として買収された農地も多
かった。
　ちなみに新青渡集落では、交換分合＝農地改革に当たって次の「内規」がつ
くられた（下線は加藤）。

　一、農耕作地は<u>一切他部落へ譲渡しない事</u>。
　二、限度以上の耕作者は限度以下の耕作者に譲渡すること。
　三、其の譲渡は、<u>親族、縁故者で二町歩以下の耕作者に限る</u>こと。
　四、苗代は本田一反歩当たり十五坪とする事。
　五、各戸に一畝歩（1アール）以上の畑を与える事。
　六、譲渡金一反歩金八百円とする事。

　下線部を付けた文言には、集落＝むらの論理といえの論理を垣間見ることが
できる。すなわち、むら＝集落内で土地の移動を完結させる内規、そのために
土地市場は「むら」で完結する。それを集落内の「いえ」の関係＝本分家関係
（親族）で担保させている。それは同時に、位階階層を担保させることになっ

ている。実際に，数世代前の分家でもそれは生きている。定点調査での聞き取りでも，「イモツ」（家持ち）とは分家のことであり，農地を分割相続させ，同時にそれは住居も含まれているが，必ず「〇〇家」宗家を中心とした会合・冠婚葬祭の時でも席順が決定していることが確認できた。

　では具体的な農家構成はどのようなもので，土地はどのような移動を示したかを示しておきたい。

　表2-5は，農地改革前の自小作別・経営耕地規模別農家構成を見たものである。「いえ」に関わる本分家関係で見れば，分家層が多い。ただし，ここでは，分家といっても比較的新しい戦後分家ではなく，2～3代前，中には明治以前の分家も含まれている。その点から言えば，集落内には5～6戸の本家筋を中心に成立している。その本分家関係での農地の賃貸借関係が出発点になり，集落内の土地市場が成立している。ここで確認しておかなければならないのは，小自作経営が多いのは3～5haで，この層が農地改革前から多いことだ。当然であるが，小作層は下層に集中している。では農地改革で経営耕地がどのように変動したかを見たものが表2-6である。農地改革の耕作上限3町5反の基準であるが，具体的にプラスになった農家は全体で17戸で1ha未満で多く，マイナスになった農家は経営規模の多い4ha以上層ないしは4～3.5ha層がほとんどである。かくして，農地改革前と後の農家構成を比較すると，圧倒的に3ha以上層で多く，これらは小作大経営だった農家が経営地の若干の変動はあるが，そのまま自作農になった。いわゆる比較的大きな自作農大経営が農

表2-5　農地改革前の自小作別・経営耕地規模別農家構成：新青渡集落

	本分家関係		経営耕地規模別農家								
	本家	分家	5反	5反～1町	1町～1.5町	1.5町～2町	2町～2.5町	2.5町～3町	3町～5町	5町以上	合計
地主自作		1								1	1
自　　作	3	5	2	1	1				2	2	8
自 小 作	2	4						1	3	2	6
小 自 作	5	6		1			2	1	6	1	11
小　　作	6	15	5	8	2	4	1		1		21
合　　計	16	31	7	10	3	4	3	2	12	6	47

註：1．労働科学研究所所蔵『労働力基本調査』（1995年度）とわれわれがおこなった農家悉皆調査（1987年）による補充で確認できたものであるので，小作と思われるが経営規模がわからない農家1戸と戦後分家2戸と戦後新規参入した2戸および寺院については除く。
　　2．空欄は該当なし。

地改革で成立したことを示している。ちなみに，次の高度成長期に入る1955
年でも，その農家構成はほとんど変わらなかった（変化しても各規模層で1戸で
しかなく，この場合は経営地の一筆＝10a程度のものでしかない）。かくして，か
つての馬耕段階から耕耘機段階に移行しても，一般的労働市場が未展開で，集
落内，または隣接集落の本分家関係，下層農家から自作農大経営への年雇供給
（馬耕段階では住み込み年雇，耕耘機段階で通い年雇）の農村労働市場であった。
自作的土地所有が成立し，自作大規模農家が農業生産力・水稲生産力をリード
し，1955年はいわゆる水稲生産力が戦後段階を画する大豊作（531kg/10a）を
経験する。

　以上のように，農地改革により自作農体制＝自作農的土地所有を刻印するこ
とになる。かくして，1950～55年の時期だけはII部門（農業部門）が国民経
済をリードする再生産構造であった。

3　高度成長期の農業・農村（1955・61・69年）──1970年代初頭まで

農家戸数と経営耕地の増減

　前掲の図2-1で確認しておきたいのは，農地改革で農家戸数51戸で出発した

表2-6　経営耕地の増減状況：農地改革前後～1955年，新青渡集落

	農地改革前	農地改革前～後の変化		農地改革後	農地改革後～1955年の変化		1955年
		（＋）	（−）		（＋）	（−）	
4.0ha 以上	10	0	10	−	0	0	−
4.0～3.5ha	3	0	2	12	9	2	11
3.5～3.0ha	5	1	0	7	4	1	8
3.0～2.5ha	2	1	0	1	1	0	1
2.5～2.0ha	3	0	0	5	4	0	6
2.0～1.5ha	4	1	1	5	4	0	6
1.5～1.0ha	4	1	0	7	3	1	6
1.0～0.5ha	9	5(1)	0	10	7	1	11
0.5ha 未満	7	7(1)	0	4	2	0	2
貸付農家	−	0	0	−	0	0	−
計	47	17(2)	13	51	34	5	51

註）1．労働科学研究所所蔵の『労働力基本調査』（1955）による。
2．お，1955年に離農した農家が実際には存在するがここではカウントしていない。
3．（＋）の（　）内は新設農家（戦後分家）である。
4．変動のない農家は増減欄に記入していないので，各年の階層別戸数は，増減欄の合計の戸数とは一致しない。

が，1955年51戸→1961年53戸→1969年53戸と農家戸数それ自体に大きな変化
はないことである。2戸の増加は戦後分家によるものだ。戦後分家2戸は
表2-7経営耕地の増減状況（経営規模別）で確認すると1ha未満層であり，
3.5ha以上の上層農家（農地改革前に自小作大経営が改革で富農層になった「新し
い生産力担当層」）からの分家である。この表では，経営耕地＝土地に変動がな
い農家は増減欄に記入していないので階層別戸数は増減した農家の合計にはな
らない。実は，1955〜61年間に変動した農家43戸（増加農家14戸，減少農家29
戸）の81.3％は変化した。1961〜69年間に変動した農家38戸（増加農家9戸，
減少農家29戸）の71.6％が変化している。その具体的な規模は，経営地全体の
移動というのではなく，地片の移動でしかない――この労働科学研究所「労働
力基本調査」個票は，家族員，土地，農機具等の基本的指標のみであり，意識
と行動に関するアンケート項目は存在しない。経営地全体の変動というのでは
なく，一筆ごとや一地片の経営地の移動（変動）が起きていることを示してい
る。

　なぜならば次のような事情による。第一は年雇という農村労働市場をめぐる
問題（＝受入農家と輩出する農家）に関わっている。「3.5ha以上層の上層農家」
の富農層は若勢（男性）一人，メラシ（女性）一人の年雇に依存する経営とし

表2-7　経営耕地の増減状況：1955〜69年，新青渡集落

	1955年	1955〜61年の変化		1961年	1961〜69年の変化		1969年
		（＋）	（－）		（＋）	（－）	
4.0ha 以上	－	0	0	－	0	0	－
4.0〜3.5ha	11	0	8	9	1	5	8
3.5〜3.0ha	8	0	6	9	2	5	8
3.0〜2.5ha	1	1	0	3	0	2	5
2.5〜2.0ha	6	2	2	6	2	3	4
2.0〜1.5ha	6	4	2	5	0	4	5
1.5〜1.0ha	6	2	3	5	0	3	7
1.0〜0.5ha	11	4 (1)	7	13	3	6	13
0.5ha 未満	2	1 (1)	1	3	1	1	3
貸付農家	－	0	0	－	0	0	－
計	51	14(2)	29	53	9	29	53

註：1．労働科学研究所所蔵の『労働力基本調査』（1955, 1961, 1969）による。
　　2．なお，1955年に離農した農家が実際には存在するがここではカウントしていない。
　　3．（＋）の（ ）内は新設農家（戦後分家）である。合計の戸数とは一致しない。
　　4．変動のない農家は増減欄に記入していないので，各年の階層別戸数は，増減欄の合計の戸数とは一致し
　　　ない。

て成立している。若勢は筋骨系労働過程，メラシは脈管系労働過程また家事労働に従事するものである。若勢とメラシの 2 人の雇用経営は，「3.5ha 以上層」この調査では必ず年雇を一人は雇用している。ただし，家族労働力の構成により違うが，若勢かメラシかの違いは，筋骨系労働過程の中でも，耕起・耕耘過程を担う労働力が存在する時はメラシで，存在しない場合は「馬使い若勢」（馬耕段階）と言われる男性が多い。第二に都市労働市場の進展度合いと機械化も関係している。1961年になれば年雇の供給源であった集落内の「1ha 以下層」も都市労働市場に出るようになる。かつ，馬耕段階から耕耘機段階になり，労働力不足が農村内部で起こる。それに合わせて経営地の地片を一部減少させたりしたために，経営耕地の増減が生じている。

　ちなみに，日本全体でも全農家戸数は1950年は最高の戸数617万戸，1955年604.3万戸，1960年605,7万戸，1965年566.5万戸，1970年540.2万戸で，その減少が大きくなるのは，1965年以後であった。日本の高度成長期（1955～73年）は戦後重化学工業化段階を経る中で，太平洋ベルト地帯を中心とした地域開発＝工場の拡大，農工間所得格差・生産性格差が明確になるが，挙家離村型での都市・工業地帯への離農ではない。農家の次三男等を中心とした農村過剰人口が労働市場へ移動したものであり，農家戸数の劇的な減少ではなかった。

1961年「農業基本法」から「総合農政」へ

　周知のように日本は1955年から1973年まで国内総生産（GDP）の平均伸び率 9 ％以上の高度経済成長を遂げた（一般的には 5 ％で高度成長だが）。なぜ，可能だったかは序章でも明らかにしたが，アメリカが冷戦体制におけるアジア極東の最前基地としての役割を負わせたためであった。戦後重化学工業化をいち早く実現し，1960年代前半には世界トップに躍り出た。すなわち，国内市場を前提とするのではなく，外需を前提にする東アジア外生循環構造のプロト形態＝原型を確立した。具体的には1950～53年の朝鮮戦争は，敗戦から日本資本主義の再生産を立ち上げる時に「特需」ブームを起こし，外貨やアメリカの資金援助で，その後の高度成長の土台をつくった。かくして農工間所得格差が拡大し，農村と都市の地域格差がつくりだされた。とりわけ，1955年当時，全産業人口に占める農業人口38％で，1960年でも30％で，朝鮮戦争特需ブームから漸次，農村人口は都市へ流出する。すなわち，日本の「低賃金基盤」と

しての農村が重要な意味を持つことになった。

　農工間所得格差，すなわち農家所得の低さ，食糧供給力の弱さ，国際競争力の弱さ，兼業化，農業労働力の劣悪化等の日本農業の構造的問題を確立するために，官・学界あげて1959年に「農林漁業基本問題調査会」が設置され，その答申である「農業の基本問題と基本対策」が出され，1961年に「農業基本法」が制定された。

　かかる基本問題調査会の「基本問題と基本対策法」には次のような説明がなされている。

　「農業の基本問題とは，経済成長の過程における農業従事者の生活水準ないし所得が他産業従事者と比して低いこと，その開差が拡大してきたこと，しかもその根底に零細農耕という戦前からの特質が横たわっていることにあり，その要因は農業の生産性の低さ，交易条件，価格条件の不利，雇用条件の制約等である。このような基本問題に対する対策の方向付けの契機は新しい様相のもとに基本問題を顕在化させ成長経済それ自体のうちに存在しており，それらは経済成長，就業動向，貿易条件の見直しないし変化である。このような契機を背景として，農業政策の方向付けは所得均衡，生産性の向上，構造の改善という三つの側面をもつ。」（田代 2012）

　新青渡集落における農地改革の変化は，比較的大規模な自作農＝「3.5ha以上層の上層農家」の「あとつぎ世代（いわゆる昭和一桁世代）」が中心になり様々な変化をもたらした。かつかかる若い「あとつぎ世代」は集落のみではなく，庄内農業を担う主要な変革者として表舞台に出てくる（菅野ほか 1984）。

　「農業基本法」に対する「あとつぎ世代（いわゆる昭和一桁世代）」を先頭に，新青渡集落はどのように認識し，かかる政策に関わったかを『新青渡史誌』（2004年）で確認しておく。「夢の農業と言われた農業基本法」と表現しているが，恩恵を受けたのは，「構造改善」に関わる農業機械の導入，基盤整備事業に対する高い補助率のためであった。機械化はかつての馬耕段階から耕耘機段階そしてトラクター段階への移行に拍車をかけ，農家の苦汗労働からの解放に大きく作用した。当時の農業基本法制定のためにつくられた「農林漁業基本問題調査会」の小倉武一事務局長（元農林省事務次官）と部会長であった団野信夫（朝日新聞論説委員）が日本農業を代表する庄内の農家からヒアリングすることになり，小倉は「選択的拡大路線に対する稲作農家の意見」，団野は「稲

作経営の農地集積と規模拡大の可能性」を聴取した。これに，新青渡集落の
「あとつぎ世代（いわゆる昭和一桁世代）」を中心に，大きな希望を持ったとい
う。とりわけ，農業構造改善事業の事業指定地域を受けるために，酒田方式と
いう独自のものを導入する。これも「あとつぎ世代」が担い，青年団活動，農
協青年部運動をする中で，事業の画一的なものに運動で改良したものを獲得し
た。構造改善事業が「土地基盤整備・近代化施設導入・生産の選択的拡大で構
成され，これを画一的に組み込まなければならず」，これを自らに合う事業に
組み替えた。すなわち，前述の大正期の「飽海郡耕地整理事業」で乾田馬耕に
合う10a区画を整理していたので，「農業機械化施設の整備を促進して，労働
力の節約と耕地の高度利用による乳牛，肉豚の増殖を図ること」を認めさせた。
耕耘機段階から中小型トラクター体系を当時の庄内経済連の主導で，その体系
に合った集団栽培を形成していく。その集団栽培は，トラクターによる耕耘・
代掻き，田植え，防除の共同作業の実施であった。どのような作業編成をおこ
なったかを確認すれば，農家階層間関係が端的に表れている。堆肥散布，耕耘，
代掻きの春作業については，「2.5ha以上層」が労力の受け取り側，日雇いか
らなる「1〜2ha層」の第一種兼業農家が提供側になっている。旧来の「飽海
郡耕地整理事業」の圃場を利用していたために用排水不分離の水利構造が，兼
業化が相対的に未展開（日雇いしかなく恒常的兼業＝第二種兼業農家は少なかっ
た）のために，集団栽培を成立させた。結果的にはこの集団栽培は，上層農家
の，かつての年雇経営層の労働力不足を補完していた。集団栽培ではあるが，
それはかつて年雇が担っていた部分を，日雇い賃金水準の協定賃金でカバーし
ていた。

　しかし，1980年前後には集団栽培は解体する。共同していたトラクター更
新，および田植機・自脱型コンバインの普及は一部個別所有も進む。農家実行
組合での共同利用も維持しながらも一部個別所有は次の段階に入る。「個と集
団」という問題を顕在化する。1970年第一次生産調整である。そして1982年
から新青渡集落は圃場整備事業が始まる。同じく，1981年に水田再編体側と
して転作委員会を設置する。大豆の団地化を図るために，水田転作面積の調整
を検討するが，その場合，圃場整備工事区域との関係も考慮した調整をしなけ
ればならなかった。集落で大豆播種機，大豆刈り取り機，大豆脱穀機を導入す
る。その場合，「むら」機能を全面的に発揮しなければならなくなった。

4　低成長・転換期の農業・農村（1986年）——ヤミ小作から利用権設定へ

転換期の構造政策——ヤミ小作から利用権設定へ

　調査したのは1986年であり，労働科学研究所調査からすでに17年も経過していた。継続する調査といってもあくまでも調査票の引き継ぎでしかない。したがってこの間の新青渡集落の動向は把握できていない。

　この17年間，そして1986年段階での日本農業の構造問題に関する諸問題は次のような文脈であったと理解している。①基本法農政がめざした一つである所得均衡論の，生活水準均衡の「世帯員一人当たり家計費」均衡は，1972年には達成している。ただし，それは兼業所得によるものだった（農家総兼業化）。これは，「農業構造改善事業」による農業近代化政策による省力化が生み出したものだ。本来，農業所得による均衡であったはずが，価格政策は米過剰を生み出し，1979年には「時間当たり農業所得」＜「農業臨時雇賃金」の関係をつくりだした（農水省『農家経済調査』，加藤 1991）。かくして「基本法農政」はここに実質的破綻・挫折をもたらした。米過剰→農地過剰→生産調整と農地賃貸借促進の総合農政，「地域農政」に転換する。この点からすれば，構造政策から「むら」機能を利用する農政手法へ転換する。その意味からすれば，硬直的な「構造政策」から見せかけの柔軟な「農村政策」への転換と言ってよい。②構造政策のメインストリームは農地法制（前掲の表2-1，表2-2参照）であるが，1970年の農地法改正は自作農主義から借地主義への転換であった。しかし，賃貸借期間10年以上を法定更新の適用除外にしたが思うように伸びなかった。一方，兼業農家の増加で，農地貸付層が増加したが，農地法に基づかないヤミ小作が増加していた。この相対によるヤミ小作＝請負耕作の増加傾向に，開始されたのが利用権設定という農用地利用増進事業でパイロット的に試行し，その後，正式に農用地利用増進法が1980年制定される。利用権設定という短期賃貸借制度が設けられ，「農地法のバイパス」と言われる，「農地制度の二元化」がおこなわれる。

農地移動の論理——農地売買と農地賃貸借関係

　農地の移動（農地売買と農地賃貸借関係）は，「構造問題」に関わる土地問題そのものである。これによって経営の拡大・縮小が明らかになり，農家の階層間移動がどのようになったかが明らかになる。新青渡集落の1986年段階の農家戸数は43戸，10戸も減少しており，約2割の農家が非農家となった（前掲図2-1）。この10戸は全面貸付農家＝完全な「農地供給層」となった。経営耕地の増減は若干前述したが，1970年代までは，増加させたのは「3.5ha以上層」と上向志向の「1ha以下層」であったが，しかし，80年代になれば全階層で減少させる傾向になった。ちなみに1986年段階の農家43戸のうち半分以上の23戸が経営変動＝増減をおこなっている。その場合，1970年代までは，農地売買での農地移動であったが，1980年代になると賃貸借関係での農地移動に変わってくる。1970年代までは，この農地の売買は集落内で完結していた。「3.5ha以上層」の農家が，稲作以外の部門への投資で失敗し，農地を売ることになった。その場合，集落内で「話し合い＝調整」をして，分配した。実は，購入する必要がない農家でも「仕方なく」購入している。ここには，むら（集落）内の土地は「集落のもの」という論理が働いていた。「むらの論理」である。しかし，1986年段階になれば，公共用地買収による農地転用，1982年からの圃場整備により，農地価格が高騰し，それまでの「むらの論理」は働かなくなる。1986年調査での「農地に関するアンケート」項目に，「農地売買，農地賃貸借の場合，一番最初に声をかけるのはどれか」「1. 隣接地の所有者，2. 親戚，3. 集落内農家，4. 関係ない（価格水準に）」の順番を聞いている。農地売買の場合には，「4→1→2→3」の順序になっている。すなわち，「むらの論理」等は働かず，「価格水準の関係ない」が多くなっている。ただし，賃貸借の場合は「3→4→2→1」の順序になっており，賃貸借の場合には，まだ「むらの論理」が一部で働いているが「価格水準の関係ない」が多くなっている。すなわち，転用等により，「農地価格の土地価格化」が進み，本来，農地価格は農家の自家採算価格であったものが，転用価格になり，農業生産から生み出される採算価格では到底，購入することが不可能になった。

　ところで調査票（1986年調査）で確認するに，新青渡集落（北平田全体も）の農地価格は，1975年頃から300万円/10aであったが，78年から80年に最高600万円にまでなった（公共転用による農地転用価格の高騰）。しかし，公共転用が

終われば沈静化し，350万円に戻り，86年段階では300万円ぐらいに低下している。その理由は米価の実質的低下による。

　ここに，どのような論理（農民的採算価格計算の意識と行動）が働くのか。若干説明しておきたい。簡易な計算式を提示しておく。

前提

収量600kg/10a ササニシキ販売価格60kg＝2万1000円×10俵　粗収益21万円

粗収益21万円−経費9万円＝12万円（ただし自家労賃部分はカウントしていない）

12万円×20年間（支払）＝約232万円

　農地取得資金（金利3.5％）を利用する場合，元利均等償還で金利7％で20年間償還＝232万円　利子率の資本還元でおこなうならば，年間に償還する金額は14万円必要になる。

　あくまでも自家労賃部分がゼロである。労賃部分＝生計費であり，結局20年間ただ働きして，初めて農地を購入可能になる。この論理は，既存の経営地で生計費を賄うという追加地購入という限界計算である。

　ここから，農地購入による規模拡大の論理は成立しなくなる。かくして，賃貸借による経営規模拡大に転換する。農地価格300万円/10aという時点では，米価の実質的低下，転作による経営の縮小という状況を打破するには賃貸借しかない。この論理は，農村的日雇賃金＝限界生計費の切り売り賃金をベースにした限界地代を捻出していると説明可能だ（加藤 1991）。この切り売り労賃は，自作農の行動である「労賃は肉体的最低限に達する」まで我慢する自己搾取構造によって成立している。このことが低賃金の源泉であり，小農＝自作農が小地片にしがみつき固定化される論理として働いていることを示している。

生産調整と圃場整備

　圃場整備事業の新青渡集落に関わる工区は1982年から始まる（北平田全体では1979年から11年間もかかり1990年に換地もすべて完了）。この間に米の生産調整割当が水田面積の30％になった。すなわち，3割は米以外の作物＝大豆転作をつくらなければならない。そこで，集落の自治会と生産組合は，輪作体系で大豆転作することになり，転作組合をつくり，対応した。

　したがって，ほぼ 8 年間，圃場整備事業に対応することとなり，「通年施工」で転作部分を処理していたが，転作の30％の割当増に対応することがきわめて大変であった。農家は米価が低下する中で，経営面積は 3 割減の中で農業生産をしなければならなくなり，生産組合そしてそれを前提にした大豆転作組合，また班ごとの中型機械体系に対応するために，規模の大きい専業農家が農作業の主要な担い手（オペレーター）になっている。

　圃場整備事業は自然的な土地条件，かつ大規模圃場整備事業から県単独事業（300〜400ha）への転換等の事情も加わりながら，かつての「飽海郡耕地整理組合」の圃場から一筆30a への転換，それによる中型機械一貫体系を確立した。

5　グローバル対応期の農業・農村（1995年）——生産組合と集落営農

　図2-1で確認したように，集落の農家数は，農地改革後51戸→高度成長期53戸→低成長・転換期86年段階→43戸，そして1995年に38戸になった。86年段階から 5 戸減らした。世帯数はほぼ変わらず52世帯である。減少した農家はそのまま貸付農家になり，その場合，その農地は集落内の農家がすべて借地して維持管理されているわけではない。

　この段階で，農業専業の世帯員がいる農家は，38戸のうちの20戸が中心になり，新青渡生産組合を中心に集落営農が展開する。集落全体のほぼ水田90ha の80ha を20戸の生産組合が一戸あたり4ha 規模で集落営農がおこなわれている。構成員の個別農家は，自作地と個別に借地している農地での農業所得収入と，生産組合が受託している農作業受託にオペレーターとして出役しその賃金との合計で経営を賄っている。20戸以外の18戸は，生産組合へ農作業委託している農家である。

　この生産組合は後に「特定農業法人」となる。実は「特定農業法人」をどのように評価するかはきわめて難しい。「農業経営基盤強化促進法」によって創設された「特定農業法人」は農地の受け手がいない地域で活用されてきた。地権者集団として農用地改善団体を組織し，そこで集積された農地を農作業受託組織ないしは農地を借りて経営をおこなう集落営農が担うという関係である。この特定農業法人は機械施設等の購入のための準備金を損金として算入できる税法上の特典も与えられていた。安藤光義は集落営農の実態から，法人化によ

って，「地域を守るための規範の制度化」を実現しており，それを徹底することにより，構造政策を農村政策に読み替えるというレトリック（換骨奪胎）が可能だと評価している（安藤 2006）。

6　21世紀グローバル化段階の農業・農村（2015年）——集落営農法人から農地中間管理事業「ファーム北平田」へ

　新青渡集落の2015年段階の農家戸数は20戸，1995年段階の38戸から10戸減少し，農地改革後51戸であったから，31戸が農家でなくなった。ほぼ6割が農家でなくなった（前掲の図2-1）。ただし，農地を所有し全面的貸付している農家，自らは農作業をしない作業委託農家であるが，かつ農産物販売がないという便宜的な定義をもとに整理したものである（農業統計上の厳密なものでなく，集落責任者が観念している非農家）。戦後70年の間に，平場水田地帯でかつ自作大経営（富裕農家）地帯であるにもかかわらず，ここまで農家が崩壊するとは考えもしなかった。すでに，農業解体，農村解体いな農家解体状況になっている。

　ここでは，集落営農法人から農地中間管理事業「ファーム北平田」へどのように集落は呻吟してきたかを見ておきたい。

集落営農法人から農地中間管理事業「ファーム北平田」へ

　集落営農それ自身は中山間地域の担い手不在，高齢化，耕作放棄地の三重苦を解消する内発的な論理から成立したものであった。本来，集落営農を必要としない地域でもどこでも一挙につくられるようになった。生産調整を前提にした水田農業政策，とりわけ，2007年「品目横断的経営対策」の中に選別政策を入れることにより，稲作収入の安定を図るために，経営規模基準を担い手に求めた。個別経営4ha 以上，北海道10ha 以上，集落営農は20ha 以上で経理の一元化と将来の法人化を施策対象に求めた。そこに，法人を位置づけた。

　こうしたことを背景に北平田（旧北平田村）も営農組合を成立することになった。北平田は集落は10集落であるが，最も大きなU集落は5区まで存在するので，実質14集落と考えてよい。その14集落に生産組合が存在していた。その14の生産組合がそのまま営農組合と衣替えした。2007年に営農組合をつ

くった。2019年に農事組合法人をつくり，そのまま農事組合法人を中間管理事業の受け手登録をすることを前提にしていた。

　「品目横断的経営対策」の交付要件である集落営農は20ha 以上をクリアできない４集落があり，また集落外の親戚等に農地を頼んでいる農家が存在し，同じ集落内に限定すれば参加できない農家が出るので，７営農組合体制に再編成した。その東部第１営農組合が新青渡集落である。さらに，７営農組合を一本化して主要３作業のオペレーター作業組合の名目で「きたひらた営農組合」を二階部分に立ち上げた。

新たな「個と集団」

　この法人化に関わって，かつての生産組合のメンバー18戸のうち，６戸は加入せず，個別で展開することになった。なぜ，加入しなかったか。もし加入すれば，「ファーム北平田」では，単なる「オペレーター」になり，独自性が生かされない。それに「あとつぎ」も存在するわけでもなく，やれるところまで個別経営としていく。可能性があるのは，「ファーム北平田」以外の，他地域の親戚，知人の農地も借地したり，農作業受託もしており，その活動の範囲を北平田地域内に限定されると，発展の道は見つけにくいと考えている。永遠の課題である「個と集団」を矛盾なく調整可能ならば問題ないが，この根本問題を解決することができていない。

残された課題──環境問題と SDGs との関連

　日本の農業・農村問題をやや変則的な整理の仕方をしてきた。とりわけ，個別具体として新青渡集落の戦後70年の変動を概略的に見てきた。

　ここから明らかなことは，「小農」ではなく，大規模経営等が日本農業・農村の未来像として想定されていることだ。残された課題は，直接言及しなかった環境問題・SDGs 問題を入れた展望論を示すことができていないことだ。正しく議論して，小農の優位性を再認識しておくことである。

第　3　章

韓国の農業・農村問題
——農村政策と農村地域づくり運動——

具 滋 仁

はじめに

　韓国の農業・農村問題は，歴史的・構造的に日本とは大きな相違点があり，その特殊性のうえに様々な問題や矛盾が重なっている。この基本的な前提について説明する必要がある。

　韓国の近現代史は，日本の植民地支配（1910〜45年）や韓国（朝鮮）戦争（1950〜53年），軍事独裁政権（1961〜91年）などが続いたため，民衆が自らの発展を描くことは困難であった。草の根レベルのコミュニティ活動は独立運動や民主化運動として厳しく抑圧された。そして国の政策によるトップダウン式経済開発と国土開発は，農村を低賃金労働力や食糧の供給基地として位置づけ，世界一と言われるほど急速な都市化を実現した。このような歴史的な制約のため，農村社会には人材が育たず，リーダーが活躍できる状況でもなかった。また，農村社会の困難も深刻であり，地域ぐるみの共同活動は発展せず，個人や家族の選択で〝村を越え，親を越え〟都会に流出していった。首都圏一極集中という現象自体は日本とほぼ一致するが，その原因と内容は大きく異なる。

　地方自治のあり方も大きく異なっている。戦後，米国から地方自治制度が導入され，1949年に地方自治法が制定されたものの，李承晩大統領の独裁政権はその実施を延期し不正選挙もおこなわれた。1961年に軍事クーデターで成立した朴正熙政権は，さらに地方自治法そのものを中断し，地方議会も解散させた。このような状況が30年間続いたのである。それが，1980年代の激しい民主化運動により，1991年に地方議会選挙がおこなわれ，1995年には地方

図3-1　戦後の韓国における政治・地方自治・農村政策の展開

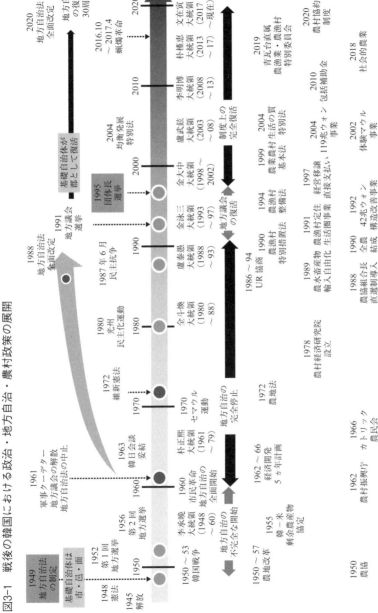

団体長選挙も復活した。しかし，1988年に当時の盧泰愚大統領との交渉にお
いて，地方自治法が全面改定され，もともと基礎自治体であった"邑（町）"
と"面（村）"が自治体としての地位を失い，軍事政権時代に国の官僚を派遣
し任命した"郡"が基礎自治体になってしまった。強制的な自治体合併ではな
く，法律の改定により，基礎自治体の規模がはるかに大きくなり，郡の平均人
口は約4.8万人，平均面積は約678km²である。最も小さい基礎自治体でも9000
人（郡）である。韓国においては，地方自治制度が復活して30年しか経ってい
ないし，地域住民の自治権限も極端に弱いのが日本とは大きく異なる。

　このように歴史的・構造的側面から日本との相違点を明らかにしたうえで，
韓国の農業・農村問題や政策について紹介することを本章の目的とする。農業
と農村とはもともと深く関わっているが，近代化の過程において両者が分断さ
れてきた経緯もあり，本章では区分して記述する。

1　韓国の農業問題と農業政策

（1）農地規模の両極化

　韓国においても農地の集約化と規模拡大は国家農政の核心であった。1910
年から1918年まで日本帝国主義によっておこなわれた朝鮮土地調査事業は，
近代的土地所有制度を確立させたものの，それは安定的で長期的な植民地収奪
のための体制づくりでもあった。戦後の農地改革（1950～57年）は"耕者有
田"の原則を維持したが，徹底的な改革ではなかったので，農家の農地規模は
かなり零細であった。その後も小作制度は禁止されたが，現実においては農地
賃貸借が速いスピードで進み，農地全体の50％を超えるほどである（2017年，
51.4％）。そして，農政の影響もあって上層農家の大農化が進み，農家1戸当
たり農地規模も両極化が顕著になっている（2015年基準，平均耕地面積は
1.54ha）。

　1986年に制定された「農地賃貸借管理法」と1990年に制定された「農漁村
発展特別措置法」は，耕者有田の原則と農地所有の上限を切り崩す結果になっ
た。農地賃貸借を法的に認め，また農家ではない法人にも農地所有権限を与え
たのである。紆余曲折を経て制定された「農地法」が1996年から施行された

表3-1 韓国における耕地面積と規模別農家分布の推移（単位：%）

年度	全体（割合）	0.5ha 未満	0.5〜1.0ha	1.0〜1.5ha	1.5〜2.0ha	2.0〜3.0ha	3.0ha 以上
1960	2,350	42.9	30.1	20.7		6.0	0.3
1970	2,411	32.6	34.2	18.5	8.0	5.1	1.5
1980	2,127	28.8	35.1	20.6	9.0	5.1	1.5
1990	1,743	27.7	31.2	20.2	11.0	7.4	2.5
2000	1,369	32.2	27.7	16.0	9.6	8.3	6.2
2005	1,255	36.5	26.4	13.8	8.5	7.4	7.4
2010	1,164	40.6	24.6	12.2	7.5	6.7	8.3
2015	1,079 (100.0)	45.0	23.7	10.6	6.5	5.7	8.2

出所：韓国農村経済研究院編纂（2019：316）

が，農地の集積化と企業参入を防げるものではなかった。農業の収益率が低下し，農家の高齢化が急速に進む現代において，「相続農地の管理と処理問題，U・Iターン者の農地購入あるいは賃貸借問題，農地転用問題など山積する懸案に総合的に対応できる農地制度」（韓国農村経済研究院編纂 2019：280）を新たに整備することが緊急課題になっている。

（2）農家数の急減と超高齢化，担い手不足

農家統計から見ると，戦後の65年間において農家数は半分にまで減少し，かつ農家経営主の高齢化が急速に増加しており，農家の耕地面積は零細なままで，農業外所得に依存する傾向が明らかである。専業農家の割合が高いことは，日本とは異なり，農村部に兼業先がない証拠でもある。自作農地はほとんど増加していないものの，賃貸農地は急速に増加してきた。これは，離農や相続による非農業人の農地所有が増加した証拠でもある。全体的に農家の小規模化，担い手の超高齢化，女性化が特徴である。

国が農業後継者の育成に公式に取り組んだのは，離農と都市化が進展するさなかの1978年である。それ以後，事業の名称や支援条件に変更があったものの，支援の対象は行政の指示に従う大規模農家の後継者に集中する傾向が強かった。農業総調査によれば，後継者のいる農家の割合は，1990年の16.4％から1995年の13.1％，2000年の11.0％，そして2005年の3.5％にまで急速に減少した。

表3-2　韓国における農家統計の主要指標の推移

年度	総農家数		家族構成		1戸当たり耕地面積			農家所得	
	総戸数	専業農の割合	人数	農業従事者	経営地	自作地	賃貸地の割合	総額	農外所得の割合
	千戸	%	人	人	ha	ha	%	万ウォン	%
1951	2,184	89.2	—	—	0.90	0.83	8.1	—	—
1960	2,349	90.7	—	—	0.86	0.74	13.5	—	—
1965	2,507	90.8	6.3	3.2	0.90	0.75	16.4	11	20.5
1970	2,443	67.7	5.8	2.9	0.93	0.77	17.6	26	24.2
1975	2,285	80.6	5.6	2.9	0.94	0.81	13.7	87	18.1
1980	2,156	76.2	5.0	2.5	1.02	0.80	21.3	269	34.8
1985	1,926	78.8	4.4	2.5	1.11	0.77	30.5	574	18.5
1990	1,767	59.6	3.8	2.2	1.19	0.75	37.4	1,103	25.8
1995	1,501	56.6	3.2	2.1	1.32	0.79	42.2	2,180	31.8
2000	1,383	65.2	2.9	2.2	1.37	0.77	43.6	2,307	32.2
2005	1,273	62.5	2.8	2.3	1.43	0.87	39.1	3,050	32.4
2010	1,177	53.3	2.6	2.2	1.47	0.77	47.9	3,212	40.3
2015	1,089	55.0	2.4	2.1	1.54	0.76	50.9	3,721	40.1

出所：韓国農村経済研究院編纂（2019：314）

（3）農業法人と農村社会の組織化

　農家の組織化は1960年代に入ってから議論されたが，社会主義的協同農場のイメージもあり，全国5ヵ所のモデル事業にとどまった。1970年に農業生産の共同組織として農協の下に1484の"作物班"を組織したことに始まり，農事改良クラブやセマウル営農会，農業機械化営農団，営農組合法人，農業会社法人等々の様々な形態が発展してきた。これらは主に農業生産を拡大するための目的で，農民主導ではなく，国家が支援し農協と協力する形態であった。特に1989年に発表された「農漁村発展総合対策」により，農家の協業経営のための営農組合と委託営農会社の育成を始めた。

　1999年の「農業・農村基本法」は，委託営農会社を農業会社法人に名称を変え，企業の参入を本格的に進めるようになった。営農組合法人は農家の協同組合という性格であり，最も一般的な農業法人である。その反面，農業会社法人は企業的農業経営体として商法の規定により設立され，非農業人も総出資額の90％まで出資が可能である。非農業人の農業参入を促進するため，2012年には出資制限に，2014年には事業範囲に大幅な規制緩和がおこなわれた。

表3-3　韓国における営農組合法人と農業会社法人の比較

区分	営農組合法人	農業会社法人
性格	協業的農業経営	企業的農業経営
法的根拠	農漁業経営体育成法16条	農漁業経営体育成法19条
設立目的	農業経営，農業協同施設の設置・利用，農産物の共同出荷・流通・加工・輸出，農作業の代行など	農業経営，農産物の流通・加工・販売，農作業の代行，営農資材の生産・供給，種子の生産，農産物の購入・備蓄 農機械などの賃貸・修理・保管，小規模灌漑施設の受託・管理など
設立資格	農業人，農業生産者団体	農業人，農業生産者団体など
発起人数	農業人の人以上	合名（2人以上），合資（有無限の各1人）有限（50人以下），株式（1人以上）
出資制限	組合員1人の出資制限なし 非農業人は議決権のない準組合員として参加可能	非農業人は総出資額の90％範囲以内で出資可能
議決権	1人当たり1票	出資持分による（非農業人も含め）
農地所有	所有可能	所有可能（ただし，業務実行権を持つ者の1/3以上が農業人であること）
他法の準用	民法の組合に関する規定	商法の会社に関する規定
設立・運営	農業人が自律的に設立・運営	農業人が自律的に設立・運営
経営体数	1万3363（2017年）→1万230（2019年）	8296（2017年）→1万3085（2019年）

　戦後復興のための農村社会の組織化も最初は国家が主導する形で進められた。1947年に4Hクラブと農村指導者会が設立され，1970年代にはセマウル運動の現場組織として成長した。農民の自主的な組織化は独裁政権によって厳しく弾圧されたので，宗教組織と連携を組む形で，1966年にはカトリック農民会が，1978年にはキリスト教農民会が設立された。1980年代には民主化運動グループと連帯しながら輸入農産物開放反対運動を展開し，その成果の上に，1990年4月に「全国農民会総連盟（全農）」が立ち上がった。また農漁業後継者が中心になった「韓国農漁業経営人中央連合会（韓農連）」も1996年8月に発足した。両方とも全国各地域に支部を持ち，UR協商反対やWTO協商反対，FTA協商反対などの全国的課題では協力するが，競合する関係でもある。しかし市場開放が急激に進展する中で，連帯しうる課題も少なくなり，農民の超高齢化の影響もあって地域活動は弱まって，機能しない支部が多くなっている。2010年以後は，ガバナンス組織としての「農漁業会議所」の設置のための法律制定に取り組んでいる程度である。

2　韓国の農村問題と農村政策

（1）戦後の農村問題と1970年代のセマウル運動

　日本帝国主義による植民地時代の1930年代に農村振興運動という名称で農村政策がおこなわれた。しかし，農業恐慌の克服に取り組みながらも，小作闘争を抑圧し農村収奪体制の隠蔽という役割にとどまったと評価されている。戦後の1957年から米国の指導による"地域社会開発（community development）"計画の策定がおこなわれ，翌年から組織整備とモデル事業が実施された。これが韓国における農村政策の出発と言われる。しかし1961年に軍事クーデターで成立した朴正熙政権は，農村近代化という課題を掲げはしたが，地域開発計画をもっぱら支配体制の維持や反共産主義の手段として利用した。1960年代までは食糧増産が最も重要な政策目的であって，農村政策と言えるのはセマウル運動からである。

　セマウル運動は，1970年4月，朴正熙大統領の提唱によって開始された。これは主に農閑期に，政府の支援でセメントや鉄筋などの建設資材を全国3万3千集落に供給し，住民の無償労働力で基盤的な環境改善事業を展開するものであった。開始後は，集落の発展段階を"基礎（underdeveloped village）"，"自助（developing village）"，"自立（developed village）"の3段階に区別して，生活環境改善から生産基盤施設，所得増大事業の順序で優先順位を付けたり，また地域の特殊性を反映し事業を選択できるようになり，政策は少しずつ柔軟に運用されるようになった。

　このような活動の成果もあり，短期間に農村の環境や生産基盤が大きく整備された。だが事業費用の半分ほどは，土地寄付や労働力提供などで住民が負担したと言われる。その結果，1975年からは農家所得が都市消費者世帯の所得を初めて超えるようになった。しかし家族全員が農村から都市へ移住する"挙家離村"を止めることはできなかった。だが，それが今まで続く"朴正熙大統領の神話"として伝わっている。農村住民に経済的希望を与えたのは確かである。

　セマウル運動は，国家によるトップダウン式の国民運動と，地元からの農村

政策でもあるという両側面がある。運動を支援するために国が広域・基礎自治体から末端集落まで民間組織を整え，行政組織や専門家組織もそれに協力するという体制が整備された。セマウル運動の民間リーダーには様々な権限を与え，教育や研修，事例発表などの機会も与えられた。しかし，その成果の相当部分は政治的に過大評価され，住民を強制動員したことを隠蔽している。また，韓国農村の伝統的な景観や文化の破壊も多くおこなわれ，近代化への発展において“もう一つの道”を選ぶチャンスが閉ざされてしまったとも言える。

（2）1980〜90年代の農村地域開発政策

　韓国では，農村地域開発政策は国土政策の一部として扱われ，1960年代に成長拠点戦略が追求されたが，結果的には都市と農村との不均等発展が深刻になった。1980年代には，当時，世界的に流行していたボトムアップ式開発論や人間中心開発論，また日本の第3次全国総合開発計画（1977年）の定住圏構想などの影響を受け，地方定住生活圏に関する研究や論議が広がり，1985年から国家の農村地域開発の新たな方式として定着した。

　これによって，従来の農業生産中心の開発方式から，農村経済や農村社会，生活環境，文化観光までを包括する「農漁村地域総合開発計画（総合計画）」を策定し，また地域住民の開発需要と優先順位づけを受け入れるボトムアップ方式が基本観点とされた。1986年からはすべての自治体に総合計画を策定することが義務づけられ，そのための組織整備や予算措置もおこなわれた。

　だがこのような観点と方式の導入は長く続かず，政策実験にとどまった。しかし，定住生活圏の構想や開発方式は国土計画にも影響を与え，また補助金申請主義の制度化，補助率の段階づけ，包括補助金の概念の導入，農林部（国の行政組織）に農村開発局を設置するなどの成果もあった。

　1980年代の後半に至り，都市と農村との格差がいっそう広がり，農産物の市場開放による農業の危機や農村社会の空洞化がさらに深刻になった。このような状況をふまえて，「農漁村発展特別措置法」（1990年4月）や「農地賃貸借管理法」（1990年8月），「農漁村整備法」（1994年）などが制定され，“面”単位の“定住生活圏開発10ヵ年計画”が策定された。これは主に一般定住生活圏と文化マウル助成，マウル下水道整備の3つの事業があり，1990〜98年に

総額 1 兆9489億ウォンが投資された（国の補助金6204億ウォン，融資27億ウォン，譲与金1328億ウォン）。法的な後付けもあり，事業は順調におこなわれ，自治体の計画策定能力も高まった。しかし，自治体の内部における都市（市・邑）と農村（面）との統合的開発はおこなわれず，開発の分野も生活環境および生産基盤の整備にとどまるという限界があった。また，農村地域をめぐって中央政府の部庁が管轄を競う縦割りの弊害も現れた。

（3）21世紀における農業・農村基本法時代の農村政策

金大中 政府（1998〜2002年）は，就任初期から，IMF 管理体制の克服が最優先課題であって，農政の効率性を高めるための構造改革に取り組んだ。民間と連携して農政改革を推進し，1998年10月に「農業・農村発展計画」を発表し，①農業の公益的機能の拡充と持続可能農業の育成，②生産・流通・品質・安全性中心の総体的な競争力の引き上げ，③輸出農業の体系的な育成による農業の活路の開拓，④農業通商協力の強化と統一農業の積極的な展開，⑤21世紀の先進農村建設のための地域開発と福祉の拡充，⑥ IMF 危機の克服のための農業経営の安定施策の強化などの 6 大中心施策が提示された。この計画を法的に支援するため，1999年 2 月に「農業・農村基本法」（以下，「基本法」）が制定され，1999〜2004年の期間に総額45兆ウォンの投融資計画も決定された。

基本法は，既存の「農業基本法」と「農漁村発展特別措置法」を統合し，農業・農村分野の53の法律の基本となる法律として，21世紀に向けた農業・農村政策の方向を総合的に体系化した。基本法には，食糧安保や親環境農業，総合資金制度，直接支払い制度，家族農の育成，直接販売，統一農政，WTO 国際規範との調和などの新たな概念が盛り込まれた。特に，農業・農村の多元的価値が強調され，環境にやさしい農業への転換，農外所得の向上をふまえたグリーン・ツーリズムの導入も規定された。農村政策については，第 6 条に「農村地域開発及び所得支援」が規定され，第38条で「農村住民の生活の質の向上，農業発展と農村地域の均衡発展のために国家と地方自治団体が農村地域開発の施策を推進することを義務づけ」ている。その後，様々な食料の安全に関わる事故が続いて発生し，また動物防疫体制の一本化が要求された。政府組

織の改編に伴い，2008年からは農林部は農林畜産食品部（農食品部）に改組され，基本法も「農業・農村・食品産業振興基本法」に改定された。

　盧武 鉉 政府（2003～08年）は，地域均衡発展を国政の「核心目標」に挙げながら，行政首都の移転や革新・企業都市の開発などを推進した。2004年に発表した「農業・農村総合対策」においても，"農村と都市が共に住みよい均衡発展の社会"をビジョンとして，①農業政策（市場志向的な構造改編，親環境・高品質の農業，新たな成長動力の拡充），②所得政策（直接支払い制度の拡充，経営安全装置の強化，農外所得の増大），③農村政策（農村地域開発，社会のセーフティーネット強化，福祉インフラの拡充）の3本柱を政策の基本フレームとした。そして2004年からの10年間に，総額119兆ウォンを投入することにした。

　農漁村地域開発においては，基礎自治体の都市部（邑）を後背農村部（面）のための生活サービスの供給中心地として位置づけ，農村部（面）に農業・農村の多元的機能を生かしたグリーン・ツーリズムを導入した。都市住民のための体験マウル事業や田園マウル事業が急速に増え，また農業の6次産業化をめざした郷土産業育成事業や地域特化品目育成事業も始まった。そして，条件が悪い70自治体に"紐つきなし"の包括補助金を年間70億ウォン（3期9年連続）を支援する"新活力事業"も2005年から始まった。いずれも地域住民の自らの力量を強化し，住民参加や地域革新体制に基づく内発的発展の戦略を強調するという共通点があった。

　このように盧武鉉政府においては，農業・農村政策に従来とは異なる新しい観点や事業が多く導入された。これらの多くは次の政府に継承されず，5年間の政策実験にとどまったが，しかし農村集落（マウル）に2億ウォンを補助する体験マウル事業は，ほとんど変更なしに現在まで続いている（2019年末時点で，1115マウルが指定されている）。

　一方，21世紀に入ってから注目すべき農村政策の一つは，2004年に制定された「農漁業人の生活の質の向上および農漁村地域の開発促進に関する特別法」（生活の質特別法）である。盧武鉉政府の均衡発展の理念から出発し，都市に比べて遅れている農山漁村の住民の"生活の質（豊かさ）"を高めるために，関連性のない部門政策を統合し，一元化された体系的な支援を明示している。5年おきの基本計画の策定，国務総理を委員長とする委員会の運営（25人以内，幹事は農林畜産部）が義務づけられ，広域自治体および基礎自治体にも同じ仕

表3-4 盧武鉉政府（2003～08年）が提案した農政パラダイムの転換

	既存の農政パラダイム	新たな農政パラダイム
政策対象	農業	農業，食品，農村
支援方式	全体農家，平均的支援	農家類型別差別化
投融資方向	生産基盤など SOC 中心	所得，福祉，地域開発
所得安定手段	価格支持	所得保全
政策の中点	生産中心	消費者安全，品質
農村の性格	農業生産の空間	生産，定住，休養の空間

出所：韓国農林部『農業・農村総合対策（2004～2013）』（2014年）加工

　組みがある。2005年に第1次基本計画が，2020年には第4次基本計画が策定された。

　生活の質特別法は，中央部庁別におこなわれてきた農村政策を束ねて政府次元の統合性を強化することを目的にしており，法律に定められた規定どおりに組織が運営されると大きな成果があるものと期待された。5年おきの基本計画が策定され，委員会事務局は韓国農村経済研究院に設置し，委員会は年1回ほど開催され（主には書面会議であるが），その研究院で毎年統計分析がおこなわれる。しかし実際には，政府次元の統合性は弱く，関連する政策間の連携性や実効性も低い。基本計画もトップダウン式に策定され，自治体においては担当部署も明確ではない"面倒な計画"にすぎないとも指摘された。

　李明博政府（イミョンバク）（2008～13年）の地域政策は，地域のグローバル競争力の強化に目標があり，広域および超広域の経済圏構想に集中した。基礎生活圏に対する政策は，以前の政府とあまり変わらないが，逆に問題点が改善せず後退したと言われた。2010年に，全国の基礎自治体を人口と所得，財政状況，公共サービスへのアクセスなどを基準に，①都市活力増進地域，②一般農山漁村地域（2010年時点で120市・郡），そして③特殊状況地域，の3つに分けた。そして，210件の様々な国家補助事業を24件の事業に統合して，包括補助金として自治体を支援しようとした。このような試みは評価されている。所管する中央部署も，①は国土海洋部，②は農林水産部，③は行政安全部（当時の名称）に任せることとした。

　朴槿恵政府（バククネ）（2013～17年）においては，特色ある観点の導入も事業もおこなわれず，農業の6次産業化事業が目立つ程度である。2013年に「農業農村6

次産業化基本計画」の策定，2015年に「農村融複合産業育成および支援に関する法律」の制定がおこなわれた。しかし，6 次産業化という概念も支援も，農村地域というよりも個別経営体にとどまっており，この大きな限界は修正されず現在も続いている。

　文在寅政府（2017年〜現在）における農村政策は，盧武鉉政府の均衡発展の理念を引き継ぎながら，紐つきなしの「新活力プラス事業」を導入したこと（4 年間，総額70億ウォン），「フードプラン」を食品政策の柱にしたこと，農業と福祉を結びつける“社会的農業”に注目しモデル事業を導入したことなどが目立つ。また，ドイツから学んだ「契約協約制度」を導入し「均衡発展特別法」にこれを規定し，農食品部も「農村協約制度」を2020年から始めた。また補助金制度を改革して，様々な直接支払い制度を整理し，公益型直払い制におおむね一本化する方向で民間農業団体との合意が得られた。2019年12月に「農業農村公益直払い法」が制定され，2020年 5 月から施行された。さらに，農民運動家グループが大統領官邸前で29日間の激しい断食籠城を続け，その要求に答える形で2019年 4 月に大統領直属の「農漁業・農漁村特別委員会」が設置されたのも一つの特徴である。

3　韓国の農村地域づくり運動——マウル（コミュニティ）運動を中心に

（1）農民運動の産業主義に対する批判と農村地域づくり運動の登場

　国家によって地域住民自らの活動が長く抑圧されてきた農村において，農民運動は1980年代の民主化運動と共に成長してきた。学生運動グループが農村活動（農活）を続けながら身を挺して農民を組織化し，様々な対政府闘争に取り組んできた。1990年に全国農民会総連盟（全農）が結成され，自治体ごとに支部も設置された。しかし，農産物輸入自由化に対する反対や所得補償を中心にする闘争は，かえって農民団体の産業主義的指向を強めることにつながった。その結果，農民団体は大農中心の組織に改編され，大衆運動としての足場が弱まってしまい，国民からの支持を得られない状況に陥ってしまった。

　その一方，ソビエト連邦の崩壊と共にイデオロギー闘争が弱まり，1991年の地方議会選挙で地方自治制が復活したことで，地域に根差した生活運動とし

て多彩なオルタナティブ運動が新たに登場した。特に都市部においては，市民運動の時代とも呼ばれるほどの活発な状況が現れた。しかしながら，環境汚染や学生自殺のような社会問題が深刻になり，また西海フェリー号の沈没（1993年）や聖水大橋の崩壊（1994年），三豊百貨店の崩壊（1995年），大韓航空801号機の墜落（1997年）などの重大事故が毎年のようにくりかえされた。圧縮的近代化や都市化のリベンジとも言われるほどの危機意識が広がり，ウルリヒ・ベックの『リスク社会論』も1997年に翻訳出版され反響を呼んだ。

　このような社会的状況を背景に，1996年に「全国帰農運動本部」が設立された。この運動は，帰農（U・Iターン）を個人の選択ではなく，「エコロジー的価値と自立する生きがい」を求める社会運動として提起することで，大きな社会的影響を広げた。これをきっかけに，有機農業やコミュニティづくりをめざすU・Iターン者が多く増加し，伝統的な農民運動とは異なる新たな地域運動が登場した。彼らは首都圏で社会運動に関わった人々が多く，従来の農民運動には批判的な立場をとった。また，有機農業を基本に地産地消，産直，代案学校，コミュニティづくりなどに多く興味を持ち，新たな農村地域づくり運動の柱として成長した。

　しかしながら，地方自治制が復活したとはいえ，地方自治体としての権限も財政も弱く，特に住民自治の権限はほとんどない状況であった。住民が選んだ首長の任期は最長3期12年に限られ，長く社会運動が抑圧される時代が続いたために，地域運動の組織力は限られていた。U・Iターン者が急増したとはいえ，農村社会に根を下ろし，地域住民から支持を得られるまでには時間がかかる。農村政策に影響を与えるための住民の学習力も育っていなかった。したがって，行政と民間とが協働するガバナンスの仕組みを構築することの困難さは言うまでもない。住民力を育てることが最も大切であろうが，韓国のこれまでの歴史を考えると急には難しい。そのため，まず自治体の行政改革を進め，地域社会を体系的に支援する行政の役割を明確にすることが必要であった。厳しい状況に置かれていた農村においては，より戦略的なアプローチが必要であって，21世紀に入って発展した「体験マウル事業」を活用しながら様々な取り組みがおこなわれた。

（2）全羅北道鎮安郡におけるマウルづくり運動の試み

　基礎自治体における戦略的なアプローチは首長の指示に基づいて始まることが一般的であった。特に2000年から始まった全羅北道鎮安郡における取り組みは，内発的発展論に基づく農村地域づくり運動の発信地とも言われる。その出発点は，行政に採用された民間専門家（農民運動家であり研究者である人たち）が首長の支持を得ながら様々な取り組みを始めることであった。契約職公務員という身分を活用し，新たな政策づくり，国の公募事業の選定，民間団体の組織化などがおこなわれた。初期（2001〜03年）には農政全般に関する取り組みであったが，中期（2004〜09年）からはマウルという農村コミュニティ運動に取り組みを集中した。これは民間のリーダーが限られ，組織力も弱いという地域状況を客観的に評価したうえでの方針転換であった（以下は，具ほか2011，朴・具 2013）。

　行政内部では契約職公務員が力を発揮し，専門チームの設置，学習クラブの組織，また縦割りを超える仕組みもつくりだした。民間団体にもU・Iターン者中心のマウル（集落）幹事を配置し，集落協議会や様々な組織を設立するように支援した。民間団体と行政を媒介する中間支援組織を設置するための準備委員会も立ち上げられた。

　このような10年間にわたる取り組みの成果を2009年から検討した結果，2011年からの「新たな10年の計画」を策定し，①経済自立のための地産地消事業団（2011年設立）と，②生活支援のための中間支援組織（2012年開所）の２本柱に活動を集中することを決めた。このように鎮安郡での取り組みは，①アクターの登場から始まり，②公論の場の形成を優先し，③相互作用のプロセスをたどりながら，④メンター現場の形成にまで拡大されてきた（図3-2を参照）。

　そして，鎮安郡の取り組みは，①ボトムアップ型に住民自治活動が展開され，それが点から線・面へと拡大していること，②U・Iターン者が着実に増加していること，③民間と行政とのガバナンス・システムが拡大しつつあることなどで，全国から多くの関心と評価を受けた。韓国農村において，このような取り組みは一般的に「マウル（コミュニティ）づくり」あるいは「マウル運動」と呼ばれており，集落活性化を乗り越える基礎自治体レベルでのシステム的な

図3-2　全羅北道鎮安郡におけるマウル（コミュニティ）運動の取り組みと展開

主体 / キーワード	行政（公務員）	マウル（住民）	中間支援組織（専門家）	3者共通
アクターの登場	契約職公務員（専門チーム）	マウル幹事 集落調査団	民間組織の設立	住民参加型研究委託
公論場の形成	行政協議会議（若手公務員学習クラブ）	集落協議会	支援センター（準）	村づくりの日（毎年12月）
相互作用のプロセス	行政決済システム（閲覧、協調サイン）	村まつり（集落連携）地産地消事業団	村まつり（テーマ）	村まつり
メンター現場の形成		マウル大学	支援センター	政策協議会

註：各々の事業および実践の事例は，様々な側面を同時に持っているが，主な役割の欄に位置づけている。その
　　比重は時期によって異なっているが，主に左上から右下へ中心が移動してきた。
出所：具（2013：31）の概念図をより簡単に整理

アプローチであった。韓国農村の歴史的限界をふまえ，集落活性化のためにも，このような多様な支援システムが必要であった。

　鎮安郡の取り組みからマウル運動の特徴を挙げると，第一は，U・Iターン者の活躍が目立つことである。"よそ者"は新しい風をもたらす一方で，トラブルを起こす場合も少なくないので，彼らの安定的な定着を支援する農村政策が非常に重要である。鎮安郡においては，U・Iターン政策をマウル運動と結びつけ，単発的な事業ではなく農村政策の一環として体系化していることが特徴である。

　第二は，農村社会の地域力というより，まだ個人の力量の大きさが目立っていることである。たとえば，農村教会の牧師（前職・現職），代案学校の先生などが活動の中心になる場合が多い。契約職公務員も同じケースである。こうした人たちは本職の給料があるため，生活が安定し地域活動に集中することも可能である（最小限，配偶者が給料生活者であること）。しかし，一般農家は生活が安定していない場合が多く，そのために地域づくりの取り組みで中心的役割を長く果たせないのが現実である。人材が少ない農村において，これは構造的な課題でもある。

　第三は，都市や他地域との活発な相互作用である。韓国は面積が小さい分断

国家だからこそ先進事例として他地域への視察が多く，その交流自体が地域に
とって大きな刺激にもなる。しかし，相互作用の好影響が一部リーダーに集中
し，地域を横断するネットワークの発展にはつながっていないのが現状である。

　韓国農村においては，行政側でも民間側でも，U・Iターン者が外から入っ
てきて，地域社会を動かす出発点になるという地域づくりの事例が一般的であ
る。そのため，行政の政策としては，地域づくりを専門的に担う契約職公務員
を採用するケースが増えてきている（具 2010）。また，住民組織でも，会計な
どの実務を確実にこなすリーダーが少ないために事務局の担当者をU・Iター
ン者に任せることが必然的であり，都会で社会運動に関わった人が主な対象に
なる。農村の持続可能性から考えると，地域づくりの取り組みのノウハウを身
につけているU・Iターン者をトラブルを起こさず地域に定着させる制度的仕
組みが，農村政策の一環として重要な緊急課題である。

　さらにもう一つ，制度的に緊急課題として考えられることは，行政と民間を
媒介する中間支援組織を自治体ごとに設置し，安定させることである。鎮安郡
において「マウルづくり支援センター」を先進的に設置した経験を他の地域に
より早く広げることが必要であった。ガバナンスの仕組みを構築するための制
度を確立すること，鎮安郡という基礎自治体でおこなわれた試行錯誤の様々な
経験をとりあえず早期に定着させること，これが農村政策の時代的緊急課題と
考えられる。このような確信に基づき，筆者は隣の広域自治体である忠清南
道に移住し，広域自治体の権限を生かしながら，鎮安郡での10年の経験から
得たノウハウを基礎自治体に早期に普及することを試みた[2]。

（3）忠清南道における基礎自治体のガバナンス仕組みづくりの試み

　忠清南道の農村マウル政策は，民主党の安熙正知事（2010年7月〜2018年
3月）が当選し，3農革新（農漁村，農漁業，農漁民が快適なくらしにするための
スローガン）の一環として2011年から始まった。最初は集落活性化のためのい
くつかの事業が中心であって，広域自治体の行政としての役割については問題
意識が不足していた。4年間の活動を反省し，2014年末から大きな政策転換
を試みた。主には，①行政中心から民間主導に，②広域の支援から市郡中心に，
③単位事業からシステムづくりに，という3つの新たな戦略を立てた。「広域

は広域らしく」役割を果たし，市郡（基礎）自治体ごとに「民官協治（ガバナンス）の政策システムの構築」。これを核心政策としたのである。このような政策転換を反映した新たな公募事業として「マウルづくりの民間ネットワークの構築と中間支援組織の設置」事業が2015年から始まった。

　新たな公募事業の内容は，広域自治体の補助事業（2年間連続）を活用し，基礎自治体が，①行政の支援体系を整備しながら（専門窓口と行政協議会の設置，循環補職制の補完装置の導入），②当事者協議会とネットワーク法人の設立を支援し，また③支援条例の制定と中間支援組織の設置を果たすことであった。中間支援組織を民間活動家の拠点となる専業的な仕事場として，そして農村政策がガバナンスのシステムにより早く転換するための核心組織として位置づけた。その専門性と現場性および持続性のための制度的環境を整備することが目的であった。10項目の課題をチェックリストとして提示し，自治体が民間と行政の合意をもとに，地域事情に合わせた選択をするようにガイドラインを策定した。このようなシステムづくりは，自治分権の流れを意識しながら，今後の農村政策がめざすべき方向を先行的に整えようという目的を持っていた（以上の一部は，具 2016）。

　公募事業の結果として，先進的な自治体から成果が出はじめた。農村マウル政策の中間支援組織は，2015年7月に牙山市が開所したことを皮切りに2020年6月に隣の唐津市が開所し，15の自治体のうち14で設置が終わった。設置形態は自治体の事情を反映して，行政の直営（6自治体）や民間委託（5自治体），財団法人（3自治体）など異なっている。より先進的であった全羅北道が14の自治体に中間支援組織を設置するのに12年かかったことに比べて，その半分の6年しかかかっておらず，さらにより体系的にネットワークをつくりながら設置したのである。ガバナンス・システムも自治体によって異なっているが，全体的に進んでいる。条例は15の自治体すべてに制定され，当事者協議会が11，ネットワーク法人が6，行政の専門窓口13などの成果もある。政策委員会や行政協議会などの設置は遅れているが，民間の自治力が成長するにつれて整備されていくだろう（以上，図3-3）。

　年度別の投資実績は，2021年を含め7年間（2015〜21年）に総額119億ウォン（道費46億ウォン，市郡費73億ウォン）であり，2016年8月に開所した広域の中間支援組織まで含めると，総額145億ウォンになる。人件費を中心に支援す

図3-3　忠清南道の15自治体における農村マウル政策のガバナンス・システムづくりの成果

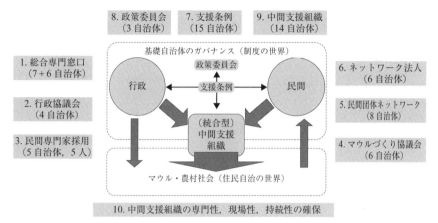

8. 政策委員会　　7. 支援条例　　9. 中間支援組織
（3自治体）　　　（15自治体）　　（14自治体）

1. 総合専門窓口
（7＋6自治体）

2. 行政協議会
（4自治体）

3. 民間専門家採用
（5自治体，5人）

6. ネットワーク法人
（6自治体）

5. 民間団体ネットワーク
（8自治体）

4. マウルづくり協議会
（6自治体）

10. 中間支援組織の専門性，現場性，持続性の確保

註：農村マウル政策のガバナンス・システムを整備するための10項目の課題（チェックリスト）において，15の基礎自治体に設置あるいは設立された結果を表したものである。

る公募事業の方針に基づいて，2021年10月現在，総勢80人が勤務しており，平均年齢は36歳である。センター長や事務局長を除くと，より若い20歳代の若手活動家が農村マウル政策の中心人材として成長していることになる。このような広域の戦略的投資によって，"人と組織の中心の農村政策"を実践し，国の自治分権や均衡発展，ガバナンスなどの社会的価値をいち早く取り入れた政策システムの整備がおこなわれた。このように全国の広域自治体のうち，農村政策のガバナンス・システムが全羅北道と忠清南道において発展したことは，鎮安郡の取り組みから多く学んだことに間違いなく，国の農食品部にも影響を与えるほどになった。

（4）マウル（コミュニティ）運動の全国的展開

マウル運動は，地方自治制の復活とともに住民自治運動としてソウルから成長し，農村においては国の「体験マウル事業」を活用しながら拡大されてきた。現在は，小さい集落単位の活動から社会的経済組織（協同組合）や趣味クラブ，地域連携活動，中間支援組織など様々な類型を取っており，活動分野も幅広い。

　ただし，狭い地域を基盤に"顔のある対面的関係"を重視し，密度の高い相互作用プロセスを大事にする生活運動の特徴から，横の連携の構築は容易ではない。意識的な取り組みがなければ連携が広がらないという側面もある。国や行政は住民の連携を嫌がる傾向もあり，マウル運動が点から線そして面に拡大するためにも活動家による意識的な実践が必要であった。

　全国的にマウル運動の活動家が集まったのは2004年が最初であった。クリスチャン・アカデミーという進歩的宗教組織が仲介して集合し，社会的・構造的矛盾を捉えながらマウル運動の方向性について議論した。しかし，給料もない活動家が全国から集まること自体に無理があり，1年間3回ほどの少人数の集会にとどまった。そのかわりに，2007年5月に全羅北道鎮安郡で「第1回マウルづくり全国大会」が開催され，それをきっかけに全国的な連携を模索することになった。鎮安郡では3回連続して開催され，その後は全国の先進自治体を巡回するようになった。第10回大会は，10年を記念し鎮安郡でふたたび開催された。現在はコロナ・パンデミックの影響で中断しているが，この全国大会が「コンベンション効果」を発揮し，全国にマウル運動が拡散することを強く促した。そして，住民リーダーも活動家，公務員，集団的な学習力量を育成するうえで大きな効果があった。

　その効果のシンボルは中間支援組織である。2010年前後に進歩的自治体で中間支援組織が設置されはじめ，2021年5月時点で全国の123自治体に及ぶ。農村自治体が47，都市農村統合型自治体が16である。政府農食品部の「一般農山漁村地域開発事業」の対象になる123自治体のうち半分ほどで設置されており，多くは最近の2～3年間に設置された。条例が制定されている自治体は，全国244の自治体のうち211であり，そのうち169の自治体で中間支援組織の設置根拠が明示されている。2013年9月には，中間支援組織の全国協議会として「韓国マウル支援センター連合」が設立された。この協議会に加入している自治体は72であり，総勢661人が常勤していると報告されている。

　そして，「マウルづくり全国ネットワーク」という非法人任意団体が2010年に設立され，個人活動家の"自由で緩やかな連帯"を求めるネットワーク活動を展開している。また，地方自治法に基づく「マウルづくり地方政府協議会」も2015年9月に発足し，56の自治体が加入している。「マウル・コミュニティ基本法」の制定を求める運動も2013年から始まり，住民の署名運動も2回お

こなわれたが，２回とも国会の常任委員会で議論されず期間満了で自動否決された。今の21代国会にも法案が上程されているものの，野党側の反対によって制定されるかどうかは不確実である。2015年９月にソウルで開催された「第８回マウルづくり全国大会」では大勢の住民リーダーや活動家・首長などが集合し「2015全国マウル宣言」を発表した。このようにマウル運動は，住民自治運動から出発した地域づくり運動として，農村部における代表的な運動として成長し，横のネットワークを広げながら，制度と現場の隙間を埋めるべく住民主導の政策づくりにも力強く取り組んでいる。

4　農村地域づくり運動の成果と課題そして争点

　筆者は農村地域づくり運動の活動家であり，そして自治体の政策づくりに関与する研究者である。その経験をふまえて農村地域づくり運動の成果と課題を考察する。個人的な活動の経験に基づくことも多く，農村政策の全体をカバーすることはできないが，常に農村地域の根本的な課題を解決するために挑戦を続けてきた者として，次のような評価と今後の課題を提起したい。

（1）農村地域づくり運動の成果と課題

　第一に，基礎自治体において，ガバナンス・システムの必要性に関する共感が広がっていることは確かである。人口急減と超高齢化など，農村の厳しい現実に組織的に対応するためには，行政の役割を明確にしながら，ローカル・ガバナンスの制度的な整備はトップダウン式でおこない，これによって，地域住民によるボトムアップ式の内発的発展への可能性を広げていく。このような戦略の正しさは，全羅北道と忠清南道での農村マウル政策の経験から証明されている。進歩的な政権において進歩的な取り組みが可能であることも確かな事実である。しかしながら，このような共感と運動の進展はまだ一部の地域に限られ，全国的な連携の広がりは現在進行中である。
　第二に，「縦割り」を超えて，様々な政策領域における官－官と民－民の協業体系の強化が始まっている。農村政策と社会的経済，住民自治，生涯学習などとの連携を強化するためには，自治体行政における組織改編や協議会の設置，

そして民間専門家の採用などの「行政の支援体系の整備」を優先すべきである。そして，民間活動においても，“行政の縦割りが民間の縦割りを拡大再生産する”という問題を意識しつつ，当事者協議会やネットワーク法人を設立することが大切である。農村マウル政策の領域では，忠清南道での議論や報告書などが非常に参考になる。しかし，行政よりもむしろ民間側において縦割りがより深刻であり，農村の行政依存的で保守的な性向が強く表れている。とりわけ，産業主義的農民運動との連携は容易ではない。気候変化の現代において生活世界における軋轢(あつれき)は今後の大きな問題になりつつある。

　第三に，現場密着型活動家の養成，拠点組織（中間支援組職）の設置および安定化が進んでいる。特に中間支援組職の戦略的設置によって専業的活動家が持続的に活動する場が広がり，後輩グループが新たに成長する働き場にもなっている。農村に不足している人材の養成や誘致のためにも，行政の政策的な拠点設置を要求し，公的予算を活用しながら取り組みを進めていく。また，その設置によって若手人材が集まる“陣地”も確保され，また再生産される可能性も広がっていく。しかし，そのような活動家に対する需要は大きいが，それに適する人材が少ないのが現状である。2 〜 3 年ごとに契約更新する民間委託制度による雇用の不安定性という問題もあり，活動家の再生産と力量涵養(かんよう)のための研修機関の設置や制度的改善などが必要である。

（2）最近の争点と今後の展望

　文在寅政府（2017年〜現在）の農業・農村政策においては，試行錯誤をくりかえしながらいくつかの大きな政策転換がおこなわれた。生産主義の農政から多元的機能の支持への転換，補助金や直接支払い制度の改革をもとに公益型直払い制を導入（農業予算の30％まで拡大），統合的フードプラン政策の導入などの改革がおこなわれた。持続可能な農村のために，目標中心のアジェンダ方式，個別政策手段の統合的推進，地方や民間の自立性と創意性を尊重する分権と協治，という方向転換を打ち出している。しかしながら，まだ検討，整理されていない争点や，社会的な議論の対象になっていない争点も多いまま，2022年3月の大統領選挙が近づいている。そこで，日本にとっても参考になるであろういくつかの争点を紹介したい。

　第一に，地方消滅論の議論が収まっていない。日本の増田レポートをそっくり真似した報告書が出されて，韓国においても地方消滅論が流行している。真の問題は首都圏一極集中であるにもかかわらず，マスコミは地方や農村自体に問題があるかのように喧伝しており，これが農村撤退論にまでつながっている。限られた成功事例を紹介する報告書は多く出されているが，国や自治体の行政改革自体が遅れており，地域の不均等発展を反転するような首都圏集中の規制強化はおこなわれていない。

　第二に，関係人口論や青年Ｕ・Ｉターンが政策の目玉として浮上している。コロナウイルスの感染拡大で，外国人労働力の供給不足による人手不足がいっそう深刻になっているにもかかわらず，関係人口論という背景・事情が異なる曖昧な論議が広がっている。農村部では，都市住民，特に青年を受け入れる態勢が，まだ地域政策としても，社会文化としても整えられていない。都市と農村とはもともと平等な関係ではないし，行政側の稚拙な政策的介入で問題が解決するわけがない。それは今までのＵ・Ｉターン政策が証明している。

　第三に，2050年までの炭素中立宣言（2020年10月28日）に伴うグリーン・ニューディールと太陽光発電の拡大に関する争点である。地球温暖化が深刻化する今，これは避けられない課題であり，2030年までに温室ガスの排出量を2018年対比で25.9％減縮するという具体的な目標も出された。しかし総排出量の2.9％にすぎない農業部門にまで規制を強化し，補助金や税制軽減措置を廃止するのは影響が大きすぎる。特に，規制緩和で農業振興地域にまで太陽光発電を拡大しようとする動きに対しては農民運動が激しく反対している。

　第四に，農民手当や農民基本所得，農村住民所得などの様々な直接支払いの議論が十分整理されないまま，2022年の大統領選挙において農業・農村分野のメインイシューになっている。これらの主張は農民運動側の要求でもある。農民手当（名称は様々だが）は，自治体の条例に基づき農漁業“世帯”に直接手当を支払う（年間70万ウォン前後の地域貨幣）もので，2018年に初めて導入され，2021年10月現在，68自治体に一気に広がった。農民基本所得は，2020年2月に全国運動本部まで創立されるほどに大きな流れになっており，複雑な条件なしに農漁業者“個人”に一定の金額を支払うものである。農村住民所得は，農業よりも農村の多元的機能に注目し，また混住化による農民と非農民とのトラブルを避けるためにも，農村に住んでいるすべての住民に手当を支払う

べきであるという主張である。いずれも，民主党の2022年大統領候補者に選定された李在明（イ ジェ ミョン）知事の「基本所得シリーズ」（いわゆるベーシックインカムの類で，基本所得，基本住宅，基本貸出をもとにしている）に深く関わっており，公益型直払い制の改革とも関連している。

　最後に，文在寅政府が力を入れている「住民自治会」に関する争点である。発足して20年ほど経った住民自治委員会が保守的でありボランティア団体であるというイメージから，社会運動側はこれに批判的である。しかし，1988年の地方自治法の全面改定により自治権を失った“邑（町）”や“面（村）”単位に真の住民自治組織である住民自治会を設立しようとする政策は，野党側の激しい反発にあい，「モデル事業」の形態として広がっている。2020年12月の地方自治法の改定においても，この規定のみ削除されることになった。土地柄が進歩的な農村部は住民自治会に早くも転換し，草の根民主主義の訓練を重ねてきている。しかし農民運動側も農食品部もこのような自治分権の流れに関心が少ないか，あるいは距離を置く傾向がある。この問題は日本で議論されている「地域運営組織（RMO）」とも関連しており，農村の内発的発展のためには統合的農村政策の拠点として“面”単位の住民自治会の役割に関する議論を広げる必要がある。

おわりに

　韓国農村においても，日本と同じく，グローバル資本主義のもとで近代化や都市化が急激に進み，人口激減や超高齢化，二極分化などの現象がより深刻になっている。さらに日本から始まった地方消滅論や関係人口論も盛んであり，これには農村切り捨てという批判もある。2022年の大統領選挙に向けた論議においても農業・農村に関する関心は低いし，マスコミの報道が取り上げることも少ない。しかし時代は変わり，少子化や超高齢化，低成長，4次産業革命，炭素中立などが新たな標準（New Normal）になっており，農業・農村政策の新たな方向や戦略の模索は東アジアの国々に共通の課題である。

　内発的発展の観点を失わないこと，農村らしさを復元し維持すること，地域間の連携を通じて“連帯と協力のネットワーク”を強化すること，これらの方向性は共通の戦略となりうるであろう。水田文化の共通点を持つ東アジアで，

農村地域での様々な活動の経験を共有し，困難を克服する道を探求すべきであ
ろう。この観点からお互いに学べるところも多く，国際交流がより発展するこ
とを期待したい。

註
1)　　日本と簡単に比較すると，"邑"は町に，"面"は村にあたる。"郡"は日本の
　　　農村部の地域表記に残っている郡とほぼ一致する。韓国の基礎自治体の数は
　　　226であり，そのうち市は75，郡は82，自治区は69である。広域自治体は17で
　　　ある。
2)　　筆者は2004年12月から2014年2月までの10年間，鎮安郡において初期4年間
　　　は自治体内部の農村マウル政策を担当し，次の4年間は中間支援組織の準備委
　　　員会で，後期の2年間は中間支援組織のセンター長を務めた。2014年3月から
　　　は以下の忠清南道に移住し「忠南研究院」に所属しながら基礎自治体の農村マ
　　　ウル政策のガバナンスシステムづくりに取り組んできた。6年間の制度的な地
　　　域づくり運動の成果と課題を後輩グループに任せ，2021年の2月に退職し，よ
　　　り現場に近づき事例づくりに集中するために現職に移った。

第 4 章

台湾の農業・農村問題
————「耕者有其田」の形成と崩壊————

加藤光一

はじめに

　台湾の農業・農村問題についての研究，とりわけ戦前の日本帝国主義下の植民地時代のものはきわめて多いにもかかわらず，戦後研究の中で構造的な分析をリードしたのは，いわゆる「1947年2・28事件」とその後の「白色テロ」以後，日本に留学してきた台湾人による研究者等（劉 1975，隅谷・劉・涂 1992等）である。しかし，その後必ずしも「資本主義と農業・農村」として意識した研究が数多く存在したわけではない。したがって，その空白を容易に埋めることはできないが，最近では「台湾研究」という意味では多くの成果が生まれている（若林・家永 2021）。私たちは台湾の政治学研究のパイオニアである若林正丈の研究で「政治と経済」の観点から一定程度フォローすることが可能になっている（若林 2021）。しかし直接的に農業・農村問題に関することを述べるには，台湾の経済，ないしは政治の状況がどのようになっているか，ある程度認識しなければならない（加藤 2020，殷 2015）。

　やや単純であるが劉進慶の経済政策・産業政策の時期区分を基本的に踏襲（劉・朝元 2003）して，便宜的に図4-1を作成した。これをもとに，農地問題，農地政策に収斂しながら，以下，1.「耕者有其田」の形成——農地改革過程，2.「耕者有其田」の変遷——農業発展条例と農地自由売買へ，3.「耕者有其田」の崩壊——「小地主大佃制」への転換と「農村再生条例」，の順で概観しておきたい。

　周知のように，台湾は1945年の日本の敗戦により，日本の植民地統治から

図4-1　台湾の農業・農村政策関係図

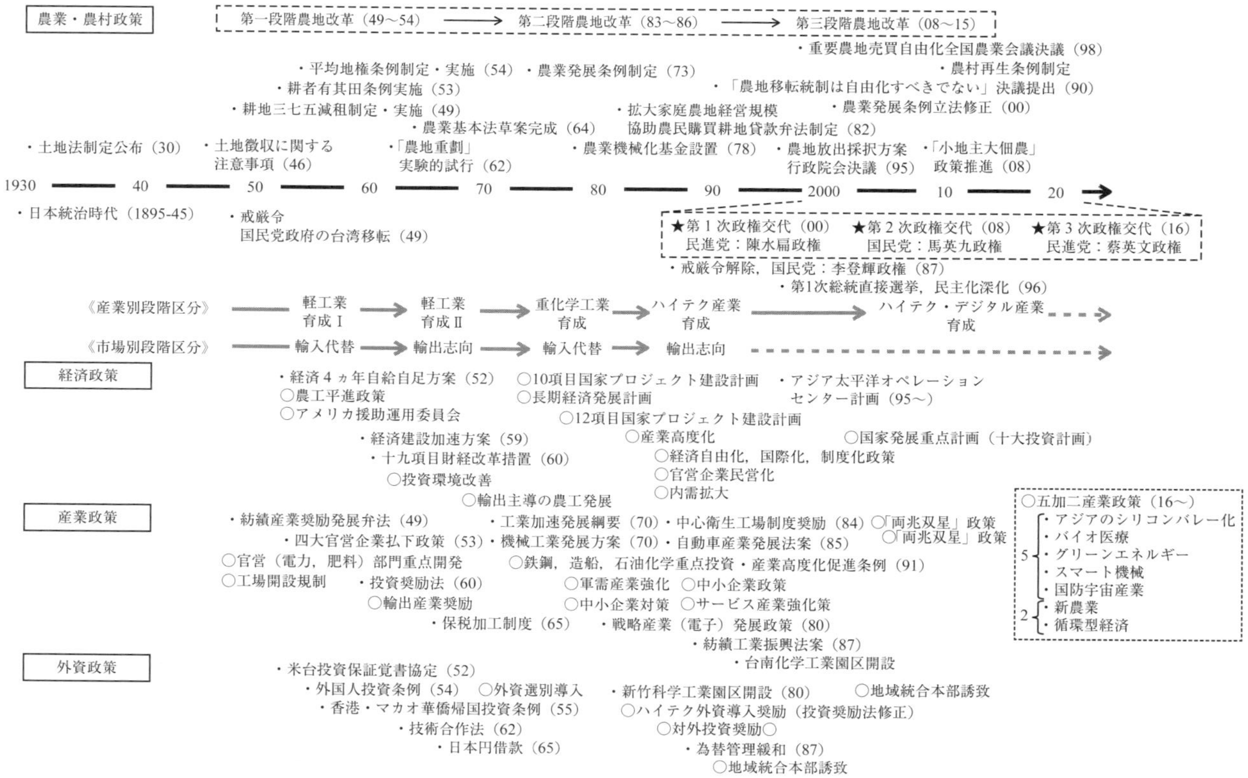

農業・農村政策

- 日本統治時代 (1895–45)
- 土地法制定公布 (30)
- 戦後 国民党政府の台湾移転 (49)
- 第一段階農地改革 (49～54)
- 第二段階農地改革 (83～86)
- 第三段階農地改革 (08～15)
- 平均地権条例制定 (54)・実施 (53)
- 耕者有其田条例実施 (53)
- 耕地三七五減租制定 (49)
- 土地重劃に関する注意事項 (46)
- 「農地重劃」実験的試行 (62)
- 農業基本法草案完成 (64)
- 農業発展条例制定 (73)
- 農業機械化基金設置 (78)
- 協助農民購買耕地貸款弁法制定 (82)
- 拡大家庭農場経営規模
- 農地放出採択方案 (95)
- 行政院会決議 (95)
- 「農地移転転税制は自由化すべきでない」決議案全国会議提出 (90)
- 重要農地売買自由化全国農業会議決議 (98)
- 農村再生条例修正 (00)
- 小地主大佃農政策推進 (08)

- ★第1次政権交代 (00)　★第2次政権交代 (08)　★第3次政権交代 (16)
- 民進党：陳水扁政権　国民党：馬英九政権　民進党：蔡英文政権
- 成長会解体、国民党：李登輝政権、第1次総統直接選挙、民主化深化 (96)
- ハイテク工業育成　→　ハイテク・デジタル産業育成
- 輸出志向

《産業別段階区分》

- 軽工業育成 I　→　軽工業育成 II　→　重化学工業育成　→　ハイテク工業育成　→　ハイテク・デジタル産業育成

《市場別段階区分》

- 輸入代替　→　輸出志向　→　輸入志向　→　輸出志向

経済政策

- 経済4ヵ年自給自足方案 (52)
- 農工平進政策
- アメリカ援助運用委員会
- 経済建設四ヵ年措置 (59)
- 十九項目財経改革 (60)
- 投資環境改善
- 10項目国家プロジェクト建設計画
- 長期経済発展計画
- 12項目国家プロジェクト建設計画
- 産業高度化
- 経済自由化、国際化、
- 官営企業民営化
- 内需拡大
- アジア太平洋オペレーションセンター計画 (95～)
- 国家発展重点計画 (十大投資計画)
- 制度合理化
- 輸出主導の農工発展

産業政策

- 紡織産業奨励弁布法 (49)
- 新興産業奨励弁布法 (54)
- 四大官営企業私下放案 (53)
- 官営 (電力、肥料) 部門重点開発
- 工場開設規制
- 投資奨励法
- 輸出産業奨励
- 保税加工制度 (65)
- 工業加速発展綱要 (70)
- 機械工業発展方案 (53)
- 鉄鋼、造船、石油化学重点産業 (70)
- 軍需産業
- 中小企業政策
- 中小企業強化政策
- サービス産業強化策 (80)
- 戦略産業 (電子) 発展政策 (80)
- 中心衛生工場制度奨励 (84)
- 自動車産業重点政策 (85)
- 自動車・産業高度化促進条例 (91)
- 紡織工業振興法案 (87)
- 新科学工業園区開設
- 新科学工業園区開設
- 「両兆双星」政策 (85)
- 「両兆双星」政策

外資政策

- 未台資資認証書協助 (52)
- 外国人投資条例 (49)
- 外国人投資条例 (54)
- 香港・マカオ華僑帰国投資条例 (55)
- 技術合作法
- マカオ華僑帰国投資条例 (62)
- 日本円借款 (65)
- 外資選別導入 (80)
- ハイテク外資導入奨励 (55)
- 対外投資奨励
- 為替管理緩和 (87)
- 対外華僑帰国投資条例 (87)
- 地域統合本部誘致

5. 五加二産業政策 (16～)
- アジアのシリコンバレー化
- バイオ医療
- グリーンエネルギー
- スマート機械
- 国防宇宙産業
2. 新農業
- 循環型経済

年表目盛り：1930　40　50　60　70　80　90　2000　10　20

解放され，中国の版図に復帰した。しかし，1949年，国民党政権が中国大陸
の内戦に敗れ台湾に撤退してきた。1950年の朝鮮戦争を契機とする冷戦体制
への移行により，台湾はふたたび中国大陸から分断され，「分断国家」の台湾
＝中華民国としての性格を刻印されながらも，独自の国民経済を形成し工業化
と対外貿易を推進し経済発展してきた。その性格を刻印されているがゆえに，
様々な問題を抱え込む苦悩する台湾として存在することになる。この台湾は，
大陸との統合そして再分断の1945年から1952年の時期，まさに戦後接収で経
済体制が大きく編成替えされ，1953年からの農地改革の実施等で，戦後台湾
経済の性格が刻印された。

　では，台湾社会の基底，基層としてつくられる主要因である農地改革から見
ておきたい。

1　「耕者有其田」の形成——農地改革過程

　台湾の土地改革＝農地改革は，日本，韓国と同じようにそれ以前の地主的土
地所有を止揚し自作農的土地所有に転換したと理解されている。確かに，「耕
者有其田」という耕作者＝所有者という点では自作農であるが，その自作農の
性格は違う。その自作農を創出する政策的意図は，それぞれの国・地域により
違うことを認識しておかなければならない。たとえば，日本の農地改革のよう
に地主的土地所有制の解体のみが主要な目的ではないところの農地改革＝土地
改革であることの認識が必要である。こうした理解は一般的ではない。

　その「差異」を前提にした「耕者有其田」，すなわち自作農原理がどのよう
に変貌したかの歴史的過程を概観しておきたい。

（1）農地改革への歴史的経過——改革前史と農地改革への過程

農地改革前史1——日本植民地（日領期）の土地所有権の近代化

　台湾の農地改革前の地主制は，宗主国・日本の植民地政策のもとに成立して
いた。日本の植民地支配前の地主的土地所有は一田二主制（一地二主）の「大
租戸・小租戸」制度であった。単なる地主小作関係ではなく台湾の特殊性に由
来する。台湾は中国閩粤地方（閩は福建省，粤は広東省等を示す）からの漢人移

民による開拓地という特殊性のために，資力を持つ墾戸が政府から墾区の許可を得て資力のない力墾者である佃戸を募り，入植開墾に従事させ，永遠に一定の租額を納付させる墾戸－佃戸が開拓初期の地主小作関係であった。その後，移住人口の増加，未墾地開拓の進展等により，直接に土地を支配する佃戸の経済力が強まり，実権を握るようになり，佃戸は業主となり，土地所有権と耕作権の転貸がおこなわれ，転貸を受けた現耕個人から一定の租穀を徴収した。ここに2種類の収租権が成立した。すなわち，墾戸が佃戸から徴収する租穀と，佃戸が現耕人から徴収する租穀が存在し，墾戸の収租を大租，佃戸の収租を小租と称し，一地二主制の大租戸－小租戸－現耕個人の関係が形成され，これが台湾の土地所有制を支配していた（劉 1975）。

　そこで植民地支配をおこなった日本は台湾総督府のもと，台湾土地調査事業・地租改正事業を実施し，近代的土地変革をもたらした。

　すなわち，土地測量の実施，土地税および所有権の確定等の近代国家が必要とする土地行政の措置をとった。この土地調査は，業主＝小租戸による申告制をさせ，田31万3692甲，畑30万5594甲の一筆ごとの所有権を確定した（甲とは0.97ha）。このことにより，第一に，大租権の有償撤廃をおこない，一地一主を確定した（日本の植民地支配以前の1886〜92年に劉銘伝による「清賦事業」を継承）。第二に，地税問題，植民地の財政独立計画に貢献した。第三に，日本の地租改正，朝鮮の土地調査事業のように法定地価制度による一筆ごとの課税方式をとらず，一甲あたりの収益金に対して8％を地税額とした。なお，付言すれば，林野調査・林野調査事業（1910〜25年）は「無主地国有」の原則をとり，官有林に多くの林野を組み入れ，それが日本資本主義にとって台湾における本源的蓄積の条件となった。

農地改革前史2──大陸から台湾へ

　1945年に日本の敗戦により，50年間の植民地支配は終了し，かわって大陸から来た陳儀行政長官等の官吏は，日本政府および日本人の財産を接収し，帳簿改竄・公有物・公金の私物化等が公然とおこなわれ，政府機関や公営企業の要職は大陸から来た外省人に占められ，日本の植民地支配時の倍にもなる人件費等により赤字財政が続く。その赤字財政を補塡する紙幣の乱発による悪性インフレは，いわゆる1947年の「2・28事件」を発生させ，白色テロが横行す

ることになった。その後，台湾省主席に軍人出身の陳誠を任命し，農地改革を準備することになる。かつて湖北省主席であった陳誠は，湖南省で実施した小作料引き下げの「二・五減租」(1940年) による実績を生かして，1949年4月14日「台湾省私有耕地租借方法」たる行政命令を発して，人心安定という課題で，後に具体的に述べる第1次農地改革が進められる。

　ところで，国民党の土地政策・土地改革は，その基本は孫文の「三民主義」の一つである民生主義から派生しているが，国民党の土地政策・土地改革は南京政府期（国府）と台湾でのそれとを区別する必要がある（たとえ土地改革の理念は一貫して孫文が唱えた「耕者有其田」であろうとも）。なぜならば，台湾における土地改革，とりわけ農地改革は，大陸での実施・実験（浙江省と湖北省等の一部での「二・五減租」の実施）が不十分であったが，国府の土地行政・農業テクノクラートが中心になり実施したものであった。その評価については，国府の「善政」と言われ，土地改革の成功は孫文の思想を継承した蒋介石によってなされたという評価とか，逆に国民党政府の存亡の利害状況の中でとられた，上からの改革であったにすぎないという評価と様々である。しかし確認しておかなければならないのは，地主と小作（佃戸）を対立的に捉えるのではなく，きわめてうまく調整した和階・均衡状態にし，ある意味で台湾地主の抵抗を少なくする方法をとったことである。

農地改革の歴史的過程

　中国共産党が土地なし農民に農地を分配する土地改革により，広範な農村地域を固め，国民党を大陸では追いつめていった。日本の敗戦により，日本の統治下での土地所有制度は崩壊したものの，地主制はむしろ温存され，48年当時の数字で言えば，耕地の44％が小作地であり，農業人口の57.5％が小作農（佃戸）か半小作農であった。そして「2・28事件」等による内戦に現れたハイパーインフレーションの影響で小作農の地位はいっそう不安定となり，地主－小作関係は動揺していた。国民党としては，社会を安定化させ，大陸で意欲を持ちつつもうまくいかなかった農地改革を台湾で実施することが緊要な課題となっていた（陳 1961，頼 1988，劉 1975）。

　ところで，前述したごとく45年8.15以降は，地主－小作関係はほぼ戦前の状態を維持していたが，戦争による産業の破壊，農村人口の激増，また28年以

来，日本・台湾総督府は小作改善事業を実施し，地主（業主）と小作（佃）と
の協調団体である「業佃会」も解体し，結果として地主 - 小作関係はきわめて
険悪化していた。この時期の小作関係を確認しておくと，小作料は定額と刈り
分けの 2 つがあり，定額小作料は50%以上を占め，刈り分け小作料は「 5：5」
から「 7：3」（地主対小作）となっている。この他に「鉄租」（減免も認めない
慣行），副産物小作料，保証金等も存在していた。また小作権の 9 割が口頭契
約で，期限も 1 ～ 2 年の短期となっているのはまれで不定期がほとんどであ
った。したがって，地主による小作料，保証金の引き上げ，小作地の取り上げ
は勝手におこなわれていた。前述した大陸から来た国民党政権の財政危機，通
貨乱発，ハイパーインフレの他に，「随賦徴実」（土地税実物徴収），「随賦徴買」
（税に付加させた米穀強制買い上げ），「大中戸余糧収購」（地主の余剰米穀強制買い
上げ）等の諸政策を実施したために，地主に負担が加重され，結果として地主
は小作からより多く収奪することになった。

（2）農地改革＝第 1 次～第 3 次農地改革の内容

　台湾の農地改革は第 1 次から第 3 次までおこなわれた。なお，第 1 次農地
改革と第 2 次農地改革は，蒋介石・南京政府が台湾に敗走してくる前におこ
なわれた（殷 2015）。

「耕地三七五減租条例」＝第 1 次農地改革

　1949年 4 月14日「台湾省私有耕地租借方法」たる行政命令を公布し，耕地
の最高小作料を生産物年間収穫量の37.5%以下に抑える小作料軽減を図り，同
時に小作制度の改善，農村社会の安定を求めようとした。耕作権は49年 4 月
～ 7 月までに小作契約の書面締結がおこなわれたが不十分であり，地主の小
作地取り上げは可能であった。この「三七五減租」が「耕地三七五減租条例」
という法律として制定されたのは1951年であった。
　この条例によると，小作料については，最高小作料を37.5%と制限し（第 2
条，第 4 条），保証金，小作料の前納および小作料以外のいかなるもの，いか
なる名称・名義による要求も禁止し（第12条，第14条），災害等による小作料減
免を可能にした（第11条）。小作権については，小作契約はすべて書面契約と

し，契約条件を明確にすることとした（第5条，第6条）。また契約満了以前の契約解消を制限し（第17条），また契約満了後に地主が自己耕作をする以外は小作地の取り上げは認めておらず（第20条），その際の地主の小作地取り上げは様々な制限をし（第19条），契約更新を可能にしていた（第20条，第21条）。さらに，県市政府，郷鎮区公所は耕地租佃（小作）委員会を設けて，小作争議の調停，解決にあたることを定めた（第3条，第4条，第11条，第26条）

「台湾省放領公有耕地扶植自耕農実施弁法」＝第2次農地改革

　公有地とは，日本人による企業，団体，個人および台湾総督府，各行政機関等の所有地＝敵国財産を，日本の敗戦後，国民政府が接収した土地のことである。この公有地は当時の台湾の総耕地の21％強あった。この18万甲歩あまりを，国民政府は，もともとの接収機関の性格に基づき，国有，省有，県市有，郷鎮有に区分し所有権を確立した。このうちの14.1％が各公営事業機関が原料獲得のために必要とする自営農場（たとえば精糖公司とか），および政府機関，学校団体の農事展示・実験・育苗用として保留され，残りの10万7000甲歩（51.8％）が農民に払い下げられた（公有農地の多くは公営台湾糖業公司が所有し，実際に政府自身が大地主となった）。この払い下げは1951年6月制定の「台湾省放領公有耕地扶植自耕農実施弁法」によるものである。

「実施耕者有其田条例」＝第3次農地改革

　最後に，耕者有其田に基づく自作農創設が具体的に実施されたのは，1953年1月26日に公布された「実施耕者有其田条例」によったのであるが，同年度内にかかる事業は完了した。

　この条例によると，徴収対象となる小作地は，(a) 保留面積を超えた小作地（個人地主），(b) 共有小作地，(c) 公私有の私有地，(d) 政府代管地，(e) 祭祀用の氏族団体および宗教団体の小作地，(f) 神明会および法人団体の小作地，(g) 地主が保留面積を放棄する小作地（第8条）である。またこの保留は等則（等級）により違うが，7〜12等級の水田での場合には3甲，畑は6甲とした（第10条）。なお，この等級により保留地は違い，ここで示す7〜12等級はあくまでも平均である。地主自作の保留面積は，自作地と小作地の合計を3甲歩とするが（第11条），老弱，孤児，寡婦，独身（やもめ），ハンディキャッ

パーなどの共有地主がその小作地によって生計を維持するものは，個人地主と
同様の保留面積を認め，また祭祀用の氏族団体および宗教団体の小作地も，個
人地主の2倍の保留面積を認めた（第8条）。地価については，当該の耕地の
主要作物の年間収量は2.5倍とし（第14条），地主の補償地価は70％を土地実物
債券（年利4％，10年間20回払い），残り30％を公営企業株券によって支払われ
（第15条），小作への払い下げは，年利4％，10年間20回払いの現物納入によっ
た（第20条）。

　この結果，地主所有農地は14万4000甲歩が，10万6000戸の地主から引き上
げられ，19万5000戸の小作農に有償で割譲された。そして全農地に占める自
作地の割合が56％から83％に増大し，小作地のそれは44％から17％に減少し
た。

　地主に対する地価補償額は21億元，その7割が現物である籾（もみ）や芋の債券で，
7割が四大官営企業（セメント，製紙，農林，工鉱）株券で支払われ，いわゆる
四大官営企業の民間払い下げを意味する。この点は，台湾における中小企業の
性格，私の定義からすれば「農家自営兼業中小企業」が，台湾の工業化のプロ
ト形態としての問題を孕んでいるので，今後の課題とする。しかし，実は，台
湾の農地改革そして韓国の農地改革が「土地資本の産業資本化」の側面が強い
ことは特記すべきことである。

（3）台湾農地改革の＝農民的土地所有創出の三大原則と五箇政策

　台湾の農地改革については，陳誠『台湾土地改革紀要』（陳 1961）や蕭錚（しょうそう）
『蕭錚回顧録土地改革五十年』（蕭 1980）等が台湾では底本となっており，本
稿もそれに多くを負っている。しかし，日本の農地改革に関する研究のような
地域分析に関するものは管見の限りではあまり見られない。1947年の2・28
事件以後，白色テロと長い間の戒厳令が，そうした研究を阻んでいたかもしれ
ない。そのことはさておき，農地改革で確認しておかなければならないことは
次の点である（劉 1975）。

　すなわち，台湾の農地改革は三大原則と五箇政策が貫徹している農民的土地
所有創出の一大体系であることである。三大原則とは，第一に，農民の負担を
増加させないで土地を取得させること，土地の代価は10年間還付とし，毎年

の償還額は，すでに三七五減租によって減額された地代を超えないこと，第二に，地主の利益を考慮すること，これには合理的な地価の補償と地主に合理的な面積の保留を許すことの2点が含まれる。第三に，地主の土地資金を工業部門に移転させること，買い上げ価格の3割は民間に払い下げる国営企業の株式で支払うことである。五箇政策とは，第一に「一箇原則，両箇弁法」（地主制解消は2段階に分割され，地主保留部分以外の土地が農民に放領され，次に残りの地主保留部分は漸次農民と地主の間で協議購買に委ねる），第二に「公地之征収放領均由政府居間弁理」（土地改革中は地主と農民とのいかなる直接的接触も禁止し両者の間には常に政府が入ること），第三に「在安定中改革」（現耕作人，現耕作地，現有経営方式のもとにおこなうこと），第四に「兼顧其他事業之発展」（耕地に依存している教育，社会救済事業，公私営鉱工商業は一律に征収放領しないこと），第五に「対自耕農之保護」（ポジティヴな側面は一律に生産資本の貸付と合作の奨励，ネガティヴな側面としては承領した耕地は地価を払い終えるまで売買移転を許可せず）である。

　この台湾の農地改革がなぜ，成功したかの要因を，台湾の土地問題研究の権威である殷章甫は5点について総括している（殷 2004）。

　①中国本土から台湾に来た政治エリートで，かつ台湾に大量の土地資産を所有していなかったので，遂行しやすかった。②農地改革の企画が詳細，かつ宣伝と指導がスムーズに展開した。③台湾の地主層が台湾総督府に強く統治され，かつ規則を遵守する習慣が身についていた。また1947年の2・28事件を経験し，中国本土から来たエリートによる大量虐殺を見てきたので公然と反対しなかった。④台湾の小作人（佃農）は，農地改革前から一種の経営者であり，生産資材は自ら準備し，耕地を請け負うと経営を自らおこなう存在であったので，農業経営の管理秩序に比較的影響を与えなかった。⑤日本の台湾総督府による地籍資料の完備と水利の整備が，農地改革の遂行に役立った（顔 2013）。

2　「耕者有其田」の変遷——農業発展条例と農地自由売買へ

　1973年公布の「農業発展条例」の制定の背景と，とりわけ農地利用，管理に関わる点を中心に検討しておきたい。なぜならば，それが耕者有其田＝自作農主義の変貌過程を明らかにできるからである。

　農地改革がほぼ完了し，1960年代に突入すると，農村における労働力不足，農業への投資不足，農業収益の相対的減少，零細経営規模等による農工間の不均衡が顕著になり，農業の長期的な発展に関する法律の必要性が認識され，1964年に中華農業学会および各農業専門関係学会が共同して「農業法案」の制定を提起した。時あたかも，日本では1961年に「農業基本法」が制定され，「農業基本法」的な存在を考えたようである。そこで，「中華民国農業法案研擬委員会」を組織し，8ヵ月かけて「農業基本法草案」を完成させた。翌年の65年に政府に建議をかけたが断念し，捲土重来（けんどちょうらい）をねらった（この時の草案が後の「農業発展条例」の成立にそのまま利用される）。その後，69年に「第五期四年経済建設計画」の策定時に，農業問題が深刻なものとしてクローズアップされ，農業発展条例の制定をめざしたがここでも断念した。その後，71年の国連脱退，そして最大の農産物輸出先であった日本が中国大陸と国交を樹立したために，それへの対応を考えざるをえなかった。72年に政府は，農村が社会安定の基礎であることを認識し，農業建設計画を重要な改革項目に定め，「加速農村建設重要措施」を発表し，過去の「発展的搾取」（Developmental squeeze）を改める一大農政転換を発表した。かくして「農業発展条例」は1973年に公布された（総則，農地利用，農業生産構造，農産物運送販売および価格，農業研究と推進，農業金融と保険および付則等の7章，全文38項目で構成）。その基本的な立法目的は，第一に農業現代化の加速，第二に農業生産の促進，第三に農家所得の増加，第四に農家生活の水準の向上を掲げている。

　この農業発展条例の主要な点は次の5つである。

①規模拡大するためには自由に委託できるように，委託経営を縛っていた「耕地三七五減租条例」の規定を適用除外にした。耕地を耕作できる後継者1人が継承・相続する場合に限り，遺産税と贈与税，また土地税を10年間免除する。

②耕地とその他農業用地を非農業に使用変更する際に，あらかじめ農業主管機構の同意を得ること。農業用地を耕作農民に移転し，当該農地が継続的に耕作される場合に限って土地増殖税を免除する。

③農業保護のために，貿易主管機構が農産物輸入許可の批准をする前に農業主管機構の同意を得ること。

④農民生活意欲の増進，農村生活環境の改善にあたって，政府は経費を調達し，

農村基礎建設を強化し，農民生活福祉を推進すること。

⑤農民収入と農業社会の安定，農業資源の活用のために，政府は農業保険を創
　設し，また農業信用保証制度を設ける。

　その後，時代の変化に合わせて数次にわたる「農業発展条例」の改正がおこ
なわれ，とりわけ，大きな修正がおこなわれた1983年と2000年は，耕者有其
田＝自作農を大きく変更するものであり，農地に関する諸規定の変更が顕著で
あるので，そのことを見ておきたい。

　1983年の修正は，政府が提起した「第２段階農地改革方案」（1983～86年）
に照応している。その方策は，①規模拡大のための土地購買資金の提供，②共
同，委託，合同経営の推進，③農地基盤整備の強化，④農業機械化の強化推進，
⑤関連法律の修正と地域計画の推進，の５項目である。とりわけ，②の委託
経営，共同経営，合作経営による規模拡大，すなわち生産組織の推進は，所有
権移転による規模拡大は進まなかったという反省からである。ちなみに，「委
託経営」とは，自作地が少ないか，または労働力不足での農家が農作業の一部
また全農作業を委託している場合である。「共同経営」とは，農家が自主的に
共同作業をおこなうことを指す。合作経営とは合作社法に基づいて成立した法
人団体による合作農場のことである。

　ところで，なぜ所有権移転での規模拡大が進まなかったのか。それは次の事
情からである。農地改革による「三七五減租」の厳しい統制と土地取り上げと
いう経験から，農地を貸し付ければ，ふたたび農地を取り上げられるという，
「三七五減租」アレルギーが生まれ，農業発展条例で設けた「委託経営」，「共
同経営」，「合作経営」は遅々として進まなかった。そこで，「第２段階農地改
革方案」が登場し，小作関係を肯定するような農地政策の転換が進むことにな
る。すなわち，当初の農業発展条例でも「委託経営」と「共同経営」は自作農
と認めていた（必ずしも積極的ではなかった）が，それを再確認し強化したこと
である。

　次に2000年修正（全面的な）は，自作農を大きく変更するものになった（な
お，03年にも修正がおこなわれたが，同じ論理である）。改正には２つの主軸が存
在する。第一は，国内外の農業発展の急激な変化に対応し，農業の永続的な発
展，農民福祉および農村建設等について積極的な規定を強化した。第二に，
「放寛農地農有，落実農地農有」政策の一連の改正原則に依拠し，農地規定の

関係条文を調整した。その後，03年にも部分修正され，その改正の主軸は，第一にWTO加盟後の農業発展の傾向，農業構造調整の環境を構築し，第二に合理的な農地管理に規定を緩め，農地の資源利用効率を向上させるとした。その結果，現行の農業発展条例における農地政策の重点は次のようになった。

①農地売買緩和

ここでは土地法第60条の「自作農（自耕農）のみが農地を購入できる」という規定を廃止し，改正後，自然人は農地を購入，贈与または継承が可能で，農企業法人も条件つきで農地を購入できる。ただし，農地は農業で使用することとした。

②農地分割緩和

耕地の最小分割面積の制限を0.5haから0.25haに緩和した。なお，2000年農業発展条例改正以前の共有耕地または改正後の継承耕地に対しては最小分割面積の制限は設けない。その他，最小分割面積0.25haの制限を受けない例外規定も設けた。

③農地賃貸借制度の活用

2000年農業発展条例改正後の新たな耕地賃貸借契約は，出租人（出し手）と承租人（受け手）は双方で自由に契約を交わし，期間，小作料（租金），納付方式は双方の協議で決定する。三七五減租条例による制限は受けない。なお，農地の流動化および有効利用を促進するため，農民団体による農地売買および賃貸借などの仲介業務の処理を指導できる。

3　「耕者有其田」の崩壊──「小地主大佃制」への転換と「農村再生条例」

2008年の馬英九国民党政権の誕生により，守りから攻めへの農政転換が図られている。とりわけ，高齢農家の退職勧奨を標榜して，現在，「小地主大佃」制（小地主大賃借制）を実施している。すなわち，この制度が行政院農業委員会が進める「第三段階農地改革」の目玉である。新しい農地賃貸借制度のもとで農地のあり方は大きく転換し，かつての耕者有其田のもとで成立していた農家は変貌している。そこで，自作農主義から農地賃貸借制度への転換に伴う，農地政策としての農地賃貸借制度を概略的に総括し，小地主大佃農制の内容について述べておきたい。

（1）「小地主大佃制」への転換

　台湾で過去に実施された農地・土地政策は，農地改革による地権の分配と実
際に耕作する農民の保障に重点が置かれてきた。そのために一貫してとられて
きたのが「農地農有，農地農用」の基本理念である。すなわち，「農地は農民
が所有し，農地は農業で利用する」という基本理念で，「耕地三七五減租」「公
地放領」および「耕者有其田」の農地改革（第一農地改革）を実施し，1975年
に「土地法」を改正し，60年代に「平均地権条例」を改正し，「農地重画条
例」「区域計画法」および「農業発展条例」等の法律を制定整備してきた。自
耕農（自作農）のみに耕地所有を限定し，耕地の細分防止および農地転用の厳
格化等の方式で耕地を保護してきた。しかし，かつてのような「以農業培養工
業，以工業発展農業」という，農業の経済発展への貢献度は著しく低下し，農
業労働力の高齢化，農業の技術高度化，高投資，リゾート化などに伴い，農地
政策も調整せざるをえなくなった。そのために，2000年に農業発展条例，土
地法，平均地権条例，都市計画法，区域計画法，農村社区土地重画条例，土地
税法，遺産及贈与税法を含む農地政策の調整に関する8種類の関係法案を整
備した。そして従来の「農地農有，農地農用」を「放寛農地農有，落実農地農
用」に変更し，「管地又管人」（土地と同時に人も管理する）から「管地不管人」
（土地は管理するが人は管理しない）に変更して，「落実農地農用」を農地政策の
最重要目標に定めた。「耕地三七五減租」が足枷（あしかせ）になっていた法案を改正し，
その「耕地三七五減租」自体は廃止されなかったが，それに規定されていた農
業発展条例の賃貸借に関する第20条から第22条は改正し，新しい農地賃貸借
制度（新農地租田制度）が構築された。このことが，小地主大佃農制への道を
開いた。
　行政院農業委員会が標榜する現段階の「第三段階農地改革」政策の目玉は，
「一次付租，分年償還」の「小地主大佃農」計画である。すなわち，高齢の小
地主である賃貸人は借地料を一括してもらい，賃借人は一年ごとに償還すると
いう日本の農地保有合理化のそれと同じである。政策当局も日本の農地保有合
理化をモデルにしたと述べている。
　ところで，「小地主」が農地を貸し出したくない理由として次のものが挙げ
られている。①三七五減租の悪影響の存在，②農地を貸し出した後に仕事が無

く，生活基盤が失われる，③長期貸出で農地が荒れる不安，④農地を一度貸し出したら，農保資格を喪失し，老齢農民手当（年金）が受給できなくなる，⑤貸し出すより，休耕のほうが所有権の確保に有利である等である。

相対的に「大佃農」が小作経営で営農に与える影響として次のものが挙げられている。①農地情報不足により，経営に必要な農地の取得が困難である，②農地が分散しており，農業経営に不利である，③休耕による補助より農地の小作料が高くて採算が合わない，④賃貸借期間が短く有効な投資計画が立てられない，⑤農業経営のハイリスクの割には低（無）利潤である。

この貸し手と受け手が抱えている問題は，台湾特有のものでなく，日本にもそのまま当てはまる問題である。かつての日本が農地法による「賃貸借関係」が一般的であった時の状況にオーバーラップする。想起すれば，「農用地利用増進法」による「定期賃借権」を設定されて初めて，農地が流動化したことと重なってくる。

この政策的意図は，高齢農家または耕作意欲のない農家＝小地主に長期の農地貸し出しを奨励し，規模拡大を図りたい農家，とりわけ企業化経営をめざす農家の農業競争力を高めることにある。このことにより，「耕者有其田」の自作農主義の理念は完全に無くなり，農企業の育成に転換している。

（2）「農村再生条例」

2010年制定の「農村再生条例」は，農村地域の自立的な発展を進める農村再生事業とボトムアップ型の地域づくり，地域再生を推進するために制定された。とりわけ，高齢農家，あとつぎ不在の状況による農村解体に，住民参加型のものを本格的に提起した。いわゆる「社区」＝集落に，積極的に社区の文化と特色を創造してもらうための，住民参加型を前提としている。そこには，「農民」ではなく，「住民」が主体であり，住民間の合意形成かつ合意プロセスを重視した住民組織のガバナンス・住民学習を重視している。

先に示したように，重要農地の売買が自由となり，とりわけ1990年以降に「休閑農業」＝レジャー農業，グリーンツーリズムが本格化するが，それは個人出資型大型農場，会社出資型農場，農会（農協）の付属農場，政府機関経営の公営農場の4つのもので，地域住民，住民組織との関係性が希薄であった。

しかし，この「農村再生条例」は，住民主体のものを重視した，日本的な中山間地域事業に関係する制度も入れたものである。

　このように，「小地主大佃制」と「農村再生条例」の 2 つの政策体系をもとに，台湾農業・農村は大きく変化している。経済のグローバル化に対応して，一方では，自作農＝耕者有其田に決別し，一方では，「小土地所有」を完全に否定することなく，農民のみではなく，地域住民，換言すれば，グローバル化に照応する市民の農業・農村を模索している。ただし，グローバル化への対応という世界的な構造的矛盾を認識しながらも，いまだ，農地＝小土地所有を大事にしている点は，学ばなければならない。

補遺

　第 1 段階農地改革（台湾の農地改革）＝1949～54年，第 2 段階農地改革＝1983～86年，第 3 段階農地改革＝2008～15年とは，行政院農業委員会が提起したもので，第 1 段階農地改革は実際におこなわれた農地改革で，第 2 段階と第 3 段階のそれは，政策＝方策である。

第 5 章

中国の農業・農村問題
———三農問題と農民工———

高橋文紀 (第1～2節)・加藤光一 (はじめに，第3節)

はじめに

　中国（中華人民共和国）は1949年10月1日に建国され，今年（2022年）で73年を迎える。2019年10月には「建国70年」の祝賀を大々的に世界に発信した。ところが，同年12月8日に肺炎の集団発生（武漢発）が生じ，翌2020年1月9日WHOが新型コロナウイルス発生に関する声明を発表した。「祝賀」から一転し，国内的な混乱に陥ったが，武漢を封鎖して，全国から医療資源を投入し，徹底した封鎖で4月にはほぼ正常な日常を迅速に回復したと言われている。しかし，コロナウイルスは世界に広がり，世界的な「混乱」にまでなっている（COVID-19の発生源は「武漢」だとは確定されていない）。世界中がコロナで呻吟（しんぎん）している中，2020年にはGDPは対前年比で2.3％となり，主要国では唯一プラス成長を実現した。

　今やGDP世界第2位に踊り出て，米中による「新冷戦体制」と言われるように，世界経済や世界政治におけるプレゼンスを高め，瞬く間に世界の表舞台に躍り出てきた「中国」の解明には，「農業・農村問題」がキーワードとなる。

　中国は，他の国にない「農村」と「都市」という厳然とした二元的社会であることが特徴である。一般的な表現で「都市と農村」と言うが，「農村と都市」と表現したのは，とりわけ「農村」を犠牲にして経済発展するという形で，農村を一貫して劣位に固定化させつづけてきたからである。1958年制定された戸籍制度により，原則としては都市，農村間を移動することは禁止され，農村と都市の間には，国の政策によって少なからざる経済格差が生まれた。したが

って，「農村」問題は，中国の根本的なアポリアである。世界の中心に躍り出た中国を認識するためには，「農村」から始めなければならない。

　本章では，1. 中国の農業・農村——歴史的展開過程，2. 三農問題と農民工，3. ルイス的転換と変貌する農業・農村——農業産業化と大規模経営の出現，の順序で明らかにしておきたい。

1　中国の農業・農村——歴史的展開過程

（1）糧食管理と戸籍制度の導入

　近代中国の農業経営は小農経営が中心であった。辛亥革命（1911〜12年）によって，中国最後の封建王朝＝清王朝が滅亡し，革命の主導者である孫文は「耕者有其田」を提唱した。しかし，その後に成立した中華民国（1912年）では，内憂外患で改革がうまくいかず，孫文は志半ばで死去した。その継承者である蒋介石は，地主・財閥の下，農地改革（浙江省と湖北省の一部で「2.5減租」）が実施・実験された。一方，労働者や農民に支持される中国共産党が支配する地域では，小規模の土地改革をおこなった。

　第二次世界大戦終戦後，中国大陸では毛沢東が率いる中国共産党軍と蒋介石が率いる中国国民党軍は激戦の末，共産党軍は中国大陸をほぼ制圧し，国民党軍が台湾に退去した。1949年10月に共産党政権は中華人民共和国の建国を宣言し，翌年 6 月に議決した「中華人民共和国土地改革法」に基づき，土地改革がおこなわれた。地主から没収した土地を人口に応じて無償に再分配した。

　建国直後の中国では，長年の戦乱によって国内の産業は壊滅的な打撃を受け，国民経済の回復・立て直しは政権の最優先課題となった。初期の経済政策は，官僚・民族資本の国有化，物価の安定化，市場規制など，国家による経済管理の強化を特徴とする。とりわけ，糧食（穀物，豆類，イモ類）売買の統制，戸籍制度の導入は農業・農村に大きな影響を与えた。

　まずは，深刻な食糧供給危機が「糧食」売買統制の背景である。陳雲によると，政府の買入計画にも，販売計画にも，かなりの誤差があった（中共中央文献研究室編 2005：457 - 471）。また，一部の地域では災害による食糧の減収が起きたが，農家の売り惜しみと業者の買い占めにより，市中の食糧は不足し，

価格も高騰した。その対策として，1953年11月に，「糧食統購統銷制度」（食糧統一買付，統一販売制度）が導入された。糧食農家は，政府が決定した買付計画と価格に従い，政府に食糧を売却せざるをえなかった。販売については民営が禁止され，都市部では購糧証（食糧購入証）あるいは戸籍簿（住民登録簿）を提示する必要があった。さらに，1955年 8 月に公布された「市鎮糧食定量供應暫行弁法」は，食糧定額配給や配給切符について詳細に規定した。配給制度は都市戸籍を対象に，食糧のみならず食用油，調味料，工業製品（たとえば自転車，ミシン）などに拡大し，90年代初頭まで続いた。糧食売買の統制は，国内の経済統制や外貨獲得・借款償還に対して重要な役割を果たした反面，長期間農産品価格を意図的に低く抑えたことは農民の利益を著しく棄損した。

　次に，戸籍制度である。1950年代に導入した戸籍制度は，国民を非農業戸籍（＝都市戸籍）と農業戸籍（＝農村戸籍）に分類している。戸籍には，社会サービス（教育，医療など）や社会保障が紐づけられており，都市と農村の二元管理構造をつくりだした。また，移動も戸籍によって制限され，農村戸籍＝農民の都市への移動は，実質1980年代まで厳しく管理されていた。1950年代初頭，大量の農民は仕事を求め，都市部に流入したが，その大部分は仕事の当てがなく，都市に滞留し，政府を悩ませた。このような盲目的に都市に流入する農村労働者のことは，「盲流」と呼ばれていた。盲流は都市部の食糧供給を圧迫するだけでなく，仕事がない農民が大量に都市部に滞在する。それは社会治安に悪影響を及ぼす恐れがあった。そこで，政務院（1954年 9 月，国務院に改称，行政府である）は1953年に農民の都市流入を抑制する指示をし，1956年にさらに厳しい移動制限政策を打ち出した。農民を農村に留め，農業生産に専念させたことで，失業や社会支出を抑え，工業部門の発展に資金を集中させた。これが政府の戸籍制度を導入する主要な目的の一つであった。また，当時，農村戸籍から都市戸籍への転換取得は，公務員になるか，都市部の国有企業で就職するか，大学か中等専業学校（職業教育をおこなう専門学校）などに進学するかというように，その手段は限られていた。このように戸籍制度は，独特な二元化社会をつくりだした。こうした上からの都市と農村の分断・対立は，現在もなお，政府の重要課題となっている。同時に，このことは中国社会の今後の有り様を考える場合，重要な点である。私たちが問題とする土地の保有と利用をめぐる土地所有問題は，この社会編成原理に深く関わっている。

（2）農業の集団化と人民公社

　1949年10月の中華人民共和国成立以後，1978年の改革開放期までの中国農業政策の特徴は，農業の集団化であった。農業に必要な農薬，肥料などの農業資材や農業機械が不足していたため，集団化による資源配分の最適化や規模の経済を図ることは，当時の中国の経済状況を鑑みると，合理的な政策判断であったとも考えられる。しかし，農業の集団化は，必ずしも農民の意思を尊重したものとは言えず，導入した均等・平等主義は農民の勤労意欲を大きく損ない，無用な紛擾（ふんじょう）を招いた。

　中国農業の集団化は，農業互助合作運動から始まった。土地改革で得た農地と農業資材等は，自立した経営として存在することすらできず，零細経営の克服を相互協力の互助性に依拠することになった。互助合作運動は建国前でも共産党の支配地域で展開され，政府の後押しで農業互助組（以下，「互助組」）が形成された。互助組は「臨時互助組」と「常年互助組」の2形態があり，後者のほうは規模が大きく，組織も安定していた。独自の経営を維持しながら，「任意と互恵」を大原則として，農機具，畜力，労働力を提供し合うという特徴を持っていた。

　互助組を基礎に発展させたのは農業生産合作社（以下，「合作社」）である。互助組は生産協力団体であったのに対して，合作社は土地などを出資する共同経営をおこなう団体であった。合作社には初級合作社（以下，「初級社」）と高級合作社（以下，「高級社」）の2形態があり，両者の一番大きな違いは，生産手段（土地，農業資材）の所有と利益分配にある。初級社は私的所有を前提にしていたことに対して，高級社は集団所有であった。利益分配については，初級社は労働と出資で判断するが，高級社は労働（労働時間と内容）のみを判断基準としていた。所有権と利益分配の変化が大きな壁となり，高級社化はなかなか進まなかった（表5-1）。この進展に不満を覚えた毛沢東は，1955年に周囲の反対を押し切り，高級社の重要性を訴え，高級社化運動を強く推進した。その後，高級社への加入は事実上強制となり，加入世帯は1955年の4万世帯から翌年の1億742万世帯に激増した。しかし，1956年秋の収穫の前後に，農民の減収，労働時間の強い縛り，合作社幹部に対する不満などが主要因で，全国で「退社現象」が起きている。退社世帯数は地域によって差はあるが，たとえ

表5-1　農業互助組，合作社（初級・高級）参加世帯数の推移

(単位：万世帯)

	1950	1951	1952	1953	1954	1955	1956	1957
互助組	1131.3	2100.0	4536.4	4563.7	6847.8	6038.9	104.2	－
初級社	－	0.2	5.7	27.3	228.5	1688.1	1040.7	160.2
高級社	－	－	0.2	0.2	1.2	4.0	10742.2	11945.0

註：－は1000世帯以下，あるいはデータが欠如している。ただし，1000以下は四捨五入する。
出所：中国農業年鑑1980年版より筆者作成。

　ば，浙江省寧波専区では5％の世帯がすでに退社し，約20％の世帯が退社を申し出た（中華人民共和国国家農業委員会弁公庁編 1981：655‐656）。このような状況を危惧する政府は，農民の不満を抑え込み，高級社をもとに一気に「政社一体」の組織＝人民公社を成立させた。また，人民公社は，農民・農業の管理を強化し，いわゆる農工間のシェーレ現象（鋏状価格差）を通じて，工業発展や国防産業を発展させる原資を調達するという目的もあった。

　人民公社は「一大二公」という言葉に代表されるように，大規模，生産資材の高度な公有（共有）という2大特徴を持つ。農業以外にも工業部門，学校，民兵組織など，政府機能も兼ねている。人民公社，生産大隊，生産隊の3層構造となっており，社員は生産隊（10〜30世帯）に所属し，生産活動をおこなう。この生産隊，あるいは生産小隊は，ほぼ自然村の集落に相当するものであった。報酬は仕事で得る「工分」（工資＝賃金）＝労働点数によって決まる。こういった労働の内容に関わらず，同一報酬を支払う，いわゆる「大鍋飯」制度＝均等主義の導入は，農民の勤労意欲を奪う結果となった。

　人民公社の誕生する背景には，農業と工業の双方で急速な増産をめざす「大躍進運動」がある。1950年代後半，中ソ関係の悪化で，中国は「自力更生」路線に転換した。しかし，現実を無視した生産計画は大きな混乱をもたらした。とりわけ，工業生産力を測る指標の一つである鉄鋼増産に，多くの労働力が動員された。それは，きわめて幼稚な土高炉で農具や鍋など身のまわりの鉄製品を溶かすという製法であった。このような方法で生産した銑鉄はほとんど使い物にならなかった。一方，農業労働力も鉄鋼生産に動員され，農業が荒廃することになり，かつ農業生産するにも生産手段に事欠く大飢饉をもたらし，大躍進運動は失敗に終わった。

（3）改革開放以降の農業・農村

　1978年12月におこなわれた中国共産党第11期中央委員会第三回全体会議（第11期三中全会）で決定された，対内改革・対外開放政策，いわゆる「改革開放」への路線転換は，中国経済が「計画経済体制」から「市場経済体制」に移行することを意味した。対内改革では，農業改革＝生産責任請負制（家庭聯産承包責任制）の導入から始まったと言える。生産責任請負制が正式に認められた（事実上は追認）のは1982年に公布された中央一号文件「全国農村工作会議紀要」であった。1978年末，農村改革の聖地として有名な，生産責任請負制を導入した安徽省鳳陽県小崗村が翌年大きな成果を挙げ，この請負制は瞬く間に全国に普及した。改革開放は，人民公社解体の先鞭をつけた小崗村から始まったのである。

　生産責任請負制は，農民が所属する集団経済体（当時は生産隊，現在は村）から耕地を請け負い，家族を単位に経営する仕組みとなっている。請負自体は費用が発生しないが，農業税（現物徴収）が徴収された。むろん，肥料・農業などの農資材の供給力が向上したこともあり，請負制度の導入は農民の労働意欲を向上させた。農業部によると，1978年と1983年の糧食作物の単位当たり生産量増加は，1970〜1978年の25.6％より高い34.4％であった。請負の開始時期は，地方によってばらつきはあるが，一般的には1983年とされている。請負期間は15年，30年と延長され，生産責任請負制について政府は「長久不変」，「永久不変」と保証しているが，2027年前後に見直される見通しとなっている。

　しかし，生産責任請負制の導入は，農業の経営をふたたび細分化することになった。いわゆる「小農経営」が復活し，経営規模拡大の阻害要因の一つと言われることになった。1990年代半ばから，「土地流転」＝土地経営権譲渡による農業経営規模拡大が議論されるようになり，2004年に公布した「国務院関于深化改革厳格土地管理決定的通知」で正式に土地経営権譲渡が承認された。以降，次々と具体的な法整備が進み，「農業適正規模経営」＝経営規模拡大による農業生産効率化が政府の農業政策の柱の一つとなってきた。

　農業生産の改革と同時に食糧流通政策にも大きな変化があった。統一買付，統一販売制度は徐々に撤廃され，1993年の全国的な配給切符廃止により，その制度は完全に幕を閉じた（池上 2012）。

　21世紀に入り，農業は大きな変革を迎える。農業税の廃止と農業補助金制度の導入は，農業が「搾取」の対象から「支援」の対象へと政策転換したことを意味する。農業税費の改革は2000年，中部地域にある安徽省で実験的に導入され，最初は農業税費軽減であり，2002年に新しく19の省（市・自治区）も試行に加わった。翌2003年には，農民の負担減をめざす農村税費改革を全国で推進することになり，2006年1月には農村税費が全面的に廃止となった。農業補助金は糧食作物を対象に導入された。農業補助金は主に食糧栽培農民直接補助，優良品種，農業生産資材補助があり，2016年からは農業支持保護補助（耕地地力保護補助）に統合され，現在に至っている。また，直接補助以外に特定の糧食作物を対象に，市場価格より高い価格で買付する「食糧最低買入価格政策」も存在する。

　一方，遅れた農村でのインフラ建設，とりわけ道路とインターネット普及は大きな成果を挙げている。まず道路は，中国の諺「要想富先修路」（富を得たくば，まず道を整備せよ）があるように，中国では道路建設が経済発展の前提条件として認識されている。交通運輸部によれば，道路建設は，年間20万キロ以上のペースで増加しつづけており，うちアスファルトやコンクリートにより硬化舗装された道路は，2017年には全道路の98%となっている（交通運輸部2008，同各年度版）。そして，電子決済や農業機械に欠かせないインターネットは，2012年に導入が決定されたインターネット環境整備戦略「寛帯（ブロードバンド）中国戦略」で急速に普及した。2020年は当戦略の最終年度であり，中国信通院によれば，2020年6月までに中国の5Gモバイルや高速インターネットである光ファイバー回線は，全行政村の98%以上をカバーするまでになった（中国信通院2020：9 - 10）。

2　三農問題と農民工

（1）三農問題

　中国では農業問題，農村問題，農民問題を合わせて，「三農問題」と言い，国内の最重要課題となっている。2004年から現在まで，党中央委員会・国務院が一年の最初に掲出する公文書＝「中央一号文件」において，三農問題が取

り上げられている。

　農業問題の主要な論点は，農業収益と生産効率の低さである。中国の農業は，穀物生産を中心としており，2020年の総作付面積 1 億6749万 ha のうち，糧食が 1 億1677万 ha と全体の約 7 割を占める。粗放型の穀物生産は，規模の経済が働くため，収益と生産効率を上げることはきわめて難しい。農地の経営権流転（移譲）による農業経営規模拡大が推奨されてから，農業の経営面積は拡大している。しかし，依然として零細農家が中心となっている。2017年に実施された10年に一度の農業センサス，第三次全国農業普査によると，2016年末まで農業世帯 2 億743万世帯のうち，経営規模世帯は約398万世帯であり，全体の1.9%にすぎない（国務院第三次全国農業普査 2019）。また，農業従事者の教育歴を見れば，91.8%が中卒以下（うち43.4%は小卒以下）であり，新しい農業技術・経営方法の受け入れに時間がかかり，収益と生産効率に悪影響を及ぼす（同 2019）。

　農村問題の主要な論点は，都市部と比較して農村の発展が遅れており，貧困問題があるということである。近年では政府の一連の農村振興策，貧困撲滅キャンペーンで農村貧困問題の解消に一定の効果を挙げている。とりわけ「貧困撲滅」＝絶対貧困消滅は，現在の習近平・李克強政権の重要な政策目標であり，2020年12月末に貧困基準以下の人口の貧困脱却の達成を発表した（中国国務院扶貧開発領導小組弁公室，2020年12月30日発表）。中国の貧困基準は，2010年の物価指数をもとに設定した年間純収入が2300元（335.5米ドル）であり，一見，世界銀行基準の年間693.5米ドル（1.9米ドル/日）より低く設定しているように見える。しかし，購買力を考慮すると，世界銀行基準よりも高い。貧困対策の中で，最も注目される政策は「易地扶貧搬遷」＝貧困農家を立地のよい場所に移住させる政策である。具体的には，現住宅・土地と都市近郊の住宅（政府が建設した住宅＝安置房）との交換，職探し支援など住民の移住を後押しする。2019年末までに960万人が移住し，目標を達成した。ただ，この成果は政府による莫大な財政投入によって達成したものであり，いかにこれを定着・維持させるかが課題になる。また，絶対貧困は消滅したとはいえ，農村の相対的貧困は，今なお深刻な状況である。

　農民問題の主要な論点は，戸籍によって農民と非農民の間には様々な格差が存在することである。ここでいう農民は農業従事者のことだけではなく，農村

戸籍所持者を指す。都市住民と農村住民の収入格差は，近年縮小する傾向に転
じている（図5-1）。収入格差は2007年の3.14倍をピークに，2020年の2.55倍ま
でに縮小した。しかし，絶対値で見ると都市と農村の可処分所得の差は 2 万
6703元もあり，その差は依然として大きく，収入以外にも社会サービスの受
容に大きな格差が存在する。たとえば，都市と農村の医療を比較した場合，
1 万人あたりの医療従事者（医師，看護士等）は都市111人，農村50人であり，
病床数は都市87.81床，農村48.09床となっている。さらに医療従事者の技術や
医療設備などを考慮すると，都市農村間の医療格差はより大きなものと考えら
れる。

（2）農民工

　農民工とは，都市に出稼ぎする農村戸籍労働者のことである。農民工に関す
る公式統計「農民工監測調査報告」では，地元またはそれ以外の地域で 6 ヵ
月以上従事した農村戸籍所有者と定義している。従来，農民工は建築現場や工
場で働く肉体労働者というイメージであるが，実は都市戸籍を持たずに大学を

図5-1　都市農村間可処分所得格差と所得格差（2000〜20年）

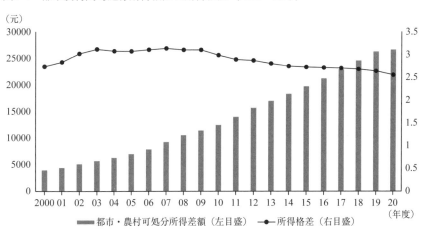

註 1 ：可処分所得差額＝都市可処分所得－農村可処分所得。
註 2 ：所得格差＝都市可処分所得／農村可処分所得。
出所：『中国統計年鑑』各年度版により筆者作成。

卒業して都市部でデスクワークに従事する農村戸籍所持者も農民工にカウント
されている。

　農民工は中国経済に安価な労働力を提供し，すさまじい経済成長を支えてき
た。政府の政策に影響され，その行動原理は大きく変化している。改革開放初
期は「離土不離郷，進廠不進城」（農業は離れても農村は離れない，工場に勤めて
も都市に住まない）であった。農村部で暮らしながら，近くにある人民公社の
社隊企業を中心に形成する郷鎮企業で働くというスタイルであった。しかし，
沿海部経済の飛躍につれて，80年代後半から，多くの農民はより高い収入を
求め，沿海部に移動する「盲流現象」が見られたことから，政府はふたたび移
動に厳しい制限をかけた。転機を迎えたのは中国経済の「社会主義市場経済体
制路線」が確定した1993年の第14期共産党中央委員会第三回全体会議である。
以降，農村の過剰労働力の非農業セクターへの移転が奨励され，農民工の特徴
は「離土又離郷，進廠又進城」（離農するだけでなく離村する，工場勤務だけでな
く都市に住む）に変化した。

　農民工の推移を見てみよう。2009年に公表された「農民工監測調査報告」
ができるまで，農民工に関する継続的な公式統計はなく，その実態を捉えるの
は非常に困難であった。農民工の数は，一定程度増加してきたが，2019〜20
年は鈍化している（図5-2）。2020年の2億8560万人（うち外出農民工1億6959
万人，地元農民工1億1601万人）は前年比517万人減少しており，調査がおこな
われて以来，初めて農民工の数が減少した。しかし，この減少は2019年末中
国で発生した新型コロナウイルス感染拡大の影響を受けたもので，帰郷した農
民工はコロナ・経済情勢の先行きが不透明な中，出稼ぎ（とりわけ遠出）を見
送った人は少なくないと推測できる。その証拠に，2月10日前後中国各地が
勤務を再開したにもかかわらず，2020年の「春運」（春節前後にあたる1月10日
〜2月18日の移動）は14.8億人であり，2019年の29.8億人と比較して，半減と
なった。むろん，それ以降の移動も考えられるが，6ヵ月以上という統計基
準を満たさない農民工もある程度存在すると考えられる。また，外出農民工は
地元農民工よりも多いが，中西部の経済発展や政府の農村振興策が功を奏し，
2011年から地元農民工の伸び率は外出農民工と逆転し，以降両者の差は縮小
する傾向にある。このような傾向は地域別の農民工動向で確認できる（表5-2）。
依然として発展している東部沿海地域が農民工の最大の受入先となっているが，

図5-2　農民工数量変化の推移（2008〜20年）

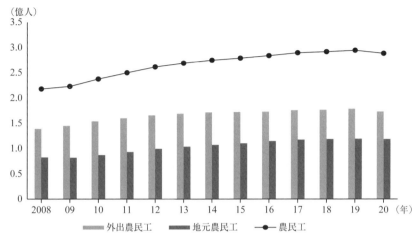

註：外出農民工とは調査年度内6ヵ月間以上，戸籍所在郷鎮地域以外で非農業に従事した者のことである。地元
　　農民工は調査年度内6ヵ月間以上戸籍所在郷鎮地域で非農業に従事した者のことである。
出所：国家統計局「農民工監測調査報告」各年版により筆者作成。

　東部地域のシェア縮小傾向と，中部・西部地域のシェア拡大傾向の趨勢になっている。とはいえ，今後中部・西部地域の発展が東部地域を凌駕することは非常に難しい。中部・西部・東北地域が農民工の送出側であり，東部地域が農民工の受入側という構造が大きく変化することはないと考えられる。
　農民工はこのように経済発展に貢献しているにもかかわらず，様々な差別と選別政策を受けている。特に，戸籍制度は現在もなお農民工の都市生活に大きな不便をもたらしている。このような政策的差別に対して，これまで政府は様々な対策を講じてきたが，農民工が享受できる社会サービスは少ない。実際，都市戸籍であっても，戸籍所在地以外の都市においては，非都市戸籍者として扱われる。そのため，地域差はあるが，各都市に導入された都市戸籍より取得しやすい「居住証」という制度を導入しているところもある。「居住証」所持者は，安定的な住居・仕事，一定期間の社会保障費の支払いなどを取得条件として，教育，不動産・自動車ナンバープレート購入（制限のある都市の場合）など，本来都市戸籍所持者のみが利用できる社会サービスの一部を受けられる。しかし，実際にその条件を満たせる人は少ない。一方，北京や上海といった超大型都市以外の都市，とりわけ人口300万人以下の中小都市の戸籍の取得はか

表5-2　地域別農民工の動向（2015〜20年）

（単位：万人）

	2015	2016	2017	2018	2019	2020
送出						
東部地域	10,300	10,400	10,430	10,410	10,416	10,124
中部地域	9,174	9,279	9,450	9,538	9,619	9,447
西部地域	7,378	7,563	7,814	7,918	8,051	8,034
東北地域	895	929	958	970	991	955
受入						
東部地域	16,008	15,960	15,993	15,808	15,700	15,132
中部地域	5,599	5,746	5,912	6,051	6,223	6,227
西部地域	5,209	5,484	5,754	5,993	6,173	6,279
東北地域	859	904	914	905	895	853
その他地域	72	77	79	79	86	69

註：東部地域（北京，天津，河北，上海，江蘇，浙江，福建，山東，広東，海南），中部
　　地域（山西，安徽，江西，河南，湖北，湖南），西部地域（内モンゴル，広西，重慶，
　　四川，貴州，雲南，チベット，陝西，甘粛，青海，寧夏，新疆ウィグル），東北地域
　　（遼寧，黒龍江，吉林）の4つの地域に区分している。その他地域とは香港，マカオ，
　　台湾および国外である。
出所：国家統計局「農民工監測調査報告」各年版により筆者作成。

なり緩和されたが，農村戸籍を持つ農民工には，現在の農地制度では農村土地
の自由な転売・移転が制限されている。

3　ルイス的転換と変貌する農業・農村——農業産業化と大規模経営の出現

　前節までに，中国の二元的社会，とりわけ農村戸籍と都市戸籍に関わり，
「農村」が様々な制度上も犠牲になる形で固定化された（浜口 2019），そのメ
カニズムを中心に，いわゆる「三農問題と農民工」に収斂させながら説明して
きた。

　しかし，農村と都市という二元的社会，別の経済学的表現をすれば「二重経
済」は，改革開放政策以後，徐々に融合し，経済成長をなしえてきた。かかる
二重経済が完全に解消されたとは言いづらいが，すでに解消の一歩手前である
気がしてならない。ただし，大胆に述べるならば，農村領域に関することの一
定の改善・是正は進むであろうが，構造的に一定固定化するのではないかと考
える。その点について，最後に若干の総括と展望を示しておきたい。

（1）ルイス的転換

　再論を要しないが，農村は都市への食糧供給のみではなく，決定的なのは，第二次産業，第三次産業で働く労働力の供給を担ったことである。すなわち，農村は都市への農村労働力の「低賃金」供給としての役割を担わされた。

　周知のように，中国経済を議論する時，とりわけ，改革開放後の農村から都市への人口移動，そして限りない低賃金労働力の供給が農村に存在したことから，「開発経済学」におけるアーサー・ルイスの二重経済論が適用されてきた。

　私（加藤）がJapan Foundation（独立行政法人・国際交流基金のフェローシップ）として，2000年に中山大学嶺南学院に滞在していた時期に，広州，深圳，東莞，中山，珠海等の日系企業の調査を始めると，労働力供給という点において，変化が現れてきた。2000年以前には，工場の門前に「求人」募集を掲示し，随時面接をするということが一般的で，農村から出てきた若い男女が門前に列をつくって求職活動をしていた。しかし，かかる光景は変化し，「求人」募集しても数人しか来ない場合が多くなり，農村から来る出稼ぎ労働力は枯渇したのではないか，とも言われはじめていた。この実態調査過程でルイスの提起した「無制限労働供給」の理論は適用できないということが，傾向として統計的にも確認できるようになっていた。

　かくして無制限に農村労働力＝出稼ぎ労働が供給されつづけないということは，中国は「開発途上国」段階を脱したと言われるようになった。このことは肌感覚でも認識することができたが，ここに中国の戸籍制度を利用したシステムの評価に関わることがある。

　一般的に，「開発途上国」の資本主義化は，農村の過剰人口が，資本主義化の進展状況に照応し，都市に出て，スラム＝スクウォッターを創出し，スラム問題を創出させる。戸籍制度に関わる「農村」の固定化は，そのことを防止する意味合いがあったのかもしれないが，都市に出てきた農民工たちに，都市の様々な行政サービス，教育，福祉，居住等を劣悪な状況に固定化させたのも事実である。かかる状況に対して，様々な対策が講じられたことで，農村における貧困問題は解消したように2020年段階で政府は発表している。果たして，貧困問題は解消されたか，この点は一論点留保である。

（2）郷鎮企業・国有企業改革と都市労働市場

　周知のように1978年の鄧小平の「改革開放」政策以後，いわば「圧縮型経済発展」を遂げるのであるが，かつての農村の集団に存在した社隊企業が郷鎮企業に編成され，農村の過剰労働力は，郷鎮企業に吸収された。同時に進展する農村から都市への出稼ぎ労働は，1987年から1996年でも6000万人ぐらいでしかなかった。しかし，「盲流」と言われる大量の出稼ぎ労働は沿岸部の都市労働市場へと吸引された（丸川 2021）。前述した「農民工」である。

　ところでこの背景には，改革開放以後の国内産業，とりわけ工業部門の生産力・生産性の低さは，先進国に比べれば格段の差が存在した。そのために国有企業，集団経営，郷鎮企業等は，企業改革に着手した。とりわけ，国有企業等では一度，就職すれば終身雇用する「固定工」制度が実施され，まして「単位」でなくなるまで面倒を見る政策がとられていた（社会主義経営）。これが，「余剰人員」の要因として認識され，「固定工」から「労働契約制」（有期雇用契約）に1986年の新規採用から一律に実施された。ところが，かかる経営改善の努力をしたにもかかわらず，国有企業の利潤率は低下傾向を示し，企業経営改革を実施しなければならなかった。国有企業改革の「かけ声」は存在したが，根本的な所有制改革までは至らなかった（同時に，企業改革を掲げることにより，国有企業，集団経営の余剰人員整理に使われた側面も強い）。

（3）新しい農業・農村の動き──農業産業化と大規模経営の出現

　農村人口の減少，出稼ぎ労働者の都市への移動，そして貧困農村等には，中国の様々な構造的矛盾が内包されている。しかし，先に見たように2004年から毎年「中央文件一号」として「三農問題」に関することが最重要課題として提起され，それに照応するように様々な制度，とりわけ，農地に関する法的制度が農業・農村を大きく変えている。それは，大きく言えば次の2点である。

　第一に，人民公社を解体し，生産請負制＝農家経営請負制，そして2003年制定の「農村土地承包法」に至る農地に関する法的権利の緩和により，農村の土地に縛られた農民は，土地から開放（解放という解き放されるのではなく，個々の農地使用権は認められる中で，自由にできる）され，地域的偏差は存在す

るものの農地の流動化による賃貸借関係が広範に進んでいる。第二に，かかる農地の流動化は，自給的または第2種兼業農家の農業からの退出促進，離農を助長し，その反対にその貸付地を集積して大規模農家も出現している。

　このことを背景に，中国政府は1990年代末から本格化する「農業産業化」（農業インテグレーション）を政策的に推進してきた（宝剣 2017）。とりわけ，農地制度の整備による農地流動化率（各戸請負農地面積に占める権利移動面積の割合）は，統計を取りはじめた2008年で8.9％から2019年には35.9％まで拡大しており，日本の直近の農地流動化率と比較してもきわめて高い水準である。その流動先である農地利用権受託者，経営主体は次の3つの形態であり，その農地集積構成比は，①龍頭企業＝アグリビジネス（9.4％），②農民専業合作社＝アグリビジネスと農家を結びつけ，農業生産サービスを提供する中間組織（20.4％），③家庭農場＝大規模経営農家，特に家族労働力主体の経営（60.3％）が注目される。中国の新しい農業・農村の動き，「農業産業化と大規模経営の出現」である（大島 2016）。

　この点からすれば，かつての「三農問題」（農民は苦しく，農村は貧しく，農業は危険）のネガティヴな側面は変化してきた，と言っても過言ではない。

補遺

　前述したように，農業・農村問題の最大の課題である貧困脱出（絶対貧困）は，2020年に達成したと宣言しており，かつての「新農村建設」から2021年には「農村振興戦略」を発表している。若干，その背景を総括的に述べておかなければならない。

　農村と都市をめぐる二元的社会＝二元構造は，改革開放以後，様々な矛盾を内包させながらも，制度的な改革をおこないながら漸次的に解消されつつある。絶対的貧困から脱出したと宣言したのはその現れである。

　改革開放政策以後，工業化と都市化によって，農村から労働力を引き出し，かつ同時に多様な消費市場，近代的労働手段の市場にも変えた。すなわち，農村の零細な自給的農業に従事していた農民を，第二次，三次産業へ押し出し，低価格で農産物を供給してきた。かかる過程で輸出主導型工業化そして都市化は，長期的な経済成長をもたらし，GDPや国民所得は上昇し，世界の工場とともに世界市場としても成長してきた。しかし一方では，この間に工業と農業，

都市と農村の経済格差は拡大してきた。こうした中で，三農問題は，政策的には1998年からの「新農村建設」で「工業が農業を哺育し，都市が農村を指示する」ものであったが，2004年からは政策である「小康社会の全面建設」では，都市と農村の制度的分断，経済社会的格差を，都市と農村の一体的取り扱いで解決する政策が出された。その後，2018年からの「農村振興戦略」では，都市と農村の「調和的発展」が本格的政策課題となり，2021年には「農村振興戦略促進法」に結実することになった。そこで想定されているのが「新型職業農民」である。すなわち，農業の市場化，専業化，規模化，集約化という農業近代化に小農家を結びつける主体的牽引者＝主体として位置づけている。そこには３つの型が提示され，①「生産経営型」（専業大戸，家庭農場主，専業合作社牽引者），②「専業技能型」（主に農業労働者，農業被雇用者等），③「社会サービス型」（地区をまたぎ作業するトラクターオペレーター，専業化防除植物保護員，村級動物防疫員，メタンガス工，農村仲買人，農村情報員および農業技術員等）が挙げられている（座間 2021）。

註
1)　中国共産党中央委員会は中国共産党の最高権力機関であり，一般的には５年ごとに開催される。1978年以降，第三回全体会議では経済運営方針が決定される。
2)　耕地以外の山林・草原・池などの請負は有償である。なお，農民の負担は農業税のほか，農林特産税（園芸作物が対象），三提五統（三提とは村レベル内部留保３項目（公積金（共同積立金），公益金，管理費）であり，五統とは郷鎮レベルの計画金５項目（教育費，計画生育費，福利費，民兵訓練費，道路修理などのサービス事業用費）を指す），義務工（役）などの農業関連税費（税と費用負担）がある。
3)　一期作地域で農作物作付面積100畝（6.6ha）以上，二期作以上の地域で農作物作付面積50畝（3.3ha）以上，施設農業で25畝（1.66ha）以上の土地を経営する農家のことを指している。なお，農業センサスは一定規模の林地，畜産業，漁業経営世帯なども含まれている。

第 II 部

地域再生の作法

第 6 章

地域再生の基点
——内発的発展・地域内再投資・産業連関分析——

江成　穣

はじめに

　多くの国において，「地域の再生」や「地方の活性化」といったテーマは重要な政策的課題でありつづけてきた。日本においても，高度成長期に展開された全国総合開発計画による地域開発政策や「国土の均衡ある発展」という目標設定，そして第二次安倍政権から展開された地方創生政策など，地域再生・地方の活性化を目標とした政策は様々な形で実践されてきている。では，これらの政策で目標とされる地域再生・地方の活性化とは，具体的にはどのようなモノであろうか。

　地域再生・活性化が議論される際には，その指標として人口や地域の経済動向，主要な産業の生産活動，商店街や駅・商業施設の利用者数，まちづくりに主体的に携わる自治組織への住民の参画度合いなど，様々な数値が具体的な指標として用いられる。つまり，それだけ地域再生・活性化のあり方は多様であり，複数の観点から議論がなされているということである。ただしほとんどの場合において，地域再生・地方の活性化を達成するためには地域の経済活動が活発化することが必須の条件となる。

　地域再生の議論の焦点を地域経済に絞ったとしても地域再生・地方の活性化の単一の基準を示すことは難しいが，いくつかの重要な観点は明確になる。第一に，地域の経済発展は内発的発展であることが望ましい。第二に，地域の経済発展は一過性のものではなく，長期的・安定的な発展をめざす必要がある。そして第三に，そのような発展を実践するためにも地域経済発展のための取り

組みは地域の経済構造を正確に把握したうえで展開される必要性が高い。

1　地域再生の方向性——内発的発展

（1）内発的発展論の規定

　高度成長期に展開された地域開発政策は，地域内に存在する技術や資本，産業とはほとんど無関係に，地域外の資本や技術，理論によってなされた点に特徴がある。宮本憲一はこのような地域開発を「外来型開発」と呼称し，地域の主体性を損なうこの開発の経済効果が期待されたものに到底及ばず，むしろ公害問題などによって社会的費用を増加させてしまっていることを明らかにした。

　外来型開発が展開された結果として，本社機能などの高い付加価値を生み出す重要な経済機能は東京を中心に大都市圏へと集中するようになった。対して地方圏は，「支店経済」と呼ばれるような都市圏の出先機関・窓口としての役割や，工場立地による生産現場としての役割のみを担わされることとなった。経済構造上，主体的な経営判断をおこなう機能が貧弱になってしまった地方圏の地域経済は，経済のグローバル化に伴って相対的にその重要度を低下させ，産業の空洞化や若年層・生産年齢人口の流出に苦しむ結果となっている。

　大都市圏，特に東京圏を中心とした垂直的な経済構造を導いた外来型開発を批判し，地域の自律的な経済発展の重要性を強調した理論が，内発的発展論である。日本における内発的発展論は，1980年頃から宮本憲一や鶴見和子にリードされる形で展開されてきた。宮本は内発的発展を「地域の企業・組合などの団体や個人が自発的な学習により計画をたて，自主的な技術開発をもとにして，地域の環境を保全しつつ資源を合理的に利用し，その文化に根ざした経済発展をしながら，地方自治体の手で住民福祉を向上させていくような地域開発」と定義している（宮本 1989：294）。宮本の内発的発展論は，外来型開発への批判をベースに地域内の主体による地域の社会経済全般にわたる自律的な発展をめざした議論であると言える。

（2）内発的発展の方法論

　内発的発展を実践するための方法論としては，「地域内産業連関の充実」の重要性が強調される。地域の特産品などの特徴的な地域の資源を活かして地域内の住民や団体が製品開発をおこない，これを販売することで原材料の製造から販売までの産業連関を地域内に構築し，各生産活動の付加価値が地域に帰着するような方法である。また，実践に関する議論はこれだけにとどまらず，中村剛治郎は都市地域内における企業間連携や研究開発の重要性を強調しており，地方圏においても地域内に本社を置く中小規模の企業に注目し，このような企業の成長を政策的に促すことで内発的発展を成し遂げる可能性を示している（中村 2004）。加えて小田切徳美は，従来の地域内部の主体性のみを強調する内発的発展論の議論を脱却し，外部アクターとの積極的な交流から新たな発展の契機を生み出す「ネオ内発的発展論」を提唱している（小田切 2018a）。

　以上で確認してきた内発的発展の成功事例としては，農村地域における特産品開発のようなものがイメージしやすい。しかし，そのような商品開発が一過性のブームで終わってしまえば，せっかくの発展も地域において本社機能などの高い付加価値を生み出しうる経済機能を育て，経済構造の変化を呼び起こすようなインパクトを持つことはないままに終わってしまう。グローバル化の進展とともに競争環境も厳しくなる現代では，内発的発展に向けた取り組みを地域内の様々な産業で実践し，長期的・安定的な地域経済発展をめざしていかなければ，地域再生・活性化を達成することは困難であろう。

　そしてこのような地域経済発展を達成していくためには，何よりもまず，地域の経済構造を正確に把握してその強みや弱みを分析し，実践可能な戦略を立てることが重要となる。なかでも，付加価値を生む生産活動がどのような状態でおこなわれているかという点が重要であり，それを把握するためには個々の地域産業の状況と産業間の取引関係を把握することが必要となる。そこで次節では，地域経済の基本的な仕組みを整理したうえで，その把握のための重要なツールである地域産業連関表についての説明をおこなう。

2　地域の経済構造の把握──産業連関分析

（1）地域の経済・産業の基本的構造と考え方

　地域産業や経済の構造を把握するためには，まず基本的な地域産業の考え方を理解しておく必要がある。地域の産業は，対象とする市場や産業の性質から「移輸出産業」と「域内市場産業」の２つに大別される。域内市場産業とはその名のとおり地域内部の市場を対象とした産業であり，対して移輸出産業とは地域外の市場を対象とした産業である。地域内で生産した財やサービスを地域の外に売るという行為は，国際貿易では輸出と呼ばれるが，国内の他地域に販売する場合には移出と呼ぶ。移輸出とは移出と輸出を合わせた言葉であり，国内外を問わず地域外の市場に財やサービスを販売する産業を移輸出産業と呼ぶのである。

　以上から，地域の経済構造を簡単に整理すると図6-1のようなイメージになる。ある製品を生産するためには，原料を自然界から確保し，いくつもの加工段階を経る必要がある。地域の中においても様々な工程に従事する企業や産業が存在しており，生産した財やサービスを相互に需要・供給し合いながら日々の生産活動をおこなっている。当然，A産業がB産業に対して財やサービス

図6-1　地域経済構造のイメージ

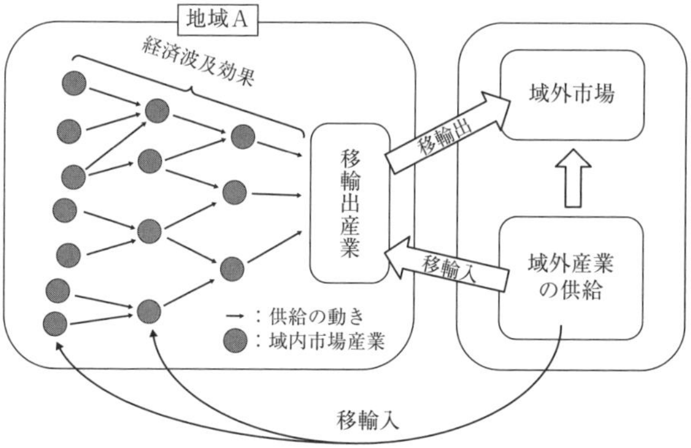

出所：筆者作成。

の供給をおこなえば，その財やサービスの料金が供給とは反対にB産業から
A産業へと流れることとなる。地域経済の発展を達成するためには，地域内
でたくさんのお金が回り生産活動が活発におこなわれる必要があるが，ほぼす
べての地域は通貨発行権を持たない。そのため，地域外の市場へと供給をおこ
なうことで地域の外からお金を稼いでくる移輸出産業は，地域経済において重
要な役割を果たしている。なお基盤産業仮説では，移輸出産業の規模次第で地
域経済の規模が決まるという説明がなされている。基盤産業仮説が完全に正し
く，地域経済の規模や質は移輸出産業によって決定されるとは言い切れないが，
地域経済にとって移輸出産業が重要なことはよくわかる。

　もちろん，移輸出産業のみならず域内市場産業も重要である。域内市場産業
は，地域住民や他の域内市場産業，移輸出産業に対して財やサービスの供給を
おこなう産業である。地域内に域内市場産業が十分に存在していなければ，移
輸出産業が地域外からお金を稼いできたとしても，すぐにそのお金は地域外の
財やサービスの移輸入に使われてしまい，地域経済の活性化は困難になる。た
とえば木製の家具を生産し年間に1000億円の移輸出をおこなう産業があった
場合，その産業は家具の材料となる木材やねじなどの金属部品，そして加工を
おこなうための生産設備などを他の産業から買う必要がある。ここで材料や生
産設備のほとんどすべてを地域外から購入し800億円使った場合，地域経済の
内部には200億円しか残らない。他方で，調達を地域内の域内市場産業からに
した場合には，1000億円ものお金が地域内をめぐることとなり，経済活動が
活発化するようになる。このように地域の内部でお金が回るような経済活動を
地域内経済循環と呼ぶ。

　地域経済の再生や活性化を考える際には「外貨」を稼いでくる移輸出産業と，
稼いできたお金を地域の中で「循環させる」地域内経済循環の2点がまず考
えるべき重要なポイントとなる。ただし，単純に移輸出産業の活性化と地域内
経済循環が進めばよいと言い切れるほど，地域の再生・活性化は簡単な話では
ない。たとえば，先ほどの1000億円稼ぐ家具の製造業を考えてみると，その
立地地域で良質な木材や必要な生産設備の購入が困難であったり，割高になっ
てしまうような場合が考えられる。いくら地域内経済循環が地域経済の活性化
に効果的であるからといって，地域内企業からの購入と地域外からの購入に
2倍の価格差があるような場合に地域内経済循環を推進することは非合理的

であると言わざるをえない。当然，材料費が上がったり品質が下がったりすれ
ば稼いでいた製品の競争力も下がってしまい，移輸出産業の規模も縮小してし
まう。地域経済の再生や活性化をめざすためには，基本的な構造と考え方をふ
まえたうえで現実の地域経済の構造や状態を精緻に分析し，具体的な戦略を立
てていく必要がある。

（2）地域経済の実態把握──産業連関分析

　ここまでの議論から，地域の再生をめざしていくためには地域経済の現状や
構造，実態といったものを正確に把握する必要があることがわかる。地域の経
済状況を示す指標や統計は，都道府県民経済計算や経済センサスにおける地域
ごとの統計情報，RESAS，地域に立地する企業に関連する情報など様々であ
るが，地域経済の構造を最も正確に把握することのできる統計データは産業連
関表であろう。産業連関表とは，ある期間（通常は1年間）に特定地域内でお
こなわれた取引の金額をベースに，対象地域の経済構造を示す表である。理論
的には，ケネーの経済表やマルクスの再生産表式に影響を受けたレオンチェフ
が1930年代に開発したもので，現在でも世界各国・各地域で作成されている。
日本では経済産業省が5年ごとに日本全国を単位とした産業連関表を公表し
ているとともに，この経済産業省のデータをもとに各都道府県も5年ごとの
都道府県産業連関表を公表している。加えて，自治体による独自の作成や研究
者による作表などがなされており，日本で最も入手しやすい詳細な地域経済統
計データの一つであると言える。
　産業連関表（取引基本表）の基本的なしくみは図6-2に示されている。産業連
関表はタテ（列）に示される投入（input）とヨコ（行）に示される算出（out-
put）から構成されており，投入産出表（input-output table）とも呼ばれる。そ
の基本的なしくみは，タテに見ると各産業の生産のために必要な原材料などを
どの産業からどれだけ購入したかという金額が示されている。また，原材料以
外に生産に必要な労働力を雇うための雇用者所得や，生産設備を整備するため
の資本減耗引当など，生産に必要な諸々の消費などが示されている。つまり，
産業連関表のタテ（列）は各産業の費用構成を示していると言える。対してヨ
コで見ると，各産業が他の産業などに対してどれだけの供給をおこなっている

図6-2　産業連関表（取引基本表）のしくみ

		中間需要					
		農業	漁業	林業	産業4	産業5	
中間投入	農業	ax_{11}	ax_{12}	ax_{13}	ax_{14}	ax_{15}	費用構成（列：投入）
	漁業	ax_{21}	ax_{22}	ax_{23}	ax_{24}	ax_{25}	
	林業	ax_{31}	ax_{32}	ax_{33}	ax_{34}	ax_{35}	
	産業4	ax_{41}	ax_{42}	ax_{43}	ax_{44}	ax_{45}	
	産業5	ax_{51}	ax_{52}	ax_{53}	ax_{54}	ax_{55}	
		販路構成（行：産出）					
	⋮	⋮	⋮	⋮	⋮	⋮	
	産業 n	ax_{n1}	ax_{n2}	ax_{n3}	ax_{n4}	ax_{n5}	
	計　E	中間投入計					
粗付加価値	雇用者所得	vp_1	vp_2	vp_3	vp_4	vp_5	
	営業余剰	vs_1	vs_2	vs_3	vs_4	vs_5	
	資本減耗引当	vc_1	vc_2	vc_3	vc_4	vc_5	
	⋮	⋮	⋮	⋮	⋮	⋮	
	計　F	粗付加価値計					
域内生産額（E＋F）		投入計					

出所：土居（2019：13）を参考に筆者作成。

かがわかるようになっている。つまりは各産業の販路構成が示されているのだ。

なお，中間需要・中間投入の枠で囲まれた部分は，生産された財が他の産業・企業の生産の原材料など，つまり中間財として利用されたことを意味している。最終需要の部分では私たち消費者が消費するような最終財が示されており，生産された財が消費や投資など，何に使われたかもわかるようになっている。これに加えて，地域の外に売る移輸出と地域の外から買う移輸入が示されており，各産業が他の地域とどれだけ取引をおこなっているのかを明確につかむことができる。そのため，ここから移輸出産業を特定することもできる。

もう少し具体的に考えてみよう。たとえば2番目に書かれている漁業の費用構成，つまりタテ（列）をケースとして，ax_{12}，ax_{22}，ax_{32}がそれぞれ300万円，1000万円，0円であった場合を考えてみる。ax_{12}が300万円ということは，この地域の漁業はこの地域の農業から中間財を年間に300万円分購入しているということを意味している。当然，ax_{22}が1000万円でax_{32}が0円であるという

| … | 産業 n | 計 A | 域内最終需要 | | | 計 B | 移輸出 C | 移輸入 D | 域内生産額 (A＋B＋C－D) |
			消費	投資	…				
…	ax_{1n}		C_1	I_1	…		Im_1	EX_1	
…	ax_{2n}		C_2	I_2	…		Im_2	EX_2	
…	ax_{3n}	中間需要計	C_3	I_3	…	域内最終需要計	Im_3	EX_3	産出計
…	ax_{4n}		C_4	I_4	…		Im_4	EX_4	
…	ax_{5n}		C_5	I_5	…		Im_5	EX_5	
⋮	⋮		⋮	⋮	⋮		⋮	⋮	
⋮	ax_{nn}		C_n	I_n	…		Im_n	EX_n	

　ことは，この地域の漁業が同一地域の漁業から中間財を1000万円分購入しており，林業からは何も買っていないということである。

　このように産業連関表の各項目には，地域内の産業間の取引金額が示されている。なお，漁業が漁業から中間財を購入するということはイメージしにくいかもしれないが，たとえば大型魚を釣るために小型魚を用いる場合に，小型魚が餌（中間財）として取引されるようなケースが想定される。ただしこのような具体的な取引内容は，産業連関表で示されている取引金額からはうかがい知ることはできない。具体的な取引内容を明らかにしたい場合は，地域内各企業への調査などから取引関係を把握する必要がある。

　続いて粗付加価値部門へと目を向ける。粗付加価値部門は雇用者所得や営業余剰，資本減耗引当などがあるが，たとえばこの地域の漁業は雇用者所得 vp_2 が3000万円，営業余剰 vs_2 が1000万円であるとする。これは，この地域の漁業従業者の給与に3000万円が振り向けられ，企業の利益となる営業余剰に1000

万円が振り向けられていることを意味している。このような付加価値が地域に帰着すれば，地域の雇用が拡大・安定化するとともに，この給与を元手に様々な消費活動（日常生活のための買い物など）がおこなわれ，地域内の経済活動が活発化することとなる。

　次に，ヨコ（行，販路構成）を考えてみる。漁業の販路構成の ax_{21}, ax_{22}, ax_{23} の各項目がそれぞれ500万円，1000万円，0円だったとすると，この地域の漁業は同一地域の農業に対して500万円，漁業に対して1000万円の販売をおこなっており，林業に対しては販売をおこなっていないこととなる。さらに，最終需要の消費（C_2）が5000万円であった場合，この地域の漁業によって生産された5000万円分の魚が食卓に並ぶなどの形で最終財として消費されていると言える。

　最後に，移輸出と移輸入を整理する。この地域の漁業の移輸出（Ex_2）が8000万円，移輸入が2000万円であるとすると，当該地域の漁業は域外の各需要に対して8000万円分の供給をおこなっている反面，2000万円分の財やサービスを他の地域から購入していると言える。この場合，移輸出額と移輸入額の差額は＋6000万円である。この差額のことを域際収支と呼び，域際収支が大幅に黒字の産業が移輸出産業であるので，漁業はこの地域の移輸出産業として機能していると言える。他方で移輸入が多く域際収支がマイナスの産業が存在する場合，その産業が生産に必要とする各種の中間財や生産設備の供給が地域内でなされていないパターンや，生産されていても価格競争力や製品の品質などが劣っているパターンが考えられる。移輸入が過度に多い場合は，地域内に存在していた資金がその分だけ地域から漏出してしまっている。地域内の経済循環を高めるためには，移輸入が多い産業が域外から買っている製品を特定し，その生産を地域内で代替していくことが重要となる。

　このように，産業連関表を用いることで地域の経済構造をある程度正確に把握することができる。特に，移輸出産業や地域経済循環上の課題となる漏出といった項目を特定し，地域経済構造の強みや弱みを正確に把握することで，長期的に地域経済が発展していくために取り組むべき課題や改善点が見えてくる。

　なお，これまで説明してきた産業連関表は，その中でも産業間の取引を示した取引基本表と呼ばれるものであり，その他に取引基本表から導出される投入係数表や逆行列係数表が存在する。産業連関表はこれらの表の総称であり，取

引関係のベースは取引基本表によって示されているが，地域経済構造のさらに
詳細な分析や経済波及効果の分析をおこなうためには投入係数表や逆行列係数
表を用いる必要がある。また，取引基本表も本章で示した最も基本的な地域内
競争輸入型表に加えて，非競争輸入型や地域間産業連関表などいくつかのパタ
ーンが存在する。これらの解説は他の専門書に任せるが，地域経済構造の詳細
な把握にはこれらの表の活用も有効である。

（3）産業連関分析の限界

　ここまで，地域経済構造分析のための有効なツールとして産業連関表を紹介
してきたが，これにもいくつかの限界がある。第一に，産業連関表では単年の
フローのみしか追うことができないという点である。本章の冒頭で述べたよう
に，地域経済発展が一過性のブームで終わってしまえば，高い付加価値を生み
出す経済機能を地域の中で育て，長期的・安定的な発展を達成することは困難
である。そのため，ある期間における地域のお金の流れを追うだけでなく，地
域経済が長期的にどのように変化してきているかを見ていく必要がある。

　第二に，産業連関分析はその正確性にも課題が存在する。国レベルの産業連
関表は十分な統計調査に基づいて整備されているが，都道府県レベル以下の小
地域産業連関表は独自の統計調査を入れつつも国の産業連関表をベースに按分
比を決定して推計している部分も大きい。そのため，産業連関表がどの程度現
実を反映しているかという点に若干の疑問が残ってしまう。産業連関表と現実
との乖離は推計を重ねれば重ねるほど大きくなるリスクが高いため，都道府県
表をベースにした小地域表の作成や分析をおこなう際には特に気をつけなけれ
ばならない。

　最後に，産業連関表の時間的な制約の問題が存在する。日本の産業連関表は
5年ごとに公表されているが，その作表作業には膨大な調査とデータ処理が
求められるため，作表自体におよそ5年もの時間がかかってしまっている。
そのため，公表された時点ですでに5年前の表となってしまう。実際，2020
年に2015年の表が公表されている。そのため，次の表が公表されるまでに最
大10年程度のタイムラグが発生してしまう。

　以上の3点が産業連関表の主な課題と言えるであろう。ただしその中でも

２つめと３つめの課題は技術的なモノであり，調査手法や推計方法の研究によって改善が期待できる。一方で１つめの課題に関しては産業連関表の理論上の限界であり，この点をフォローするためには他の理論による地域経済へのアプローチが必要となる。そこで次節では，地域経済の長期的な発展を志向した地域内再投資論に焦点を当てて検討をおこなう。

3　地域の長期的・安定的な発展に向けて

（1）地域内再投資の考え方

　これまで確認してきたように，地域再生・活性化を求めていくためには，支店経済や生産現場としての役割を担わされてきた各地域において，本社機能などの高い付加価値を生み出す経済機能を育成していくことが求められる。そのためには，長期的・安定的な地域経済発展をめざしていく必要がある。岡田知弘はこの点について「地域経済が拡大再生産し，雇用の規模や所得の循環が持続的に拡大し，その地域の一人ひとりの住民の生活が豊かになってはじめて地域の『活性化』，あるいは『発展』と呼ぶことができる」と指摘している（岡田 2020：168）。そのうえで，このような発展を成し遂げるには公共投資などの一過性の投資ではなく，多様な経済主体による「まとまった投資が繰り返しなされ，したがって資本をもっている人も，賃金を得ている労働者も，さらに彼らが消費する商品やサービスを作ったり，売ったりしている農家や商工業者，医療・福祉部門を含むサービス事業者も，毎年生産を繰り返す」地域の再生産と，そのための地域内の経済主体による再投資が重要であると指摘している（岡田 2020：171）。

　以上の岡田の議論をふまえれば，長期的・安定的な地域経済発展のためには地域内で拡大再生産が発生することが重要であり，その拡大再生産を生み出す地域内再投資力こそが決定的に重要であるということになる。この議論は，これまで確認してきた内発的発展論や地域産業連関表による地域経済構造把握と矛盾するものではない。地域の内発的発展を一過性のブームで終わらせないためにも，地域内再投資が活発に発生し，新たな内発的発展の芽が地域内で次々と芽吹くような地域経済構造の構築が，長期的・安定的な地域経済発展のため

には重要である。

　また前節で確認したとおり，産業連関分析は経済のフローを整理するものであり，地域内でどのような投資がなされているかといった点や，拡大再生産が順調になされているかといった点を把握することは難しい。そのため，地域内再投資論で示されている観点から地域経済を捉えなおし，短期間の静態的な経済構造把握だけでなく長期間の動態的な経済構造変化に目を向けることは重要な発想となる。他方で地域内再投資の実践においては，地域経済構造上の強みを伸ばし弱みを減らしていくような投資行動が望ましい。そのため，産業連関分析などによる地域経済構造把握は，地域内再投資の基盤にもなるのである。

（2）地域経済の発展に向けた課題

　ここまで，内発的発展論と地域内再投資論，そして地域産業連関分析をベースに，地域再生・活性化に向けた取り組みの方向性を議論してきた。最後にこれらの議論を整理し，その課題を確認したい。

　まず，地域再生・活性化をめざすためには，高い付加価値を生み出す各種の経済機能が大都市圏に集中している現在の構造を少しでも変化させ，地方圏の各地域でもこれらの機能を育成していく必要がある。そのためには，内発的発展論の発想をベースに地域が主体的・自律的に地域経済構造上の課題解消に取り組むことが重要となる。また，この動きを一過性のモノで終わらせないために，地域内再投資論の発想に基づいた長期的・安定的な発展をめざしていかなければならない。そして，これらの取り組みを実践していくためには，地域産業連関表による地域経済構造上の強みや弱みの把握が必須となるのである。

　こう書いてしまえば単純なようにも思えるが，その実践方法を政策論のレベルにまで落とし込むことは容易ではない。しかし，それぞれ特徴や経済構造，社会情勢，歴史的背景が異なる各地域において地域再生・活性化に向けた取り組みを実践していくためには，「地域経済の強みを伸ばし弱みを減らすために，地域内再投資を継続的におこなっていく」といった一般論を超えた，より具体的・実践的な政策論が必要となる。多くの地域での実践に対してより有用な政策論を提示していくことが，今後の地域再生のための課題である。

第　7　章

都市・農村関係と「関係人口論」
———人から考える地域の創造———

藤井孝哉

はじめに

　地方自治体の存続が危ぶまれるという「地方消滅論」の登場により，各自治体では移住による定住人口の増加がめざされている。しかし，少子高齢化や人口減少といった人口問題を考えれば，長期的には人口増加は望めないことは明らかである。一方で，そうした状況を打開する可能性を持つ「関係人口論」が登場し，にわかに盛り上がりを見せている。関係人口とは，端的に言えば，地域と様々な関わりを持つ人々であって，定住人口と交流（観光）人口の間に位置する存在である。「関係人口論」が提起されて日は浅いが，研究や事例報告の蓄積によって，徐々にその輪郭が浮かび上がってきている。ただし，関係人口は単なる人口ではなく，新たな都市・農村関係の一形態である点が重要だ。都市・農村関係は，戦後日本資本主義の展開の下，対立を前提としながら，対抗軸として交流や協働という新たな関係性を築いてきたのであるが，「関係人口論」なる概念は，単なる表象としての理解しか得られない。

　本章は，この「関係人口論」と地域再生の可能性を地域（地方・農村地域）の立場から展望するものであるが，論点を次の2つに限定しておく。第一に，戦後日本資本主義の下での都市・農村関係の変容である。地域再生の"作法"を考えるうえでは，地域をめぐる諸課題を表象的に捉えるのではなく，歴史的に通底する本質的な問題として捉えることが重要である。そのうえで，都市・農村関係の対立とその対抗軸という視点から「関係人口論」を歴史的に位置づける。第二に，「関係人口論」の意義と限界である。「関係人口論」は，運動論

的・政策論的な双方の視点が重なる形で展開されてきたという経過がある。これをふまえて，関係人口の概念を明らかにしつつ，意義と限界を総括し，地域再生に関わる若干の展望を示しておく必要がある。なお，本章は関係人口の具体的事例を列挙するものではないことをあらかじめ断っておく。

1　人口問題と都市・農村関係

（1）現代日本の人口問題

　都市・農村関係の変容を捉える前に，前提としての人口問題を簡単に確認しておこう。古典的な人口転換論によれば，一国の出生数・死亡数は，経済社会の発展とともに，多産多死→多産少死→少産少死へと移行するとされ，戦後日本は第 1 次ベビーブーム（1947〜49年）を経て少産少死段階へと移行した。これ以降，合計特殊出生率が急激に低下し，第 2 次ベビーブーム（1971〜74年）以降は人口置換水準を下回りつづけたことで，少子化傾向が確立された。同時に，それまでの人口ストックが段階的に高齢化していき，1970年に高齢化率が 7 ％超の高齢化社会となって以来，その割合は上昇しつづけ，今や28％超の超高齢社会である。少子高齢化という人口構成の変化は，総人口に影響を及ぼす。戦後一貫して増加しつづけていた総人口であるが，1995年に生産年齢人口がピークを迎えて減少に転じ，さらに2005年には戦後初の総人口減少となった。また，2007年以降は，死亡数が出生数を上回る状態が続いている。こうした90年代以降の少子高齢化と人口減少が顕在化した現局面は「人口オーナス」とも称されており，現代日本の人口問題の主たる論点である。

　ただし，総人口を構成するのは各地域の人口であることを忘れてはならない。各地域においても少子高齢化と人口減少という問題がより顕著に進行している。本章では，地方・農村地域の人口を便宜的に「地域人口」と呼ぶことにするが，この地域人口問題こそ，一国の人口問題の直接的な要因であることをあらためて認識しなければならない。地域人口問題は，一般的には「過疎問題」として，近年では「限界集落」や「地方消滅」などの語によって論じられるが，これは単に地域内で独自に生じる問題ではない。資本の論理に基づいた，都市・農村関係の変容によって引き起こされてきたのである。

（2）都市・農村関係の対立

　農村は食料や水の供給，その前提となる自然環境の保持という点で，重要な機能を果たしており，人間社会の基礎である「人間と自然の物質代謝」が顕著に現れる場でもある。しかし，資本主義社会の進展は，都市と農村における空間的な農工間分業を成立させ，都市は農村から資源や労働力を収奪することで資本蓄積を進める。それはいずれ，農工間ないし地域間の格差や不均等発展をもたらし，都市・農村間に対立関係を生じさせる。こうしたマルクスやエンゲルスに代表される都市・農村関係の認識は，古典的な資本主義理解にとどまらない。現代日本の都市・農村関係は，戦後日本資本主義の下での対立と，それを緩和・克服する動きとともに変容している。以下，戦後日本資本主義の展開に基づいて，地域人口問題と，都市・農村関係の変容過程を俯瞰していこう。[1]

　図7-1は，1955年から現在までの地方圏の自然・社会増減と，東京圏の社会増減を示した模式図である。[2]ここでの地方圏・東京圏の社会増減の対応する関係性は，都市・農村関係における対立の大きさとして捉えることができる。

　1950年代後半からの高度成長期は，農村から都市への人口移動を引き起こした。その要因は，産業構造の転換である。急速な重化学工業化やそれに伴う都市化をはじめ，エネルギー革命による製炭業の衰退などが挙げられる。これらの急激な変化が人口移動，とりわけ農家の次三男をはじめとする労働力の地すべり的とも称される流出を引き起こした。社会増減を見ると，1961年には地方圏が−65.1万人の社会減，翌62年には東京圏が38.7万人の社会増と人口移動のピークを迎えている。重化学工業への労働供給は，当時の豊富な生産年齢人口とともに「人口ボーナス」期をもたらし，高度成長を支えた。

　こうした重化学工業化による農工間の格差に対応すべく，まず農業基本法が制定された。これに基づく農政は，農家規模拡大を図るための構造政策を実施したが，実際には農家の兼業化と，規模拡大が困難な中山間地域での挙家離村が進んだ。こうした変化は，換言すれば農民の賃労働者化である。農政の期待した担い手への農地集積による規模拡大は困難に直面し，農村の農業生産基盤は弱体化していくことになる。

　他方，地域間の不均等発展に対応するため，国土・地域開発政策として「国土の均衡ある発展」を標榜する全国総合開発計画（全総）が策定された。全総

図7-1　人口移動からみた都市・農村関係（模式図）

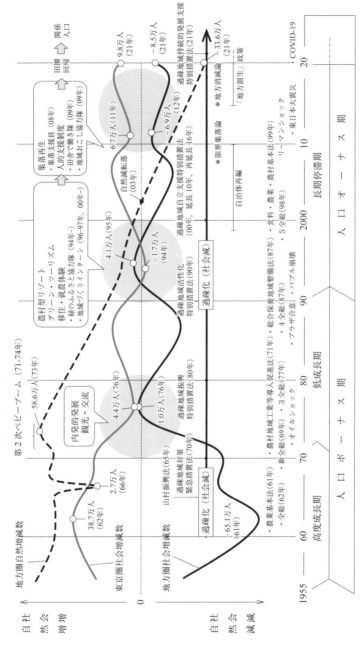

出所：筆者作成。

注：東京圏は埼玉・千葉・東京・神奈川、地方圏は東京圏・大阪圏（京都・大阪・兵庫・奈良）・名古屋圏（岐阜・愛知・三重）を除いた道県をそれぞれ示す。自然増減数は厚生労働省「人口動態統計」、社会増減数は総務省「住民基本台帳人口移動報告」を用いている。

では「拠点開発」，後続の新全総では「大規模プロジェクト」という開発方式を掲げ，工業拠点の整備や地方分散，道路を中心とした社会資本整備による地域開発がおこなわれた。もっとも，こうした地域開発は高度成長をアシストするものであり，対立を根本的に解決するものではなかったうえ，道路の整備はむしろストロー効果により人口流出を促進した。

　農村から都市への人口移動は，農業の近代化とともに，かねてより問題化していた農村過剰人口を解消したとも言えるが，農業生産基盤や地域社会の存続を揺るがした。こうした問題を過疎化という。過疎化は農村の社会問題として1960年代後半より問題提起され，過疎対策として山村振興法や過疎地域緊急対策措置法（時限立法であり10年ごとに見直し）などの制定の契機となった。

（3）対抗軸としての交流

　オイルショックを契機とする高度成長の終焉により1970年代前半から低成長期に入ると，人口の地方還流（UJターン）も生じて，急激な都市への人口移動が収まりを見せはじめる。1976年の社会増減を見ると，地方圏は1.0万人と社会増，東京圏は4.4万人と社会増になっており，その差は大幅に縮小している。ただしそれは，都市からの労働力需要が減少したことや，農村地域工業等導入促進法の制定によって農村工業化が進んだことなどの裏返しでもある。

　この時期，3全総の掲げた地方の生活圏の確立を含む「定住構想」や当時流行しつつあった「地域主義」の思想などに見るように，高度成長期の開発政策からの転換がめざされた。農村では，先に見た全総などの国土・地域開発政策や農村工業化などの外来型発展に対抗し，地場農産物の生産による所得確保などの地域振興策が地域的に展開され，後に自治体レベルの地域政策に取り入れられるようになった。それらは内発的発展として知られている。それに加えて，脱都会としての農村回帰の動き（Iターン）が生じたり，農村が都市にとっての観光・レクリエーションの対象として見直されたりするなど，都市と農村との交流が見られるようになった。

　しかし，1980年代から経営の合理化やME化による技術革新によって国内産業構造は転換し，プラザ合意による円高の進行は国内生産拠点の海外移転を促進させる。こうした変化は，地方の製造業とそれに従事する農村の兼業農家

に打撃を与えた。また，農産物輸入のさらなる拡大は国内農業を圧迫し，兼業農家を含めた総農家数が減少した。対して都市では，急激な株価・地価の高騰によるバブル経済に沸き立ち，農村とは対照的な姿であった。

　先に見た都市・農村の交流は，4 全総や総合保養地域整備法の下での民間活力を利用した地方の大規模リゾート開発として政策的に展開され，バブル経済崩壊とともに頓挫したが，1990年代には小規模の農村型リゾートやグリーンツーリズムへと転換した。同時期に，地球緑化センター「緑のふるさと協力隊」や旧国土庁「地域づくりインターン」など，都市から農村への一時的移住や就農体験といった取り組みが広がりを見せた。この頃の社会増減を見ると，1994 年には東京圏が−1.7万人と社会減に，翌95年には地方圏が4.1万人の社会増となっており，逆転現象が起きている。政策としては，5 全総が農村を「多自然居住地域」として位置づけ，食料・農業・農村基本法（新基本法）が農村振興や都市・農村交流の促進を明記した。70年代の交流段階と比べると，制度・政策的なバックアップが充実しはじめたと言える。

（4）対抗軸としての協働

　ところが，1990年代以降の世界を席捲するグローバリゼーションの広がりは，農村にも多大な影響を与えた。WTO（世界貿易機関）の発足による本格的な自由貿易体制は，市場原理主義に基づく農業・農村の再編を求めた。先の政策的な都市・農村交流の促進は，再編要求に基づく規模拡大が困難な農業・農村への対策ともいえる。加えて，行財政改革の一環として2000年代に推進された市町村合併は「平成の大合併」と称されるほどの大規模な自治体再編がなされた。合併による基礎自治体の拡大は，旧市町村部を辺境化させ，公共サービスの質が著しく低下した。また，小泉政権による「三位一体改革」や大都市圏の都市再生などの新自由主義的な構造改革もまた地方を疲弊させ，大都市と地方の格差を拡大させた。

　この頃の都市・農村の対立を象徴するのは，2000年代半ばの「限界集落論」と2014年の「地方消滅論」であろう。「限界集落論」は中山間地域における人口減少と高齢化による生活困難を，「地方消滅論」は人口再生産の不全による自治体の維持困難を問題提起した。90年代初頭には，すでに中四国地方など

の地域人口の自然減への転落によって過疎問題は新たな段階に突入しはじめており，加えて05年には戦後初の総人口減少を記録したことから，人口問題が表出した時期といえる。また，農村における人・土地・ムラの「空洞化」，すなわち，人口減少・耕作放棄地増加・集落機能低下が指摘された（小田切 2009）。あらためて都市・農村の対立が浮き彫りになった時期でもあった。

　こうした対立を緩和・克服しようとする動きとして注目すべきは，リーマン・ショックや東日本大震災といった当時の危機的状況を経て，都市の人々，特に若者の主体的な地方・農村への移住が見られるようになったことである。確かに，2011〜12年頃には東京圏と地方圏の社会増減の差は縮小している。こうした潮流は「田園回帰」と呼ばれている。1990年代の移住・就農体験の取り組みに影響を受けた総務省「地域おこし協力隊」や農水省「田舎で働き隊」という農村への人的支援制度を活用した移住が見られるようになり，田園回帰を後押ししたという側面もある。また，総務省「集落支援員」など，集落やコミュニティの再生を重視する政策動向もふまえると，都市・農村の対立への新たな対抗軸は，地域内外の人々の協働として位置づけることができる。

　都市・農村関係は，戦後日本資本主義の展開とそれに伴う人口問題によって対立が依然として続いている一方で，対立を緩和・克服するための対抗軸として新たな関係性を構築してきた。本章の主題でもある「関係人口論」も，次節で述べるが，都市・農村関係の協働段階の延長上に位置する。

2　都市・農村関係としての「関係人口論」

（1）「関係人口論」の展開

　2010年前後からの田園回帰の潮流は，単なる都市から農村への人口移動だけでなく，移住の質的な側面が注目された。移住（人口移動論的田園回帰）によって生ずる移住者と定住者による地域づくりをおこなうような関係性（地域づくり論的田園回帰）や，移住・定住という枠組みを超えた関係性（都市農村関係論的田園回帰）があるとされ，こうした動向は広義の田園回帰として位置づけられている（小田切・筒井 2016）。

　都市・農村に協働的な関係性が形成される中，地域づくりの当事者らによっ

て「関係人口」という語が登場した（高橋 2016，指出 2016）。この影響を受け
て，事例報告と学問的な視点からの整理がなされた（田中 2017，小田
切 2018b）。さらに，各省での政策立案過程において取り上げられ，第2期
「地方創生」や2020年「食料・農業・農村基本計画」などに取り入れられるこ
ととなった。政策化の過程の中で，関係人口の定量的な把握が試みられ，国交
省の調査によれば，地域に直接訪問する関係人口が三大都市圏に約861万人も
存在するとのことである（国土交通省「ライフスタイルの多様化と関係人口に関す
る懇談会最終とりまとめ」2021年3月）。

　このように，当初は田園回帰の潮流の延長上において運動論として展開され
ていく中で，政策論としても具体的に検討されてきたのである。本章では，こ
うした一連の関係人口に関わる議論を「関係人口論」として一括しておく。[3]

（2）関係人口とは何か

　関係人口とはどのような概念だろうか。当初の運動論としての「関係人口
論」において共通するのは，定住人口と交流（観光）人口の中間に位置する，
地域に関心を持ち，地域に関与する人々という認識である。田園回帰の文脈か
ら，「地方部に関心を持ち，関与する都市部に住む人々」（小田切 2018b：14）
として整理された後，社会学的な視点から「特定の地域に継続的に関心を持ち，
関わるよそ者」（田中 2021：77）として定義された。図7-2は，「関係人口論」
に依拠した関係人口の概念図であり，地域に対する関心・関与を軸とした関係
性が段階的に深化すること（関わりの階段）を描いている。単発的な観光など
をきっかけに地域での交流・体験イベントや地域づくり活動等に参加・体験し，
地域への関係を継続的に持つようになり，地域課題の解決や地域づくり活動に
主体的に携わる関係性を形成していくと考えられる。[4]それは，体験→協働→地
域サポートのような関係性の深化であると同時に，関係人口の主体性の変化で
もある。参加者から主催者へと変化していくことをイメージすればよい。こう
した関係性の深化や主体性の変化が移住の契機となり，結果的に定住人口とな
ることがある。また，あえて定住せずに地域から去る「風の人」も存在する。
むろん，定期的な地域への訪問・観光や特産品の購入，実際に訪問することな
く「ふるさと納税」等で完結するような関係性であってもかまわない。こうし

た関係性・段階性という概念的把握は，直覚的に理解しやすく，広がりを見せている。

　一方，政策論としての「関係人口論」は，政策の業績指標としての関係人口の定量的把握が求められることもあり，地域への訪問を前提とする関係人口が重視されている。国交省は，血縁・地縁関係者を除いた関係人口を「訪問系」と「非訪問系」に分け，さらに「訪問系」を地域づくり・おこし（産業創出や資源保全活動など）に携わる「直接寄与型」，現地就労やテレワークによる「就労型」，地域イベントや体験プログラムなどに参加する「参加・交流型」，地域での飲食や趣味活動の「趣味・消費型」に分類している（国土交通省，前掲資料）。こうした把握を受け，「地方創生」政策等で，関係人口を創出し受け入れる自治体・民間事業者に対する支援が実施されはじめている。

　また，運動論・政策論に共通して，地域づくり・地域おこし活動，とりわけ地域課題解決のために地域資源を活用した価値創造活動が重視される傾向にある。たとえば，空き店舗や空き家にコミュニティスペースとして飲食店や直売所，ワーキングスペースなどを設けることで定住者や観光客との交流を創出しつつ，農業や地場産業への従事や商品開発，情報発信などを通じた地域づくり・地域おこしが想定されている[5]。こうした地方・農村地域で取り組まれる価値創造活動をローカルイノベーションと呼んでおく。

図7-2　関係人口の概念図

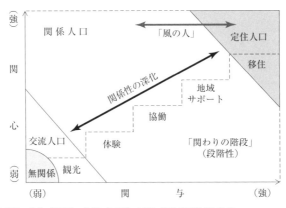

出所：小田切（2018b），筒井（2018），作野（2019）を元に筆者が再構成し作成。

（3）「関係人口論」の意義と限界

　人口減少下において，自治体の人口増加を至上命令とすれば，他の自治体との移住者獲得競争を引き起こすだけでなく，長期的に見ればマイナスサムゲームとなる。「関係人口論」は，移住・定住を前提としない都市・農村関係を肯定し，それを人口として位置づけることで，従来の固定観念のごとき人口観を転換させたことに積極的な意義がある。ただし裏を返せば，地方・農村地域への移住による人口増加が非現実的であり，都市・農村ともに労働環境とライフスタイルの転換が容易ではないということを突きつけられたことによる地域政策の転換であり，消極的な意義である。

　ところで，「関係人口論」は，地域への関わり方や関係性に焦点を当てたことで，地域内外の人間関係や人的なネットワークによる社会関係資本（ソーシャル・キャピタル）の構築・蓄積の重要性があらためて提起された（田中 2021）。また，地域との関わりを経て構築された協働的な関係を構築することや，地域課題解決の手段として地域資源を活用したイノベーティブな活動をおこなうことの「価値」を人々が認めはじめている。こうした認識が，関係人口の地域再生への具体的な関わり方を示唆しているといえるだろう。[6)]

　一方，「関係人口論」の限界についても指摘しなければならない。関係人口を人口として位置づけたことは，定量的な把握が可能であるという認識を与えた。むろん，国交省の調査によって，都市圏の居住者の一定数が関係人口であることが判明したことは，政策展開において重要な現状把握であった。しかし，関係人口が従来の移住・定住人口に置き換わり，関係人口の増加という本末転倒な政策目標の設定につながりかねない。定量化の部分否定と同時に，いかに関係人口の存在を把握し，具体的な施策を講じていくか，という課題が生じてくる。他方では，関係人口の最終的な段階として移住・定住を見据えている。したがって，関係人口は，人口として扱われることを否定しながらも，人口に転化することを期待されている。こうしたことが，「関係人口論」の両義性であって，政策的に位置づけることの難しさを意味している。

　また，本来ならば関係人口の地域との関わり方は多様であり，そうした関係性を肯定するものであるはずだが，「関係人口論」が地域課題解決のためのローカルイノベーションに傾倒し，ある意味ではモデル化していることに注意を

払いたい。現状，関係人口として地域に関わる人々は，従来のライフスタイルの転換を決断でき，地域に関心を持ち関与する時間・金銭・精神的な面で余裕のある階層であることが推察できる。仮に，政策や資本がそうした階層の人々を対象として関係人口として誘導すれば，ジェントリフィケーション（富裕化）をもたらし，もともとの定住者や移住者，意図にそぐわない関係人口を排除することも考えられる。長らく農政が構造政策によって規模拡大のための農地流動化・集積をおこなってきた経過がある以上，農村を資本適合的な形態につくり変える可能性を否定できない。都市・農村関係や「関係人口論」が政治的意図や資本の論理によって恣意的に扱われないようにしなければならない。

3　地域再生のオルタナティブ——若干の展望

　戦後日本の都市・農村関係から「関係人口論」を見てきたが，地域経済学の領域においては，学問的水準には到達しているとはいいがたい。しかし，現段階の「関係人口論」が示す概念やそこから考えられる意義と限界は，発展途上ながらも，地域再生に対して示唆を与えてくれる。以下，関係人口と地域再生に関わって，若干の展望を述べて本章を終えることとする。

　「関係人口論」は，地域との多様な関わり方を認めているが，政策論的な視点における限界の一つは，最終的に移住・定住に至ることを期待している，あるいは期待せざるをえないということである。すでに指摘したとおり，人口減少が前提となる社会が現実となりつつあるなかで，定住人口の増加のみに一縷（いちる）の望みを託すことはできない。重要なのは，地域内外の流動性を高めることである。たとえば地域内外を自由に出入りする「風の人」のような存在が，地域内外の人・モノ・カネ・情報の流動性を高めていくのである。それは同時に，農村の否定的側面である閉鎖性や保守性を乗り越える契機となる。

　流動性の高い地域では，次のようなことが想定できる。一つは，"アジール"としての機能，いま一つは，"インキュベーター"としての機能である。アジールとは，消極的な意味ではなく，誰でも出入りできる逃避地帯という意味として理解すればよい。都市での生活や労働に疲弊したり，様々な事情を抱えたりしている人々を広く受け入れるのである。またインキュベーターとは，一般的には起業支援のしくみを指すが，それだけでなく，生業づくりや地域課題解

決のシステムづくりなど，幅広く受け入れることを意味する。こうした機能によって，関係人口を含む流動性は高まり，都市とのフラットなつながりを形成していく。むろん，流入してきた都市部の人々が，インキュベーター機能によって起業した後に流出してもかまわない。その過程で蓄積された技術や情報，システム，人間関係は，地域の共有財産として引き継がれ，活用される。こうした機能を持つ地域を一つの機能体，より具体的に言えば"地域再生プラットフォーム"として位置づけよう[7]。

このプラットフォームは，定住者や移住者，関係人口を構成員とし，かつ既存の自治会・町内会や地域運営組織といった地域コミュニティの議論を統合した，地域再生に特化した連帯経済の一形態である。重要なのは，関係人口のような都市・農村関係の下で自然と人々が集まり，つながるネットワークであり，そうした人々が持つ地域で生活する権利の追求という目的・問題意識である。それは住民自治や住民主権という「下から」の民主主義の実現やガバナンスの成立とも強く結びつく。こうしたプラットフォームの形成は，積極的な意味での地域コミュニティの再編成であって，人々の連帯（より意識的に言うならば「アソシエーション」となるだろう）を生み出す可能性を持つ。

グローバリゼーションやGAFAのようなプラットフォーム企業による独占支配を資本主義の現段階とするならば，そうした資本の論理に対抗する手段こそ，いま見た"地域再生プラットフォーム"の連帯経済であろう。もっとも，現代のサプライチェーンや最先端技術を全否定することはできない。むしろそれらを自らハンドリングしつつ，資本と対峙していくことが重要となる。

以上の展望は，楽観的だという謗りを免れないだろうが，あらためて本章で「関係人口論」を戦後日本資本主義の展開に基づく都市・農村関係の上に位置づけたのは，"地域再生プラットフォーム"のような展望論を含め，関係人口が都市・農村の対立の廃止や連帯という歴史的役割の一端を担う可能性を秘めているからである。関係人口を単なる現象として捉えるのではなく，現象の本質を理解することが，「関係人口論」のさらなる発展の鍵となる。

註
1) 都市・農村関係，特に農村から見た対立関係とその変容を検討するうえでは，戦後日本資本主義と農政をめぐる展開が主たる論点となる。本章ではそのすべ

てを網羅することはできないため，暉峻（2003），田代（2012）等や，概略的に整理した藤井（2020）を参照。都市・農村関係の「交流」と「協働」という視角については橋本ほか（2011）を参照。

2) 自然増減数とは，出生数から死亡数を引いた数であり，死亡数＜出生数ならば「自然増」，出生数＜死亡数ならば「自然減」と言う。また，社会増減数とは，転入数から転出数を引いた数であり，転出数＜転入数ならば「社会増」，転入数＜転出数ならば「社会減」と言う。

3) 「関係人口論」の詳細な展開は藤井（2021）で整理している。

4) 小田切（2018b）は，関わり方の深化のモデルとして，無関心の状態から，特産品購入→「ふるさと納税」による寄付→頻繁な訪問→2地域居住へと段階を踏み，最終的には移住・定住に至るケースを示している。

5) 具体的な事例を提示する紙幅がないため，田中（2017，2021）による事例報告や，雑誌『ソトコト』（『別冊ソトコト』2019，『ソトコト』2020）を参照。

6) ただし，関係人口を地域再生の主体として位置づけるには，まだ不十分である。地域再生の目的は地域社会・経済を維持しつつ持続可能な形態につくり変えることであって，もともとの定住者である地域住民なしには成立しえない。一般的に，主体として位置づけられるのは，地域住民である。外部からのアクター（移住者や関係人口）はむしろ，彼らが持っている外部の技術や情報などを地域に流入させて地域住民に影響を与え，新たな作用を引き起こす役割を持つ者としてみなされる。近年の小田切・橋口（2018）による，外部アクターと人的なネットワークによる「新しい内発的発展論」の議論をふまえながら「関係人口論」と接続し，地域再生の主体形成を論じていく必要があるだろう。

7) 現在，COVID-19の影響により，リモートワークの普及などを含め，労働環境・雇用形態が転換しつつあることから，地方移住や企業の地方移転も現実味を帯びてきている。また，農政においても，「食料・農業・農村基本計画」（2020年）の下，農水省「新しい農村政策の在り方に関する検討会」では「農村地域づくり事業体（農村RMO）」や「農的関係人口」などが取り上げられた。こうした背景をふまえて，"地域再生プラットフォーム"という地域再生主体を提起している。なお，アジールとインキュベーターという機能は，編者の加藤光一氏との議論の過程で提起したものである。

第 8 章

地域産業としての酒造業
―――ローカル酒造業・グローバル酒造業―――

石川啓雅

はじめに

　われわれは，社会生活を営むために，他人が生産したモノや他人の行為を必要とする。お互いがお互いに必要とするものを手分けして生産することを経済学では「社会的分業」と呼ぶ。そして，社会的分業によって生産されるモノや行為のことを「財・サービス」と言う。現代社会では，その財・サービスのほとんどが「商品」として生産され，販売され，消費される。商品として生産・販売されるということは，「貨幣」を間に挟んで，他の誰かが生産したものと交換されることを意味する。社会生活に必要な財・サービスが商品として生産・販売され，お互いが必要とするモノを補い合う仕組みは「市場経済」と呼ばれている。われわれはこの市場経済というシステムの中で生きていることになるわけだが，市場経済の中で営まれる経済活動は今や国境を越え，地球規模でおこなわれる。われわれがふだん持ち歩いているスマートフォンにしても，生存に欠くことのできない食料にしても，国境をまたいで生産され取引されている。品目によっては地球の裏側から運ばれてくることも珍しくはない。世界中を大混乱に陥れている新型コロナウイルスのパンデミック（爆発的感染）にしても，地球温暖化に起因するとされる異常気象の頻発にしても，経済のグローバル化が大きく関わっている。

　しかしながら，経済のグローバル化といえど，財・サービスの生産と消費は一定の「場所」ないし「地域」を必要とする。商品それ自身は地域を越えて移動する（≒取引される）とはいえ，財の大半は「形のある」ものだし，デジタ

ル化が進んで時と場所を選ばずに恩恵を受けられるサービスにしても，サービスを生み出す基になっている労働は消費地ではない別の地域でおこなわれているというだけの話だ。

　本章では，経済のグローバル化や情報化が進みつつある中で，地域と関わりが深い産業である酒造業，具体的には「日本酒」を生産する清酒製造業を題材に，経済活動と地域の関係について考えてみたい。

1　土地（地域）と結びついた経済活動──「地域産業」としての酒造業

　先ほど，人間が生きていくために必要なものを手分けして生産することを「社会的分業」と呼ぶとした。社会的分業は農業生産をAが，工業生産をBがおこなうというように，特定の人間あるいは組織（人間集団），あるいは特定の地域が一定の経済活動を担う状況を指す。その際，農業や工業といった分業を成り立たせている経済活動の総称を一般的に「産業」と言う。そして，この産業は，生産している財・サービスの種類や生産の特質・内容等によって分類される。そこで，まず酒造業がどのような産業であるかを整理しておきたい。

　経済活動の比重が農林水産業や鉱業のように自然を相手にするものから，製造業，そして非製造業へ移行していくことを「産業構造の高度化」と呼ぶ。そして，その第一局面を「近代化」あるいは「工業化」と言い，第二局面を「サービス化」と言う。後者は「情報化」または「脱工業化」とも言う。このプロセスは洋の東西，地域を問わず進行する歴史的な経験法則として知られているが，これはいったい何を意味するのだろうか？　通常は，財・サービスの生産力が量質ともに拡大し，豊かで便利な社会が形成されていく状況を示すとされているが，このプロセスは実は経済活動が「土地や自然から次第に切り離されていく」ことを意味している。たとえば，農業にとっては土地や自然は生産物の量や質を直接左右するという意味で決定的であるが，製造業にとっては，土地は生産活動をおこなうための物理的空間として必須ではあるものの，生産物の量や質を左右しない。それに気象や季節の影響も間接的である。非製造業，たとえばインターネット技術によってサービスを提供するような産業に至っては，環境はもちろんのこと土地すら物理的空間として意味を持たなくなってきている。したがって，産業構造の高度化のプロセスは，経済活動が土地自然か

ら切り離されていくことを物語っている。[1]

　この観点から見ると，酒造業を含む食品工業は「土地自然に規定された農林水産業の生産物を原料にする一次加工」という点で，同じ製造業であっても，金属工業，化学工業，機械工業とはその性格を異にする。これらの産業は原料や生産資材について，その土地のものであることを前提としない。土地から切り離された生産物を使ってさらに土地から切り離されたものを生産する産業である。したがって，重化学工業は特定地域に集中し，軽工業は比較的分散する傾向があり，その状況は，各製造業の土地からの乖離の度合いを表していると理解することもできる。生産物の販売面から見ても，立地が分散しているということは，マーケットもまた土地を前提とせざるをえないということでもある。

　酒造業の特徴として，「地方分散性」と「土地に強く規定されている」という意味で，地域産業（著しく地域性を帯びた産業）としての側面が浮かび上がる。

2　地域産業と酒造業──清酒製造業の２類型

　それでは，土地に規定され，地方分散性を示す地域産業としての酒造業の構成を見ておきたい。

　表8-1は清酒製造業者の数や生産量等を都道府県と生産量規模に分けて整理したものである。都道府県については，生産量上位10県とそれ以外に分けて整理した。生産量で上位地域を抽出したので，まず生産量を見ると，2017年の生産量約39.4万kℓのうち兵庫県〜広島県の上位10県が７割以上を占め，うち兵庫と京都が半分以上を占める。３番目に生産量の多いのは新潟県となっているものの，２地域との差は歴然である。つまり，生産量の面から言うと，兵庫県と京都府がいわゆる主産地を形成している。酒造業については昔から「桶取引」と呼ばれる生産の受委託がおこなわれ，生産量と販売量の乖離が指摘されるので，販売量も見ておくと，順位，シェアは生産量にほぼ近似しており，県境をまたいでおこなわれる形での原酒の取引は少なくなっているようである。[2]ただし，このことは，受委託自体が不要になったことを意味するものではないことに留意しておく必要がある。というのは，大手業者にあっては，設備投資や在庫リスクを低減するという意味で，「造る」より「買う」ことが合理的だし，中小にあっては，設備の稼動率を引き上げて少しでも収入を得るう

表8-1　清酒製造業者の構成（2017年）

			企業数			生産量 （製成数量）		販売量 （課税移出数量）		生産量/ 企業
			者	者	シェア	kℓ	シェア	kℓ	シェア	kℓ
都道府県別	兵	庫	68	（2）	4.9	100,599	25.5	134,499	25.9	1,479.4
	京	都	38	（3）	2.8	84,706	21.5	117,745	22.7	2,229.1
	新	潟	89		6.5	33,087	8.4	41,783	8.1	371.8
	埼	玉	33	（4）	2.4	15,798	4.0	20,892	4.0	478.7
	秋	田	38	（3）	2.8	15,021	3.8	19,888	3.8	395.3
	愛	知	42		3.0	11,376	2.9	14,769	2.8	270.9
	千	葉	35		2.5	10,567	2.7	12,905	2.5	301.9
	福	島	59	（2）	4.3	10,315	2.6	12,868	2.5	174.8
	長	野	75		5.4	7,289	1.8	10,583	2.0	97.2
	広	島	41	（2）	3.0	6,978	1.8	10,332	2.0	170.2
	小	計	518	（16）	37.6	295,736	74.9	396,264	76.4	570.9
	上記以外		860	（14）	62.4	99,069	25.1	122,085	23.6	115.2
生産数量規模別	100kℓ以下		945	（30）	68.6	24,318	6.2	47,017	9.1	25.7
	100 ～ 200		190		13.8	25,486	6.5	30,544	5.9	134.1
	200 ～ 300		63		4.6	13,723	3.5	16,759	3.2	217.8
	300 ～ 500		73		5.3	25,453	6.4	29,277	5.6	348.7
	500 ～1000		58		4.2	38,235	9.7	42,528	8.2	659.2
	1000～2000		21		1.5	29,277	7.4	38,402	7.4	1,394.1
	2000～5000		15		1.1	47,138	11.9	53,855	10.4	3,142.5
	5000kℓ超		13		0.9	191,175	48.4	259,967	50.2	14,705.8
	計		1,378	（30）	100.0	394,805	100.0	518,349	100.0	286.5

出所：「清酒製造業の概況（平成30年度調査分）」（国税庁課税部酒税課 2020）より作成。
註：（ ）は共同びん詰，集約製造で内数である。

えで必要であり，「地域の銘柄」を存続させるための手段ともなるからである。それゆえ，生産量と販売量の乖離の縮小は桶取引が意味を持たなくなったことを示すわけではない。次に企業数を見ると，生産量とは反対の構図になっている。自醸をしない業者の数字も含まれるが，生産量上位10県の業者数は約4割にとどまり，生産量の半分近くを占める兵庫と京都は1割にも満たない。つまり，酒造業は1割にも満たない地域の業者が生産の半分近くをシェアしているわけである。重要なのは，この状況が生産規模に対応する点だ。生産規模別の事業者数と生産量の構成を見ると，企業数では1％に満たない5000kℓ超が生産の約半分を占めており，ざっくりとした対比ではあるが，兵庫と京都が生産量の大半を占めるという構成に対応する。そこで，一企業当たりの生産量を確認すると，兵庫・京都とそれ以外の地域という両極を示し，この2地

表8-2　清酒の販売状況

(単位：%)

	生産量/販売量 (2019年)	販売数量内訳（2017年）		他局	特定名称酒割合 (2019年)
		自県＋自局	自県		
兵　　庫	512.0	32.6	16.1	67.4	17.0
京　　都	595.3	29.7	8.5	70.3	13.1
新　　潟	170.3	61.2	53.4	38.8	67.7
埼　　玉	69.6	32.5	23.5	67.5	13.5
秋　　田	211.4	44.8	28.3	55.2	46.9
愛　　知	52.2	50.7	41.8	49.3	17.6
千　　葉	32.8	65.3	19.2	34.7	8.1
福　　島	96.3	51.8	46.2	48.2	56.8
長　　野	64.0	66.2	63.6	33.8	53.9
広　　島	60.3	68.6	60.2	31.4	47.3
計	180.2	39.6	23.3	60.4	25.7
上記地域以外	34.6	66.7	53.7	33.3	44.2

資料：「国税庁統計年報（令和元年度）」「清酒製造業の概況」（国税庁課税部酒税課, 2020），（株）日刊経済通信社『酒類統計年報20－21年版』（2020）より作成。
註：生産量/販売量は「国税年報」，特定名称酒割合は「酒類統計」，販売量内訳は「生産概況」より算出。

域以外では，生産量上位の県でさえ，生産量の少ない中小規模業者がかなり多いことがうかがえる。地域差が生産規模の格差となっているという構図が確認できる。そこで，このことに関わって，表8-2で販売の状況を確認すると，兵庫，京都，新潟，秋田の4県を除いて自県生産量が販売量を下回り，販売先の構成は自県と監督指導を受けている地方国税局管内，つまり自県＋近隣諸県が半分以上を占める地域がほとんどである。しかも，その自県＋近隣諸県もその大半は自県販売である。生産量が上位10県の中でさえ，長野や広島のように自県販売が5割を超える県がある。第3位の新潟も半分は自県内への販売である。ゆえに，酒造業の多くは，地方を中心に小規模酒造業者が多く，販売についても地元＋近隣地域に足場を置いている。ちなみに，表には高級酒とされる特定名称酒の販売割合も示しているが，兵庫と京都，三大都市圏の埼玉，千葉，愛知は低位である。したがって，兵庫と京都，5000kℓ超が生産量の半分を占める構成はそのまま市場の寡占状況を意味するものではないことを併せて指摘しておきたい。[3)]

かくして，生産販売に関する諸指標を眺めてみると，酒造業の大きな特徴と

して，地域間，とりわけ兵庫・京都の2県とそれ以外の間に著しい生産量の格差があり，この格差が企業の規模格差と連動していること，圧倒的大部分が地元販売を前提にしたローカル色の強い酒造業者から構成されることを指摘しないわけにはいかない。兵庫・京都の酒造業と一部の地域は，県内生産量が県内消費量を大きく上回る移出県で，市場の多くを地元外に依存する。図式的にはなるが，酒造業は全国市場なり広域販売を前提とする少数の大規模業者と，ローカルな地元市場を前提にした多数の小規模業者に分かれ，両者の間には大きな断層が横たわる。

3　地方小規模酒造業の経済構造

　したがって，地域産業という観点から酒造業の担い手を問題にしたとき，大規模業者ではなくて小規模業者に目を向けざるをえない。もちろん，兵庫や京都の大手酒造業者クラスとはいかないまでも，近代的で機械化された設備を整え，全国市場への移出や輸出に積極的な中規模業者も地方にはある。これらの中規模業者も地域産業の重要な担い手ではある。しかしながら，圧倒的に数が多いのは，突出した設備も全国的な知名度もない小規模業者である。こうした普通の小規模業者の存在によって日本酒の魅力である銘柄の多様性が維持されていることを考えると，生産量は少ないが，業者数で8割近くを占める100kℓ以下，100〜200kℓの小規模業者の存在はかなり重い。

　そこで，これらの小規模酒造業者がいかなる生産販売をおこなっているのかを見るために，製造方法，労働力編制，販売対応の3点に関わる指標を表8-3に整理した。

　まず，製造方法については，そのほとんどが冬季生産（冬季蔵）である。酒造業は微生物の働きを借りて生産をおこなう。微生物が原料である米をアルコールに変える。このプロセスを安定・安全におこなうためには，腐敗の危険性が小さく，発酵のコントロールがしやすい冬季に生産をおこなうのが昔からのやり方となってきた。マーケットがあることを前提としての話であるが，短期間に多量の労働と資金の投下を必要とすることは別にしても，この方法は生産が冬季に限られるため生産拡大の制約となってきた。生産が自然に左右されるわけである。したがって，こうした状況を克服して通年生産をおこなえるよう

表8-3　清酒製造業の生産・販売状況（生産数量規模別，2017）

			合計	100kℓ以下	100~200	200~300	300~500	500~1000	1000~2000	2000~5000	5000kℓ超
装置化状況	現在製造能力	四季蔵　者	76	24	5	5	10	14	4	4	10
		三季蔵　者	179	44	39	17	27	25	17	8	2
		冬季蔵　者	860	614	146	41	36	19		3	1
		計　者	1,115	682	190	63	73	58	21	15	13
	生産性指標	稼働率　%	45.6	22.8	36.7	34.4	44.3	37.4	37.6	52.2	59.5
		付加価値額　千円/人	5,810	3,486	4,898	5,922	7,815	4,291	4,878	9,317	10,750
		労働装備率　千円/人	12,987	8,863	8,006	7,934	12,847	10,052	15,457	32,761	21,654
		製成数量(20度)　kℓ/人	55	11.0	25	30.0	33.0	51.0	59.0	64.0	238.0
労働力編制	清酒製造業従業員	製造部門　人	7,143	1,743	1,013	668	691	823	370	703	1,132
		酒造季節　人	1,702	435	232	139	215	172	95	237	177
		詰口・一般管理販売部門　人	12,666	2,297	1,633	1,278	1,079	1,790	956	743	2,890
		小計　人	19,809	4,040	2,646	1,946	1,770	2,613	1,326	1,446	4,022
	1業者当たり	製造部門　人	6.4	2.6	5.3	10.6	9.5	14.2	17.6	46.9	87.1
		酒造季節　人	1.5	0.6	1.2	2.2	2.9	3.0	4.5	15.8	13.6
		詰口・一般管理販売部門　人	11.4	3.4	8.6	20.3	14.8	30.9	45.5	49.5	222.3
販売対応		卸売タイプ　者	131	41	21	12	14	20	8	8	7
		小売タイプ　者	330	279	28	6	15	1	1		
		卸・小売タイプ　者	563	362	112	33	32	18	3	3	
		おけ売タイプⅠ　者	20	4	4	1	3	4	2	1	1
		おけ売タイプⅡ　者	15	8	2	1	1	2			1
		混合タイプ　者	55	29	9	3	3	4	2	3	2
		小計　者	1,114	723	176	56	68	49	16	15	11

資料：「清酒製造業の概況」（国税庁課税局酒税課 2020）より作成。
註：労働力編制については，原資料では「販売数量規模別」で整理されており，生産数量規模別は一致しない。
　　しかし，未納税移出入は少なくなっているので，ほぼ＝として扱った。

にすること，すなわち四季生産をおこなえるようにすることが「酒造業の近代化」の課題とされてきたわけだが，[4]腐敗を防止する安全醸造の方法が確立され，発酵の環境をコントロールする制御装置や施設も開発されている現代においても冬季生産が多いのは，酒造業の大部分を占める小規模業者にとっては，そのような状況にはないということである。それは，生産性指標（一人当たり付加価値額，付加価値率，一人当たり製成数量）を見ても明らかだ。規模が小さくなるほど低下する。もちろん，小規模酒造業者は数が多いので四季生産（四季

蔵）をおこなう企業の数も多い。しかし，当該階層に占める割合は低く，階層
ごとに見ると規模が大きくなるほど四季生産の割合が高くなる。それなりの設
備投資が要ることを考えると，小規模酒造業における四季生産には労働力不足
への対応から生産時期をやむなく分散させているものも含まれる。労働力につ
いては，当然ではあるが少ない。製造部門に従事する人数は100kℓ以下で2.6
人，100～200kℓで5.3人である。機械化一貫体系による装置化にはほど遠いが，
一部は装置化され，使用する道具もかなり機械的なものに置き換わっているの
で作業は昔に比べて省力化されてはいるのであろうが，基本的に作業は2人
1組でおこなわれるので，とても生産を拡大できる状況ではない[5]。また，規
模の大きな酒造業者では商品化・価値実現を担当する部門である詰口・販管部
門の従業者の比重が高まるのに対して，小規模業者ではその比重が低くなる傾
向がある。平均の数字であるから，企業によっては製造と兼務というところも
少なくないだろう。最後に，販売対応だが，小規模酒造業の場合，自ら直接販
売する小売タイプと問屋にも販売する卸・小売タイプが多く，規模の大きい階
層に比べると直接販売の比重が高い。これは地元市場での販売を反映したもの
であろう。販売戦略というより，地元で販売する以上の量をつくれないし，つ
くれる状況にもない反面，数量的にある程度自分で販売できるということなの
かもしれない。

　なお，規模の大きな酒造業者では商品化・価値実現を担当する部門である詰
口・販管部門の従業者の比重が高まるとしたが，200～300kℓ付近から製造部
門との乖離が大きくなる。労働装備率の階層間の推移と突き合わせると，200
～300kℓあたりが酒造業内部において事業が家業・生業的なものであるか企業
的なものであるかの分かれ目なのかもしれない。

4　酒造業のグローバル化――その意義と限界

　ところで，今，国や産業界を中心に，日本酒の「輸出産業化戦略」が進めら
れている[6]。2005年頃から明確になった輸出の伸張と国内市場の縮小を受けて
のものである。言い換えれば，日本酒のグローバル化なり世界商品化戦略とい
ったところであろうか。コロナ禍で国内の飲食産業が大きな打撃を受け，酒造
業界も大変な状況にあるとされるものの，輸出は順調だったと聞く。したがっ

図8-1　清酒の輸出動向

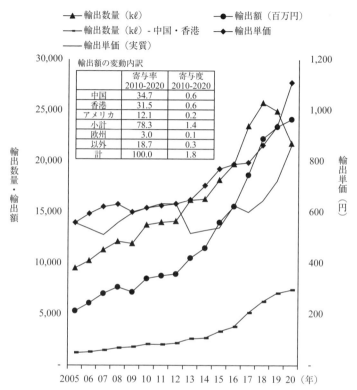

凡例:
- 輸出数量（kℓ）
- 輸出額（百万円）
- 輸出数量（kℓ）- 中国・香港
- 輸出単価
- 輸出単価（実質）

輸出額の変動内訳

	寄与率 2010-2020	寄与度 2010-2020
中国	34.7	0.6
香港	31.5	0.6
アメリカ	12.1	0.2
小計	78.3	1.4
欧州	3.0	0.1
以外	18.7	0.3
計	100.0	1.8

資料：「貿易統計」（財務省）および日銀「実行為替レート指数」（日銀 web）より作成。
註：輸出単価（実質）は輸出金額/輸出数量に実効為替レート指数を乗じて算出。

て，政策的にもこの路線に変更はないようだ。人口減少によって消費人口が減っていることを考えると，産業として生き残るには「輸出」しかないように思えてくる。

　しかしながら，輸出路線をめぐっては冷静に考える必要がある。

　第一に，輸出が伸びているといっても，国内市場の落ち込みをどこまでカバーし，しかも安定的な市場足りえるのかがわからない。図8-1に輸出の動向を整理したが，輸出は数量，金額ともに確かに伸びている。しかしながら，トレンド＝定着ではない。というのは，先ほど2005年頃から輸出が伸びたとしたが，大きく伸びたのは2010年代に入ってからで，景気対策のために外需を当

て込んで円安誘導をおこなった時期に一致する。しかも，2010年以降の時期は，リーマンショックで日本や欧米の先進国経済が低迷する中で中国経済が大きく伸長した時期である。図には2010～20年の輸出金額の増減内訳を整理した表を入れてあるが，これを見ると，中国の景気に支えられた側面があることは否定できない。また，為替レートの動きで修正した実質的な輸出単価と名目輸出単価を比較してみると，前者は2012年を境に後者を下回っており，この間輸出が大きく伸びている。近年では名目，実質ともに単価が上昇しているのに合わせて，輸出金額が伸びてはいるものの，輸出数量が減っている。こうした動きを見ると，どこまで輸出に期待できるかは疑問が残る。仮に嗜好品として輸出先のマーケットに定着したとしても，酒類は必需品ではないので，安定的である保証はない。しかも，近年，国際的な経済取引は政治に大きく左右される様相をますます強めている。

　第二に，広域販売という問題である。輸出は基本的に遠隔地での販売である。流通圏が広域になればなるほど販売は困難を伴う。間に誰かが入ることになるので金銭的なものだけではなくて，金銭以外のコストもかかるようになる。消費者との間にも距離が出て，消費者に直接働きかけることも難しくなる。オンライン取引がこうした問題をどこまでクリアするのかも定かではない。もちろん，輸出にあたっては，流通ルートの調査はおこなわれてはいる。[7]しかしながら，ルートが明らかになり，戦略的に取引先やルートを絞り込んだところで，上記の問題がクリアされるわけではない。輸出に関する国税庁のアンケート調[8]査によると，輸出拡大の意向を示す業者は多いものの，輸出量については対前年で「減少」という業者も多く，それほど甘くはない様子がわかる。このことは国内での販売についても同じであるが，地元の販売市場が縮小しているからといって，「地域外に活路を見出す」のは言うほど簡単ではないということだ。地方の小規模酒造業者ならなおさらである。

　第三に，輸出の恩恵を受けるのは誰なのかという肝心の問題が抜けている。何度も指摘するように酒造業の大多数を占めているのは地方の小規模酒造業者である。しかし，この小規模酒造業者の経営がいちばん苦しい。この問題を抜きに輸出ばかりに目を向けるのはどうなのか。表8-4には輸出業者と輸出量の都道府県別，規模別状況を整理した。県別の順序は前出の表8-1に示した生産量の序列である。これを見ると，国内の序列がそのまま輸出に反映されている。

表8-4　清酒輸出とその担い手（2018）

		輸出製造業者数		輸出数量		業者当たり輸出量
		者	シェア	kℓ	シェア	kℓ
都道府県別	兵　　庫	39	4.8	9,658	39.1	247.6
	京　　都	29	3.5	3,919	15.9	135.1
	新　　潟	74	9.0	2,500	10.1	33.8
	埼　　玉	16	2.0	202	0.8	12.7
	秋　　田	31	3.8	415	1.7	13.4
	愛　　知	22	2.7	662	2.7	30.1
	千　　葉	12	1.5	140	0.6	11.7
	福　　島	27	3.3	197	0.8	7.3
	長　　野	44	5.4	295	1.2	6.7
	広　　島	25	3.1	354	1.4	14.1
	小計	319	38.9	18,342	74.2	57.5
	上記地域以外	500	61.1	6,365	25.8	12.7
販売規模	1300kℓ以下	772	94.3	7,300	29.5	9.5
	1300kℓ超	47	5.7	17,407	70.5	370.4
	計	819	100.0	24,707	100.0	30.2

資料：「清酒製造業者の輸出概況（平成30年度調査分）」（国税庁課税部酒税課 2020）より作成。

　輸出量の6割以上を上位の3県が占める。残りを他の地域でシェアするわけであるから，とても地方の酒造業者に恩恵が及んでいるとは言いがたい。

　国内市場が縮小し，「生産すれば売れる時代ではなくなった……」ことは認めなければならない。「いいものをつくれば売れる」というわけでもない。その意味では，「地域の外に売り出していく」という動きは必要で，酒造業のグローバル化戦略は否定されるべきものではない。しかし，すべての酒造業者が高級酒生産に特化して海外で直販をおこなうというような対応ができるわけではない。その意味では，酒造業の「グローバル化」戦略には限界がある。

おわりに

　酒造業はローカル性の強い地域産業である。確かに原料である米は他地域のものを利用することが多いし，今では変わったとはいえ，労働力についても他地域から来る労働力に依存してきた面もある。しかしながら，地元以外の原料

米が利用されるようになったのはそれほど昔のことではない。精米技術が向上して，高級酒生産が意識されるようになった昭和以降，とりわけ戦後，しかも1970年代以降のことである。日本酒の生産は，もともと地元消費を前提に地元の米を使用しておこなうローカルなものであった。国内生産・販売量の半分近くを占め，輸出量でも上位を占める兵庫や京都のような地域も，起源をたどれば農山漁村を基盤としたローカル酒造業であった。労働力にしても，江戸時代から出稼ぎ労働力に支えられていたとはいえ，一次産業を基盤とする地域間の分業なり連携というように捉えることもできる。その意味では，グローバルな資源の移動や販売を前提とする経済活動とは性質を異にする。そのことは，地方分散性，小規模酒造業の多さ，地元＋近隣諸地域の販売を前提とした事業の在り様に反映されている。「地域と結びついている」ということは，広い意味で「土地と密接に結びついた経済活動」なのだということである。

　このことをふまえると，酒造業の再生は地方の小規模酒造業の再生なり振興なしにはありえない。輸出振興にしても，輸出それ自体を目的とするような路線では，数量や金額は伸びるかもしれないが，業界全体の状況を底上げするもの，すなわち地方の酒造業を潤すものとはならない可能性が高い。

　小規模酒造業をめぐっては，差別化路線，とりわけ水平的差別化路線が成長戦略であるという意見があり，そこには日本酒の輸出戦略も含まれる。しかしながら，この路線はグローバル対応が可能な酒造業者の世界，いわば「グローバル酒造業」の世界で，圧倒的大多数の普通の酒造業者の世界，すなわち「ローカル酒造業」のそれではない。その意味で，成功モデルとされるケースや方向性として提示されているものが，果たして「モデル」になりうるのかについて，モデルの意味も含めて問いなおす必要がある。

註
1)　経済活動が「土地自然から切り離されていく」プロセスの現局面を経済活動の空間的広がりとして見たものが，経済のグローバル化なりグローバリゼイションなのかもしれない。しかしながら，このプロセスは決して単線的なものではなくて，経済史研究によれば，資本主義以前では，「土地自然から切り離されていく」経済活動のプロセスは地域間分業を形成しながら同時に土地（地域）と結合して，地域内部の発展と並進するような動きがあったことがわかってい

る（プロト工業化）。また，資本主義を主導した工業化自体も貿易のような広域取引を前提にしつつも，生産地の労働力，しかも農業（≒土地ないし土地所有）と結びついた労働力と結合しながら，似たような展開を遂げたケースが多いことが明らかになっている。以上のような経済発展の仕方については，篠塚ほか編（2003），斎藤（2008）が詳しい。

2)　生産量と販売量の乖離の理由については，近藤編（1967），伊藤（2000）が詳しい。

3)　佐藤淳（2021）は，寡占状況が形成されているのはコスト・パフォーマンスが要求される大衆酒（普通酒）で，高級酒である特定名称酒は競争的な市場が形成されているとしている。

4)　「酒造業の近代化」の詳細については近藤編（1967），鈴木（2015）を参照のこと。

5)　「2人1組」という作業については，石川（2020）の調査結果による。

6)　日本酒の輸出については，内閣官房国家戦略室編（2012），国税庁（2019）を参照のこと。

7)　輸出先の流通ルートについて調査したものとしては，日本政策投資銀行地域企画部（2013）が詳しい。

8)　国税庁（2020）の結果による。

9)　都留（2020）では，「高級酒生産に特化して海外で直販を行う」例として山口県の旭酒造のケースが紹介されている。

第 9 章

テレワーク化・気候危機と森林共生社会

三木敦朗

はじめに

　新型コロナウイルス感染症という災いをきっかけとしてではあるが，日本でもテレワークが定着するようになってきた。都市は人類の文明史上で重要な位置を占めているが，人類の半分が都市に集住するようになったのは2000年代後半以降の新しい状態である。多くの人々が，自由な選択として都市に住むのではなく，都市に住まねば生存できない状況に置かれ，それがパンデミックを生じさせた。また，日本の都市は低標高地にあり，日本や世界の政治が根本的に改まって気候変動対策を十分に進めたとしても，水害や酷暑などの環境悪化リスクは当面避けられない。森林地域を含む地方への関心が高まるのは当然のことである。

　一方で，森林地域では林業の活性化・「成長産業化」が人々を呼び込む一つの方法としてめざされることがある。日本の林業の産業規模（木材生産部門の林業産出額）は年間3000億円ほどであり，農業県の農業と同じくらいである。林業を安定的に営めるようにすることは重要だが，木材生産の規模を拡大して地方人口を増やすのにはおのずと限度がある。また，「日本の林業は安い外国産材に押されており，担い手が不足し，適切に管理されない森林が増えている」——森林については，このような理解がなされていることが多い。これは全くの誤りではないものの，問題を含んでいる。

　私たちは，これからどのような森林共生社会をめざすべきだろうか。以下，そのことについて考えてみよう。

1　生活から分離した林野利用

(1)　生活と不可分の林野

　日本の陸地の約7割（約2500万ha）は森林であり，そのうちの約4割（約1000万ha）が植栽された林（人工林）である。しかし，伝統的林業地域や奥山を除けば，山が木々に覆われた姿を取り戻したのは比較的最近のことである。

　本州以南の多くの地域では，近世（江戸時代）には農業を営むために山林が不可欠であった。草を刈って牛馬の飼料とし，樹木の若葉なども肥料として農地に投入した。また，燃料（薪炭），食料（山菜・キノコや野生動物），材料（家屋や様々な道具の原料）も山から得ていた。したがって山には，草や樹高の低い木が多くを占めるところもあった。現在とは全く異なる風景である。里山は「林野」であり，農業や生活と不可分の空間であった。

　こうした林野は，農民たちが共同利用していた。土地は幕府・藩などのものだが，高木を除けば農民が草木を採取できたのである。もちろん，野放図に採取をくりかえせば資源が枯渇するため，農民たちは利用期間を限定するなど厳しいルールを設けていた。集落や集落同士のルールに基づく共同利用を「入会」と呼ぶ。今日，「コモン（ズ）」と呼ばれるものの一つの原点である。

　生存のための資源を地域内の自然に依存せざるをえない中では，ルールを設けていても林野は過剰利用されており，山崩れや洪水がしばしば発生した。また，集落間では入会林野の境界や利用権の範囲をめぐる争い（山論）が生じた。里山は牧歌的な空間ではなかったのである。しかし，農民は自然の有限性を自覚しており，その持続的な利用のために知恵を出していた。この点では，現代の私たちよりも賢明であったのかもしれない。

　日本に住む私たちは，経済力に任せて地球全体から森林資源を取り寄せるが，その有限性は自覚していない。森林の年間輸入量の上限を定めているわけでもないし，違法伐採材の流通を禁止する法律も，持続可能に管理された森林からの生産物だけを利用するような法律も持たない。世界全体でも，年間の伐採上限は決められておらず，様々な努力がおこなわれているものの森林は減少しつづけている。森林を持続可能に（将来世代に健全なかたちで返せるように）管

理・利用するための制度を早急に実現させねばならない。そのためには社会・経済のしくみを，森林資源の有限性を前提としたものへ根本的に変える（transformative change）必要がある。

（2）分離の原因①近代的所有

　かつての林野は，農業や生活と不可分のものだったが，今日では多くの人々にとってそうではない。なぜ分離したのだろうか。主なきっかけは 3 つある。

　一つは，林野の「近代的所有」化である。明治初期に資本主義経済がつくられる過程で，土地を課税の対象とするために林野においても「その土地が誰のものか」が確定され，所有者が林野の利用の方法を決めることになった。19世紀末のことだ。所有者が，自分だけの経済的都合で排他的に，利用したり貸したり売却できる（あるいは放置する）土地となったのである。こうした所有を「近代的土地所有」と呼ぶ。この「近代」に「よい」「進歩した」という意味はない。コミュニティの共同利用ルールに従わない，資本主義経済に適合した所有という意味である。

　この過程で森林は様々な主体によって所有されることになった。現在でも，個人有林（林家），複数人による共有林，旧入会林野を法人化した森林（生産森林組合など），寺社有林，企業有林だけでなく，市町村有林や財産区有林（合併前の旧市町村有林），都道府県有林，国有林と，実に様々な所有者がいる。所有規模も，0.1ha に満たない所有者から，全森林の 3 割（約750万 ha）を占める国有林まで幅広い。戦後の農地が，自作農（個人）によって大きな所有規模差なく所有されてきたのとは大きく異なる。

（3）分離の原因②エネルギーの海外依存

　森林と生活との分離の第二のきっかけは，化学肥料と化石燃料の導入である。20世紀前半〜中葉に生じた変化だ。化学肥料とトラクターの普及は，肥料・飼料の供給源としての採草地を不要にした。プロパンガスなどの導入は森林のエネルギー利用も終わらせていく。現在の森林の姿は，造林・育林をした人々の努力の結果であると同時に，燃料や肥料製造に必要なエネルギーを海外に依

存することによって成立したものである。

　ただし，これはどこの国でも生じる歴史的必然ではない。林業先進国である
ドイツ・オーストリアでは，1970年代の石油ショックの際に木質バイオマス
が再注目された。薪や木質チップなどを用いたストーブやボイラー・給湯シス
テムが家庭に普及し，自動化や高効率化の技術が発達したのである。日本では，
長く薪炭利用が遅れたものとして観念され，自給できない化石・原子力エネル
ギーへの依存こそが「近代的」であるとされてきた。近年，木質バイオマスが
再注目されつつあるが，エネルギー変換効率の高い熱利用ではなく，発電の手
段として認識されがちであるという偏りが残されている。

（4）分離の原因③建築用材生産への特化

　さて，エネルギー利用されなくなった森林は，紙パルプの原料[5]として伐採さ
れた後にスギやヒノキなどの植林（拡大造林[6]）がおこなわれ，建築用材の生産
を主な目標とする用材林が成立した。これが分離の第三のきっかけである
（1950年代後半〜70年代）。薪炭やキノコ原木の生産林は15〜20年程度のサイク
ルで伐採と萌芽更新をくりかえすため，小規模の所有林でも日常的な生産が可
能であった。一方で用材林は50年以上の育成期間を要する。小規模の森林所
有者にとっては，利用することが稀な空間となったのである。また伝統的林業
地以外では，森林所有者は用材林を育成した経験が少なく，行政が示す標準的
な育林体系に画一化されていくこととなった。

　もっとも，用材林に転換したことによって，分離が一気に進行したわけでは
ない。苗木生産や，植林，下刈り[7]，初期間伐などには多くの労働力が必要であ
る。これらは農閑期の作業として組み入れられ，自営林業だけでなく，公共事
業（公社・公団造林）としても取り組まれて山村での雇用先の一つとなった。

　しかし建築用材は，自家消費されることはあまりなく，もっぱら市場を通じ
て見ず知らずの他者が消費するもの，すなわち資本主義的な「商品」である。
市場価格が下がれば，商品生産の場でしかない所有林への関心が下がってしま
う危険性を持っていた。外国産材の輸入が増えてからもしばらくは丸太の価格
は維持されていたが，日本経済が長期停滞期に入り価格が低下すると，森林の
所有目的は大きく動揺せざるをえなくなった。樹木が成長すれば間伐材が販売

できる太さになるが，価格がよくなければ間伐自体が実施されなくなり，管理不足の森林が増えることにつながった。

　また，用材林の管理は，住宅の新築が旺盛であることを前提としていた。それは，農山村と都市の不均衡発展によって人口が都市部へ流出すること，公的住宅政策と社会保障制度の貧弱さゆえに資産として土地と住宅を所有することが成人男性（男中心の家庭）の「標準」モデルとされたこと，そのための住宅ローンが人々を長時間労働に縛りつける機能を持ったことなどを背景としている。今日のように，人口全体が減少し，新自由主義政策のもとで若年層に住宅を所有するほどの経済力がなくなり，子の学費や日々の家賃といった住宅ローンよりも小さな負債だけで人々を勤労させられるようになると，持ち家需要が減り，用材林の管理問題が顕在化してくる。

2　木材輸入の変化とフロンティアの逆進

（1）木材輸入と産業構造の変化

　今日，国内木材需要に占める国産材の比率（木材自給率）は回復しつつあるとはいえ，いまだ6割は海外の森林資源に依存している。その点では，確かに外国産材に「押され」ている。しかしその内容は一般的なイメージと異なる。

　第一に，自給率の内訳である。現在の日本の木材消費は，およそ半分が製材用材・合板用材である。そしてもう半分が紙の原料（パルプ・チップ用材）と燃料材（主に発電用）として消費されている。このうち，自給率が際立って低いのはパルプ・チップで，その他は半分程度は自給している。合板用材は，ロシアが丸太輸出の関税を引き上げた影響で，2010年代に急速に自給率が高まった。

　また第二に，現在では丸太での輸入は少数である。1970〜80年代には，合板などの原料丸太を東南アジアの熱帯林から輸入していた。比較的近いフィリピンから始め，優良材が枯渇すると伐採圏を次第に遠くに広げて，パプアニューギニアまで至っている。北米を含む環太平洋地域から丸太を輸入した日本は，長らく世界の丸太輸入の第1位を占めていた。しかし1990年代中頃には，輸出国で角材・板材などに加工されたもの（製品）の輸入に取って代わっている

図9-1　林業の構造変化

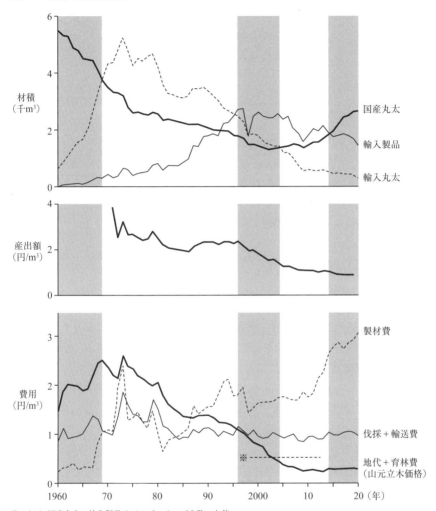

註：（1）国産丸太・輸入製品はパルプ・チップを除いた値。
　　（2）地代＋育林費＝山元立木価格，伐採費＋輸送費＝製材用素材価格－山元立木価格，製材費＝製品卸売価
　　　　格×歩留まり－製材用素材価格。数値はスギに関するものを用い，企業物価指数（2015年基準）で実
　　　　質化。
　　（3）※印を付した点線は，スギ50年生までの育林費を約230万円/ha（2008年度経営費），収穫できる木材を
　　　　約440m³/haと仮定した場合の，再生産可能水準。
出所：「木材需給表」「木材需給報告書」「林業経営統計調査」「林業産出額」「山林素地及び山元立木価格調」

（図9-1）。コンテナで輸送する製品は，専用船で輸送する丸太よりも輸入範囲が拡大する。欧州から集成材が輸入されて，国内製品と競合するようになった。2000年代中頃には，丸太輸入量は国産材生産量よりも少なくなっている。「海外から安い丸太が入ってくるので林業が立ちゆかない」というイメージは現在では誤りである。

　丸太輸入から製品輸入への変化は，単に輸入品の形が変わっただけでなく，国内の林業に大きな影響を与えた。輸入製品は国内の製材工場を経ない。従来は，丸太では国産と外国産の競合があったが，製材工程は国内でおこなわれていた。しかし，製品輸入が中心になると，海外の大規模工場と競争するようになる。低コスト化のため，またハウスメーカーからの要求に対して輸入品のように即応できる供給力を備えるために，国内においても製材工場が大型化した。政策的な後押しもあり，大規模工場の市場シェアは急速に伸びた。

（2）森林の近代的所有の変質

　これらの工場は，大量の丸太の安定供給を必要とする。林業現場での生産力の向上が求められ，高性能林業機械が2000年代後半に急速に普及した。生産性の高い林業機械を連続稼働させるためには，小規模所有の森林では不都合である。また，機械を森林内に導入したり丸太を搬出するためには，林内路網（林道・作業道）も必要である。そこで，隣接する複数の所有者の森林をまとめて間伐や路網作設を実施する，施業の「集約化」が政策的に進められた。森林経営計画を樹立することを補助金を受けるための条件とし，計画の最低面積を30haの森林のまとまりとしたのである（2011年）。補助金なしでの間伐は困難なので，30ha未満の森林の所有者は，近隣の所有者と共同して計画を立てるほかない。所有者自身がこれをおこなうことは難しく，実際は，森林組合や林業事業体が森林所有者をまとめて計画を作成することとなる。以前から森林所有者から事業体への作業委託はおこなわれてきたが，政策的に想定される森林管理・林業経営の単位が，所有者から組合・事業体（非所有者）へ移されたことは大きな変化である。

　こうした動きによって国産材の生産量や自給率は回復傾向にある。「国産材回帰」しているのだが，以前の状況に回帰したわけではない。生産量の体積当

たり単価は減少した。全国各地での大規模木質バイオマス発電所の稼働によって，それまで売れなかった低質材や間伐材の利用が進んでいることなどが背景にあるが，同じ収入を得るために以前より多くの生産をおこなう必要が出てきたのである。森林所有者の粗収入にあたる山元 立 木価格も下がり，そこから次の再造林費用が（造林補助金なしには）出せない水準になった。農産物とは異なり，樹木には定まった収穫時期がない。立木価格が再造林費用を下回ると，森林所有者は伐採を延期することが合理的な判断となる。そこで，2010年代は間伐材を生産させようとした。間伐は森林の育成の途中でおこなう作業なのだから，最終的な収穫（主伐）とは異なり再造林を必要としない。また京都議定書上では間伐した森林が二酸化炭素の吸収源と見なせることも好都合であった。

　しかし，抜き伐りである間伐では面積当たりの生産性は上がらない。政策は主伐することを促すようになる。日本の森林の年齢（齢級）構成は拡大造林期のときに植えられたものに偏っているので，「伐期」に達したこれらを伐り再造林して構成を「平準化」することが必要であるという論理が展開された。また，林業の「成長産業化」のかけ声のもと，新たに設けた森林経営管理法で森林所有者に「適時に伐採，造林及び保育を実施する」義務を負わせ（第3条），所有者自身がこれを果たせない場合は，市町村が所有者から「経営管理権」を集積し，伐採・造林・保育を森林組合や林業事業体に実施させることができるようにした。この法律は，現実には所有者に組合・事業体への間伐委託を促す程度の機能しか持たないと思われるが，森林所有者の，収穫時期を決定する権限が法律上変更されたことは重要である。林野の「近代的所有」が変化させられたことを意味するからである。

（3） フロンティアの逆進

　もちろん，森林の所有権を持っているからといって，適切な管理をせず周囲の環境に悪影響を及ぼす「自由」があるわけではない。日本国憲法にあるように財産権は「公共の福祉に適合」することが求められるし（第29条），森林・林業基本法でも森林の多面的機能が確保されるよう森林管理をすることが所有者の責務だとされている（第9条）。公共の福祉，つまり人々の人権を保障す

るために森林の所有権に制限を加えることはできる。しかし，森林経営管理法は林業の「成長産業化」に重点を置き，そのために所有権の内容を変更しようとしたのであった。これは人権の保障のためではなくて，産業の利潤追求（資本蓄積）のための資源動員である。森林管理の一過程である間伐（間伐材生産）に対し，主伐ではその後に次世代の森林が育たなければ森林の諸機能は低下する。現状の主伐後の再造林率は約3割にすぎない[16]。

　これは何を意味するだろうか。かつて日本が環太平洋諸国から輸入した丸太は天然林から伐採されたもの（採取林業）であった。歴史上，類を見ない輸入量である。覇権国家アメリカの「属国」となることによって（世界システムの「中核」に位置することによって）木材資源をアメリカやそれが支配力を持つ発展途上国（世界システムの「周辺」地域）から輸入することができたのである。これらの天然林材の価格には造育林費用が含まれず，主に伐採・輸送費用で構成されている。これと日本国内の人工林（育成林業）が競合したのであった。ところが，自然は無限ではなく，天然林資源は枯渇していく。東南アジアにおいては伐採地が遠くなり，アメリカでも1990年前半に天然林の伐採が終了した。丸太に代わって，欧州・アメリカから人工林材（造育林費用が価格に含まれている）を原料とした製品が輸入されてくると，国内では山元立木価格がかえって再造林費用を割り込む水準に下落した。それにもかかわらず国産材の生産量は増加した。

　これは，国内の森林が人工林でありながら，かつての海外の天然林と同じようなもの（擬似的な天然林）として扱われるに至ったことを意味する。20世紀末にグローバリゼーションと新自由主義政策が本格化し，アメリカを中心とするシステムの中での日本の位置づけが相対的に低下していく時期に，それまでアメリカの覇権のもと日本が無主のものとして搾取してきた「天然自然」（フロンティア）が，海外に拡大できなくなり，国内に逆進したのである。フロンティアの外延的拡大期に先住民を軽視しながら伐採を進めたように，こんにちの逆進段階では，森林所有者の利益が増えることなく木材生産量が増加しうる。パリ協定が本格化する中で，気候変動対策としての木材利用が注目されるようになり，林業の「成長産業化」が「地方創生」を実現するように考えられているが，フロンティアの逆進段階では，木材生産が盛んになっても，農山村が豊かになり森林の多面的機能が向上するとは限らないのである。

3　森林共生社会への条件

（1）林業を働きつづけられる産業にする

　こうした状況のもとで，どのように森林と共生する社会をつくればよいのだろうか。

　第一に必要なのは，木材生産の増加によって生じる利益を農山村に還元することである。森林所有者や木材の伐採・輸送を担う労働者の収入を増やすためには，生産性・生産量の向上が必要だとされる。しかし，木材という商品の価格のうち，造育林費用や輸送・製材にかかる機械代・燃料代を除いた部分を生産過程の誰が得るかは，その中の力関係によって決定される。[17]生産力の高まりが必ずしも労賃を高くするわけではないことは，他の産業でも同じである。ところが，森林所有者や林業労働者だけでは，資本の力に対抗して収入を増やすことができない。そのことは，林業労働者の所得が全産業平均と比べて年間100万円ほど低く，なおかつ労働災害発生率が全産業平均の約10倍と最も高いことに端的に現れている。

　消費者が商品を価値相応の価格で生産者から買うことも重要であるが，木材は原材料であり，消費者が直接購入することはあまりない。また，新自由主義政策のもとで人々の購買力も減退している。そこで意味を持つのが社会的連帯である。林業を，少なくとも他産業並みの安全な産業（ディーセントワーク）とするよう求めることは，誰にでもできる。森林環境税（年間約600億円）を林業労働者の所得の安定化に向けるように要求することもできる。所得が高くなりにくい造育林を担う人々の数は，多く見積もっても数万人であり，その所得を他産業並みの水準にすることは現状の財源でも可能なのである。コロナ禍で，日用品の販売や運送，医療・介護現場のエッセンシャルワークが，社会を機能させるために重要であり感染の危険にさらされるものでありながら，低賃金であることが明らかになった。森林管理の労働も，災害リスクを減少させ，災害発生時も道路・電線復旧を早めるために不可欠_{エッセンシャル}な仕事である。こうした仕事の賃金が公的に支援されるのは当然である。

（2）「近代的」林業像の相対化

　第二に，森林の利用や森林での仕事のあり方の多様性・重層性を，新しい形で復活させることである。「近代的」林業像の相対化である。

　近世では，用材確保のために領主が伐採を禁止した山林でも，指定された高木以外は農民が利用できた。森林は本来，こうした重層的利用が可能な空間である。近年では，登山や自然散策などの従来からの森林利用に加えて，トレイルランや森林内でのマウンテンバイク，キャンプなどの利用も高まっている。[18]キノコ・山菜の採取や，小径木の生産をおこなってみたいという人も多い。これらは，無調整のままであれば森林所有者と摩擦（コンフリクト）を生じさせかねないが，合意形成しルールを設けたうえであれば，森林所有者にも利益をもたらす。行政や公益的団体（本来の意味での第三セクター）などが，森林所有者と新しい利用者との調整を担えば，可能性が広がる分野である。

　たとえば，近年普及しつつある薪ストーブ・薪ボイラーの利用者には，薪を自ら生産してみたいという人々がいる。一方で，森林所有者には，間伐木のうち市場に出しても価格がつきにくいものは，薪にしてもよいと考える人がいるだろう。両者が相対取引してもよいが，間に公民館が入っている事例がある。公民館も，日常の暖房と災害時への備えとして薪ストーブを備える。森林所有者から提供された間伐木を薪にして公民館に供給する役目を，市民が担う。その余剰分を各自が得るのである。森林所有者にとって，コミュニティの中心である公民館が仲立ちするのであれば安心・納得しやすいだろう。所有者でない人々にとっては，公民館の役に立つという共的役割と，薪を得るという私的目的とが両立することに意味がある。地域の森林資源によって，災害時に公民館へ頼る必要のある社会的弱者を支えるという側面もある。

　里山をテレワークの場とすることもできるだろう。森林が日光を遮り気温のやわらいだ環境をつくること（快適環境形成機能）は広く知られるが，これを職場の室温調整・換気に要するエネルギー（温室効果ガスの発生）の削減に活用することは，テレワークが一般化する以前は考えられてこなかった。各地の森林公園など，すでにインフラの整った場所に整備を加えれば，余暇だけでなく仕事の空間として用いることもできる可能性がある。

　近年では，森林での仕事のあり方も，多様なものとして捉えられるようにな

ってきた。森林組合や林業事業体に雇われて専業的に就業する形態はもちろん，森林所有者自身が自営して木材生産などをおこなう形態[19]，あるいは森林所有者に代わって森林管理を担う形態（自伐型林業[20]）などが注目されている。所有しつづける意志が取り戻せないほどに失われてしまった森林所有者に代わっては，市町村や公益法人が森林を所有し，地域住民の自治によって管理・利用方針を決めていく（コモン[21]とする）仕組みも模索できるだろう。

　生産物も，用材やキノコ・山菜などの従来の林産物に加えて，芳香のある木材・精油や見ばえのする葉，手芸用の木の実や松ぼっくりなど，様々な方向性が模索されている。季節性があり生産量も限られるため，それだけを収入源とすることは難しくても，収入の一部分とすることは可能である。かつて農民は，林野から様々なものを得て生活していた。それは本質的に季節的であり兼業であった。これが新しい関わり方で再構築されようとしている。テレワーク化によって，その可能性がかつてより広がっている。

（3）農山村での生活する権利の保障

　第三に，そのためには地方でも，まっとうな暮らしが営めることが絶対の条件である。林業にＩターンで新規就業した人が，子どもが生まれると離職・離村することがある。子どもの教育や医療に不便があるためである。過疎地域の小学校・中学校が１校でカバーする面積は，1970年代にはそれぞれ平均15.4km^2・36.5km^{2}であったが，2018年には64.8km^2・124.0km^{2}となった。学校が均等に分布していると仮定しても，子どもの移動距離は倍以上になっている。農山村は不便なのではない。都市の産業資本へ人口を絞り出すために，不便につくられてきた。産業振興するから地域で暮らす人が増えるのではなくて，教育や医療を受ける権利が保障されることが，産業が振興可能になる基盤なのだ。

　たとえば，自動運転技術を活用し，地域で生産された再生可能エネルギーによって走るバスをつくることは，現在の技術水準で可能である。温室効果ガスの排出を削減しながら，地方に居住する基盤を整えることができる。しかし，農山村が不便につくられてきた経緯からすれば，それは科学・技術が発達してもひとりでには実現しない。農山村人口は現在では少数である。農山村のイン

フラを維持しようという都市の市民の社会的連帯が，ここでも必要である。

　私たちの前に，森林との関わり方を増やしていくことによって拓かれる時代が現れている。森林を画一的に用材林とした時期とは異なり，この新しい実践は，各地域の自然条件や社会的条件に応じて多様なものにならざるをえない。その実践者も必然的に多様な人々となる。各地でこれを支援し，あるいは試みる人々を育てていく新しい地域経済の学が，求められている。

註
1) 人間が植栽していない森林を「天然林」と呼ぶ。人間の利用の影響を受けているかどうかは問わない。
2) たとえばアフリカの森林は，現在の傾向が続けば今世紀末には半分になってしまう。FAO（国連食糧農業機関）「Global Forest Resources Assessment 2020」，2020年（https://doi.org/10.4060/ca9825en）
3) IPBES（生物多様性および生態系サービスに関する政府間科学政策プラットフォーム）「生物多様性と生態系サービスに関する地球規模評価報告書政策決定者向け要約」，2019年（日本語訳2020年，https://www.iges.or.jp/jp/pub/ipbes-global-assessment-spm-j/ja）
4) 歴史的な経緯から，日本の森林は統計上，国が所有する「国有林」と，それ以外の「民有林」とに分類されている。したがって地方自治体が所有する森林（公有林）も民有林に含まれるので注意が必要である。
5) 戦前期には，紙パルプの原料を植民地に依存していた。戦後それを国内から供給する必要が生じた。戦争では国内の森林も消耗させられたため，戦後直後にはその復旧造林をおこなう必要もあった。一方で戦後復興には大量の木材が必要であった。こうしたことが戦後の大面積造林の背景にある。現在の森林の偏った構成は，対外侵略戦争に間接的な影響を受けている。
6) 人工林の伐採後に造林することを「再造林」，天然林の伐採跡地や原野に造林することを「拡大造林」と呼ぶ。
7) 植栽した木と競合する草木を刈り払う作業。植林後3〜5年間ほど実施する。
8) 丸太から挽いたままの木材を「無垢材」，角材を接着剤で継いだものを「集成材」と呼ぶ。集成材は，樹木の直径や長さを超えた材料をつくれるという特徴がある。
9) 現在の林業では，伐倒した木を林内から林道まで移動する（木寄せ）作業や，林道を運ぶ（集材）作業，枝を払い幹を必要な長さに切る（玉切り）作業は，

専用の林業機械によっておこなわれている。

10）　森林を育成するための一連の作業のこと。

11）　森林所有者の協同組合のこと。

12）　農家の農外就労のウェイトが高まって農閑期が生じなくなり，また樹木が太く大きく育つと間伐作業などで専門的技能が必要となる。森林組合は，現場作業をする労働者（作業員）を雇用あるいは下請け化しており，これは農家の兼業先だったが，兼業農家経営が難しくなると，作業員の非農家化が進んだ。これに伴い，林業が季節的就労から通年就労化した。

13）　樹木は，農作物とは異なり収穫（伐採）に専門的技能を要するため，立木の状態で売買することが多い。したがって立木の価格がある。

14）　吸収源が増えるのは，それまで森林ではなかった土地に植林・森林回復する場合である。日本にはそうした土地がないため，間伐された森林を吸収源とみなすように（政治的に）したのであって，間伐そのものが二酸化炭素吸収量を増やすわけではない。間伐材を燃やしたりせず，長期間木材として用いれば，その期間内は炭素が固定されていると言えるが，追跡調査は困難である。

15）　森林には，物質的な資源を供給する他にも，二酸化炭素の吸収や，洪水の緩和，生物多様性の保全などの様々な働きがある。これらを「多面的機能」と呼ぶ。このうち，森林があることによって森林所有者以外も利益を受ける機能を「公益的機能」と呼ぶ。

16）　伐採後に放置して，天然林にすればよいではないかという意見もあるだろう。しかし，放置しただけではササが繁茂して森林が成立しない場合もある。生物多様性の豊かな日本で，天然更新によって人間が求める森林にしていくには，人工造林と同じように相応の手間をかけなければならない。

17）　どのように決定されるかは，三木・加藤（2021）を参照。

18）　たとえば，平野（2021）。

19）　全国で展開されている「木の駅プロジェクト」は丹羽（2014）に詳しい。

20）　自営林業については赤堀（2017），自伐型林業については佐藤（2020）を参照。

21）　斎藤（2020）などで提唱される「コモン」は，かつての入会林野とは異なるが，共通する部分もある。現代においては，コミュニティに新しく入ってきた人も意思決定に参加できるようにすることが必要である。

本研究は JSPS 科研費 JP19H02991 の助成を受けたものです。

第　*10*　章

SDGs と有機農業
——小農・家族農業の発展に向けて——

外山浩子

はじめに

　2015年9月，国連は「持続可能な開発サミット」を開催し，「持続可能な開発目標」（SDGs）を採択した。同年12月にはCOP21パリ気候会議で，「パリ協定」も成立した。以降，加盟各国はSDGsや気候変動対策へ向けて具体的に行動することを求められている。

　市場経済原理に基づく効率性と生産性を追求しつづけた結果，貧困と格差，地球温暖化や気候変動をはじめとする環境破壊，地域経済の破綻と衰弱等を生み出した。循環的な社会・経済への転換は今や喫緊の課題である。SDGsは，新自由主義的グローバリズムがもたらした歪みを克服するための誓約とも言える。

　SDGs採択前後に国連は，SDGsや気候変動対策を効果的に実施するため，様々な「国際年」や「国際の10年」を採択し，当該問題の解決を全世界に向けて呼びかけた。けれどもこれらは概念であってSDGs実現のための手段ではない。手段が示されなければ実現へ向けて動くことができない。その実現のための手段としてあらためて有機農業を位置づけたい。「みどりの食料システム戦略」（農林水産省，2021年5月）は，2050年までに耕地面積に占める有機農業の取組面積の割合を25％（100万ha）に拡大する，という目標を掲げ，関係者を驚かせた。その他の重要業績評価指標として，2050年までの農林水産業のCO_2ゼロエミッション化の実現，化学農薬使用量の50％低減，化学肥料使用量の30％低減など，意欲的な数値が示された．しかし，なぜ有機農業なの

かという根拠が示されていないため，唐突感と違和感が否めない．まずは戦略の根底にある国際的潮流 SDGs を理解し，SDGs と有機農業の関係を把握する必要がある。

そこでまず，国連が採択した SDGs と，関連する国際イニシアティブの中から有機農業に関係すると思われるものについて簡単に整理する。次に，日本の有機農業の現状を把握したうえで，日本における有機農業運動の展開過程を振り返り有機農業が現在抱える課題を捉える。そのうえで SDGs 達成の具体的手段として有機農業を位置づけ，有機農業が日本農業全体を牽引する戦略の可能性と必要性について考える。

1　SDGs 実現のための鍵概念と具体的手段の検討

（1）SDGs と農業

2015年9月に国連は「持続可能な開発サミット」を開催し，加盟国の全会一致で「持続可能な開発のための2030アジェンダ（2030アジェンダ）」を採択した。SDGs は，地球上の「誰一人取り残さない」，持続可能で多様性と包括性のある社会を実現するため，2030年を年限とする17のゴール・169のターゲットから構成されている。

SDGs は，社会，経済，環境という相反する3側面から捉えられた17のゴールを，互いにバランスを保ちつつ，統合的に解決しながら，持続的なより良い未来を築くことを目標とする。

SDGs の，その中核に位置するものは何か。それはまぎれもなく人間の生存（の持続可能性）＝人間の生命（の持続可能性）であろう。その生存の持続可能性を支えるもの，すなわち生命基盤は自然（環境）である。そして，人間とその生命基盤たる自然（環境）との関係が最も直接的に現れるのが生産の場としての農業であり，生活の場としての農村である。その意味で SDGs の達成には農業・農村が大きく関わっている。

「食料・農業・農村基本法」（1999年施行，以下，「新基本法」）は「食料の安定供給の確保」（第2条），「多面的機能の発揮[1]」（第3条），「農業の持続的な発展」（第4条），「農村の振興」（第5条）という4つの基本理念を掲げている。

　農業の持続的発展のためには農業の有する自然循環機能の維持増進を図り，環境と調和がとれていることが必要である。「農業は，自然界における生物を介在する物質の循環を促進する機能を有し，これを利用して再生産を継続している営みであり，仮にこうした連鎖に支障を生じるような方法で農業を行っていくとすれば，短期間には利益を上げ得ても，長い目で見た場合には，地力の減退，水質汚濁等により農業の基盤となる資源の力が減退し，農業の持続的な発展につながらない」（食料・農業・農村基本政策研究会 2000）からである。

　「新基本法」はその第15条で，おおむね5年ごとの「食料・農業・農村基本計画」の策定を規定している。実効性ある具体的施策たる「食料・農業・農村基本計画」（2020年3月閣議決定，以下，「新基本計画」）を見てみると，同計画には「SDGs」という文言は数えるほどしか登場しない。いずれも実現に貢献する具体的内容や方向は描かれていない。

（2）SDGs と家族農業・小規模農業

　国連は，2011年12月の国連総会で，家族農業や小規模農業が，持続可能な食料生産の基盤として世界の食料安全保障，貧困撲滅に大きな役割を果たすことを広く世界に知らしめることを目的に「2014年国際家族農業年」の設置を決定した。

　2017年12月には，2019年から2028年までの10年間を「国連家族農業の10年」とすることを全会一致で決定した。家族農業・小規模農業を支持し，その存在を安定させてこそ，持続可能な食料生産へのパラダイム転換を促進できるということだろう。

　日本の農政の中での家族農業・小規模農業の位置づけを見てみる。農林水産省ウェブサイトの「国連『家族農業の10年』（2019-2028）」のページには，「農業経営体数は約138万経営体（2015年），このうち家族経営体は134万経営体で，農業経営体全体の98％を占めて」いること，「農林水産省としては，家族農業経営について地域農業の担い手として重要と考えており（中略）様々な施策を講じているところです[2)]」とある。

　「新基本法」第22条で「国は，専ら農業を営む者その他経営意欲のある農業者が創意工夫を生かした農業経営を展開できるようにすることが重要であるこ

とにかんがみ」「家族農業経営の活性化を図る」としている。第28条には農業生産組織の活動の促進が規定され，地域によっては，家族単位の効率的かつ安定的な農業経営や法人経営だけでは営農の維持・発展が困難な場合があり，集落営農や農作業受託組織などを通じて小規模農家等が補助労働力を提供し，協力していく補完関係の構築が必要となるとしている（食料・農業・農村基本政策研究会 2000）。

「新基本計画」では「中小・家族経営の重視」という視点が打ち出されたと言われていた。しかし「効率的かつ安定的な農業経営」重視の政策に変化は見られない。「基本計画で『中小・家族経営など多様な経営体』が言及された点は大きな変化ではある」が，「中小・家族経営を直接的な対象とする施策は記されていない」（安藤 2021）。また，2021年5月12日に策定された「みどりの戦略」の中にも「家族農業・小規模農業」への言及は見られない。

「SDGs」「国際家族農業年」「家族農業の10年」等の国際イニシアティブが家族農業・小規模農業の重要性を強調する一方，このような国際的潮流から[3]，日本の農業政策は取り残されていくように見える。

（3）SDGsと土壌

陸域および海域に生息する生物は土壌がなければ生きることができない。土壌は多様な機能を持っているが，最も重要な機能は植物生産機能である。また，土壌の炭素貯留容量は非常に大きく気候変動緩和にも寄与する。しかし現在，すべての生命を支える土壌が，世界的な危機に直面している。土壌劣化の原因として，干ばつや洪水，異常気象等のほか，化学物質による土壌汚染や，森林伐採，過剰耕起，過剰施肥，大型農業機械による土壌の圧密化等，不適切な農業管理による土壌劣化が深刻である（上野 2019）。

このような状況から，2013年12月の国際連合総会で2015年を「国際土壌年」とする決議が採択され，また土壌保全がSDGs実現に直結することから，2015〜24年を期間とする「国際土壌の10年」が設定された。

「新基本法」第32条には「国は，農業の自然循環機能の維持増進（①）を図るため，農薬及び肥料の適正な使用の確保（②），家畜排せつ物等の有効利用による地力の増進（③）その他必要な施策を講ずるものとする。」（番号は引用

者による）とある。①は環境との調和をめざす農業のあり方を強く示すものであり，そのためには堆肥等による土づくりと②を併せておこなう生産方式の導入が必要であるとして，1999年に「持続性の高い農業生産方式の導入の促進に関する法律」が制定された。

「新基本計画」の中ではどうか。「2. 農業の持続的な発展に関する施策」の「（8）気候変動への対応等環境政策の推進」に「④土づくりの推進」（55ページ）とある。全国的な土壌の実態把握，堆肥等の活用促進，土壌診断データベースの構築などが挙げられているが，同計画における土壌の役割は限定的で，「国際土壌年」「SDGs」「土壌の10年」で言及された土壌保全の重要性や土地と土壌の質を改善させる農業の実践に対する認識が示されたとは言いがたいように思う。

（4）SDGs と有機農業

以上，「農業・農村」「家族農業・小規模農業」「土壌」という SDGs 実現の鍵となる概念を確認した。また「家族農業・小規模農業」「土壌」は国際イニシアティブとして強調されたにもかかわらず「新基本計画」を見るかぎり，日本農政の中でいまだ重要視されていないことも確認された。鍵概念を提示するだけでなく，SDGs 実現と気候変動への対応に向けた行動を可能にする具体的手段・具体的農法を示すことが必要である。上記概念に通底するものを結節して見えてくるのは，家族農業・小規模農業に親和的で，適切な土壌管理による土づくりを基本とする，具体的手段・具体的農法としての有機農業である。

有機農業を SDGs 実現のための具体的手段・具体的農法として位置づけるためにまず，有機農業の定義を確認しておく。コーデックス委員会（FAO/WHO 合同食品規格委員会）の「有機的に生産される食品の生産，加工，表示及び販売に係るガイドライン」（1999年）によると，「有機農業は，環境を支えるさまざまな手法の一つである。有機生産システムは，社会的，生態的及び経済的に持続可能な，最適な農業生態系の達成を目指す生産の明確で厳密な基準に基づいている。」「『有機』とは，有機生産規格に従って生産され，正式に設立された認証機関又は当局により認証された生産物であることを意味する表示用語である。有機農業は，外部からの資材の使用を最小限に抑え，化学合成肥料

や農薬の使用を避けることを基本としている。」「有機農業は，生物の多様性，生物的循環及び土壌の生物活性等，農業生態系の健全性を促進し強化する全体的な生産管理システムである」等とされており，日本をはじめ各国の有機農業基準はこのガイドラインに準じている。

　そのうえで，日本における定義を見てみると，ねじれた構造になっていることがわかる。「有機農産物」（「有機農産物の生産の方法」）と「有機農業」という2つの文言が，各々異なる法規の中で定義されているからである。この2つの法規の併存は，多くの問題を孕んでいるが，その課題については後で論じることにし，ここでは法文で規定された「定義」のみを検討する。

　まず，「有機農産物の生産の方法」は「日本農林規格等に関する法律（JAS法）」に基づく「有機農産物の日本農林規格（有機JAS規格）」（2000年）に定められている。有機農産物は「農業の自然循環機能の維持増進を図るため，化学的に合成された肥料及び農薬の使用を避けることを基本として，土壌の性質に由来する農地の生産力（中略）を発揮させるとともに，農業生産に由来する環境への負荷をできる限り低減した栽培管理方法を採用したほ場において生産すること。」（第2条）とされ，第4条では，肥培管理，有害動植物の防除など，有機農産物の生産の方法についての基準が詳細に規定され，原則に則った栽培では生産が困難な場合に使用できる「肥料及び土壌改良資材」「農薬」等の資材として別表が定められている。

　一方「有機農業」は「有機農業の推進に関する法律」（2006年）に定義されている。有機農業とは「化学的に合成された肥料及び農薬を使用しないこと並びに遺伝子組換え技術を利用しないことを基本として，農業生産に由来する環境への負荷をできる限り低減した農業生産の方法を用いて行われる農業をいう。」（第2条）。

　多少違いはあるが，両者の定義内容はほぼ同じといえる。[5]有機農業の「基本技術は土壌に有機物を施用することであり，これにより『土づくり』をおこない，土壌を健全化させ，その結果として安定した農業生産をおこなうものである。したがって持続可能な土壌を主眼に置いた農業体系といえる」（上野 2019）。

　「新基本計画」の中での有機農業の位置づけはどうか。「（8）気候変動への対応等環境政策の推進」の「⑥農業の自然循環機能の維持増進とコミュニケー

ション」の中に，「SDGs の達成に向け，持続可能な農業を確立するため，有機農業をはじめとする生物多様性と自然の物質循環が健全に維持され，自然資本を管理・増大させる取組について消費者等に分かりやすく伝え，持続可能な消費行動を促す取組を推進する。」（55ページ）とある。「SDGs の達成」のために課せられた「持続可能な農業を確立する」という目標を実現するための具体的な方法として「有機農業をはじめとする」「取組」を位置づけていると捉えることができるが，ここではその取り組みを「消費者等に分かりやすく伝え，持続可能な消費行動を促す取組を推進する」と続き，主眼は SDGs 達成のための手段としての有機農業の推進というより，消費者に持続可能な消費行動を促すことにある。また，同「③有機農業の更なる推進」（54ページ）にも記載があるが，文面を見るかぎり新規性は感じられないし，推進のための具体的施策も見出せない。

2　有機農業の再定位

（1）有機農業の現在──伸び悩む有機農業

「有機農業の推進に関する法律」（2006年，以下，「有機農業推進法」）施行後，同法第 6 条第 1 項の規定に基づき，2007年，農林水産省は「有機農業の推進に関する基本的な方針」（2014年，2020年に改定）を策定した。これに従い，2008年度からは有機農業総合支援対策が予算化され有機農業推進に向けた事業が本格的に始まった。

2014年の「基本的な方針」では有機農業の拡大に向けた具体的数値目標を「平成30年度までに現在0.4％程度と見込まれる我が国の耕地面積に占める有機農業の取組面積の割合を，倍増（1％）させる。」と打ち立てたが，その目標は達成されなかった。有機農業取組面積は2018年現在 2 万3700ha で全耕地面積に占める割合は0.5％にすぎない[6]。

一方，世界の有機農業の取組面積は1999年から2018年の間に約6.5倍に拡大し，2018年には7150万ha，全耕地面積に対する有機農業取組割合は約1.5％である。耕地面積に対する有機農業の取組面積割合が高い国（2018年）はイタリア（15.8％），スペイン（9.6％），ドイツ（9.1％），フランス（7.3％）と EU 諸

国が続きアメリカ，中国は0.6％となっている。また，世界の有機食品売上は増加しつづけており，2018年で約11.6兆円（約1050億ドル／１ドル＝110円）である。米国の売上は５兆円超，ドイツ，フランス，中国は１兆円超，日本は1816億円で，有機食品市場規模としては世界13位である。

　世界に比して日本の有機農業は伸び悩んでいるように見えるが，他方，新規参入者のうち全作物で有機農業を実施する者の割合は20.8％（2016年），一部作物で有機農業を実施する者の割合は5.9％で[7]，多数の新規参入者が有機農業に関心を抱いていることがわかる。ここに有機農業の潜在力と可能性を見出すことができる。

（2）持続性を失いゆく農業と有機農業運動――有機農業の歴史

　日本における有機農業運動が活発化したのは1970年代からである。その背景には，1950年代後半から始まる高度経済成長の歪みとして顕在化した深刻な環境汚染問題がある。高度経済成長は農政にも大きな影響を与えた。1961年に制定された農業基本法の下，他産業に均衡しうる農業所得を得ることのできる自立経営の育成，農産物の自由化と選択的拡大，農業構造改善を推進した結果，農業部門から他産業部門への労働力移動はさらに促進され，特定作物への特化が進み，土地利用型農業と施設型農業の分離による単一経営が増加した。耕畜分離により有機的な物質循環が切断され，代わりに工業部門から農薬と化学肥料が供給され，窒素循環は一方向化した。農薬と化学肥料の大量使用は，農業環境問題を生じさせた。

　これに危機感を抱く者，近代農業へのアンチテーゼを掲げ有機農業へ転換する生産者，「食の安全」を求める消費者が現れはじめた。一楽照雄（当時，協同組合経営研究所理事長），荷見武敬（農林中央金庫）らが，農業経済の視点から有機農業の必要性や意義を説き，若月俊一（佐久総合病院）が農業者の健康状態や有機農業への意識を調査するなど，有機農業への関心が高まっていく。1971年，一楽の呼びかけで，福岡正信，梁瀬義亮（医師），若月らの参加を得て，塩見友之助（元農林事務次官）を初代代表幹事に，日本有機農業研究会が発足した。

　同研究会の取り組みは，「生産者」と「消費者」が「顔と顔の見える関係」

を築き，農産物の直接取引をおこなう「産消提携」という独自の運動形態を生み出し展開されたが，80年代以降，生活協同組合等の共同購入事業組織や有機農産物専門流通業者の登場，スーパーなど一般小売店の参入など，「産消提携」の枠外でも有機農産物が取り扱われるようになると，次第に停滞・後退していく。一方「有機」という言葉が氾濫し，市場が混乱するようになり，有機農産物等の表示規制，統一栽培基準や検査認証制度の必要性が叫ばれるようになる。1992年10月，農林水産省は「有機農産物等に係る青果物等特別表示ガイドライン」（有機農産物や特別栽培農産物の表示ガイドライン）を制定し，表示基準を設定した。

　同年6月には「新しい食料・農業・農村政策の方向」（新政策）が公表されている。1993年のガット・ウルグァイ・ラウンド農業合意への対処として策定された「新政策」には後の「食料・農業・農村基本法」の柱となる4つの基本理念が内包され，「環境保全型農業の推進」も打ち出された。この時点で，日本農業の進むべき方向として環境に配慮した農業が捉えられていたと言える。これに先立ち，1989年には農林水産省内に有機農業対策室が設置されたが，1992年の新政策公表に伴い環境保全型農業対策室に改称された（2008年に農業環境対策課に改組）。ここに有機農業は環境保全型農業の一形態という位置づけがなされることになった。

　1999年7月，「食料・農業・農村基本法」（新基本法）が施行された。新基本法と同時に，「農林物資の規格化及び品質表示に関する法律の一部を改正する法律」（JAS法）が改正され，有機農産物および有機農産物加工食品の検査認証制度が法制化された（以下，「有機JAS制度」[8]）。JAS法施行規則の中に有機農産物，有機加工食品が位置づけられ，有機農産物，有機加工食品の日本農林規格が告示として公布された[9]。以降，日本農林規格に基づき，農林水産大臣が認定した第三者機関（登録認証機関）による検査認証を受けた認定事業者が，認定圃場（ほじょう）・施設で生産した有機農産物および有機農産物加工品のみに有機JASマークを添付することができ，有機JASマークが付されていなければ，「有機」と表示することができない。その後，有機飼料，有機畜産物の日本農林規格も制定されている。

　2006年12月，超党派の有機農業推進議員連盟の提案による議員立法で「有機農業の推進に関する法律」が制定された。この法律は，有機農業の推進に関

し，基本理念を定め，国および地方公共団体の責務を明らかにし，国が有機農業の推進に関する基本的な方針（基本方針）を，都道府県が有機農業の推進に関する施策についての計画（推進計画）を定め，国および地方公共団体が有機農業者等の支援のために必要な施策を講ずることなどを定めている。

（3）グローバル化に抗う有機農業と法制度の課題

　グローバル化に抗い近代農業に疑問を呈し，長い間，社会的周縁にあった有機農業は，SDGsというグローバルな目標実現のための梃子として，社会を活性化し変革する中心的な役割を与えられたように思える。有機農業がその役割を果たすためには，まず「農業の持続可能性」とは何かをあらためて議論しておく必要がある。もちろん，すでに「新基本法」の基本理念に「農業の持続的な発展」が掲げられているが，残念ながら具体的中身の追求がなされないまま，市場原理に引きずられて今日に至っているように見える。今あらためて理念設定時の目的に立ち返り，農業の持続可能性を議論し，理念の再構築をなすべきである。そしてその中に有機農業をきちんと位置づける必要がある。

　すでに述べたように日本の農政の中に環境重視の視点，環境保全型農業という概念が登場するのは1992年の新政策からである。同年，EUは共通農業政策改革（CAP改革）に着手している（マクシャリー改革）。以降，EUは経済と環境のバランスをとりながら様々なCAP改革をおこなってきた。かたや日本は1999年に「新基本法」を制定したものの，農業環境問題を深く追求することはなかった。ゆえに，現在ではEUの政策と大きな差が生じてしまった。

　有機農業に関わる法制度・政策体系の課題を確認しておこう。先に見たように，「有機農産物の生産の方法」を規定する「有機JAS制度」と「有機農業」を規定する「有機農業推進法」という2つの法制度が，併存している。

　JAS法はその名称のとおり，品質と品質表示の法律である。したがって，有機農産物の検査認証制度を規定することはできても，有機農業そのものをJAS法の中に規定することはもともと無理があった。2018年にJAS法は改正されたが，有機農産物の生産方法についての基準や定義は日本農林規格（有機JAS規格）として告示に位置づけられたままである。一方，「有機農業の推進に関する法律」では，「有機農業」は定義されているものの，生産の方法につ

いての詳細な基準は規定されていない。また条文からはわからないが，有機
JAS規格の基準に準拠した生産をおこなっているものの，有機JAS制度に基
づく検査認証を受けていない農業者[10]もこの法律の支援対象となっている。有機
JAS制度における「有機農産物の生産の原則」も有機農業推進法の「有機農
業」の定義[11]も，内容はほぼ同じである。にもかかわらず，後者が検査認証を受
けない生産者を法の対象に含めているがために，両者を統合することができな
い。

　また，「みどりの戦略」では，「有機JAS認証取得」か「認証を取得してい
ないが同基準に準拠した生産水準」を「国際的に行われている有機農業の取組
水準」と明記しており，「有機農業の推進に関する法律の取組水準」で生産さ
れた農産物には，「国際的に行われている有機農業の取組水準」を満たさない
ものが含まれていることを明確に示している。このように複雑でわかりにくい
しくみが，有機の普及を妨げる一因となっているのではないだろうか。

　以上の課題をはじめ，各種補助金制度等を整理し，わかりやすい政策体系に
構築しなおす必要がある。また，各々の「有機農業」「環境保全型農業」「持続
性の高い農業生産方式」「特別栽培」等を各々の生産方法の基準に基づき，環
境への負荷に着目して段階的に位置づけ，有機を一つの到達点とする連続的な
推進策あるいは誘導策の構築が必要であろう[12]。

3　有機農業とむら・いえ・土地──まとめにかえて

　かつて有機農業は，有機農業に取り組む農家とむら社会や慣行農家との間で
コンフリクトを生じさせ，有機農家はむら社会から孤立することが多かった。
むら社会の周縁に位置していた，マージナルな存在としての有機農業が，今や
表舞台へ躍り出て，国際的国内的支持のもと，地域の農業を牽引する存在にな
ることを期待されている。

　では，むらにとって有機農業はどのような意味を持つのか。

　むらは，農業生産活動がおこなわれる場であり，同時に農業者と非農業者も
含めた住民の生活基盤でもある。農業は地域環境や地域社会と密接に関連して
いて，地域環境であり地域社会であり地域基礎単位であるむらを維持するため
にはむらの農業を継続しておこなう必要がある。農業が継続されてこそ農地の

管理はもとより，地域空間の管理，景観の管理が可能になる。

　むらでおこなわれる農業が「有機農業」ならば，むらの生物多様性は維持され，物質循環のバランスは保たれ，土壌生物は活性化し，農業生態系は健全で豊かになるはずだ。有機農業者は自然に働きかけ農業生産手段を入手する一方，土づくりによって有機物を自然に返し，その地力を高めるという活動をくりかえすはずだからだ。その意味で有機農業が展開されるむらは持続可能なむらとなりうる。

　また，むらの社会を意識的に再生産するむらづくりを，「有機農業」をキーワードに，非農業者も農業者も含めた生活者たる住民が主体となって展開するなら，むらの社会と経済の持続的な発展を実現できる可能性がある。たとえば「『農の多面的機能』を公共的価値とみとめて，それを消費者に広く教育」したり，「学校や病院の給食に有機農産物を導入する『グリーン購入』の政策手法などを駆使して需要を創造」（谷口 2020）することも考えられる。

　農林水産省が各都道府県に対し，2020年8月から9月にかけておこなったアンケート調査結果「平成30年度における有機農業の推進状況調査（都道府県対象）結果」がある。[13]この調査中「有機農産物（有機JAS認証を取得した農産物）及び有機農業により生産された農産物の地域内消費拡大に向けて，都道府県として取り組まれていることはありますか（6次産業化の取組，地場加工業者等と連携した農商工等連携の取組，給食等）。」という質問に対し，「はい」と答えたのは47都道府県中21（45％）だった。また，「児童・生徒，住民と有機農業者との相互理解の増進のため，食育，地産地消，農業体験学習，都市農村交流等と連携して行っている取組はありますか。」という質問に対し「はい」と答えたのは15都道府県（32％）だった。各都道府県は，学校給食や食育，地域内循環や地産地消を念頭に置き，これらの支援に力を入れれば，有機農産物で地域自給を高めたり，有機農業が生み出す多様な価値で地域を活性化することができるのではないか。地域経済の持続的な発展を実現しようとするなら，地域内再投資力（地域内でくりかえし再投資する力）をいかにつくりだすかが決定的に重要であるが（岡田 2020），有機農業をキーワードに上記のような支援に力を入れることで，地域内再投資力を生み出すきっかけをつくることができるかもしれない。

　日本農業では，「『むら』という地域基礎単位で共用し管理する膨大な『地域

共用資源』（とくに水や土地）の利用なしには農業経営そのものが成り立たない」。「日本で持続的で生態的に合理的な農業を形成する農法変革のための基本課題は」「地域共用資源を整序して循環利用すること，そのために管理者である『むら』を制度的に復権すること」だという（磯辺 2005）。農業生産，営農活動の担い手は個々の経営体だが，地域共用資源たる「農地管理」の主体はむらである。また，化学肥料や農薬使用の管理を地域環境における土壌や水質の管理と捉えれば，個々の経営体による個別的な対応だけでは不十分で，その管理主体は地域基礎単位であるむらを措定できるだろう。

　このような取り組みの牽引役として有機農業を据えてはいるが，他を排除したりあるいは有機農業のみを最善とみなし強要したりすることを意味していない。第2節（3）で述べたように，再定義した「持続可能な農業」をベースに，最終的な目標として有機農業に取り組めるよう，徐々にステップアップしていくような技術的制度的なしくみ――たとえば農薬や化学肥料の削減と土づくり等から取り組みはじめるなど――を構築することはできないだろうか。また，有機農業を推進するうえでは，有機農地の団地化が望ましいが，農協や行政が団地化を誘導するなど，農協等が地域を束ねることができれば，あるいは地域の話し合いとむらの農地管理機能が発揮できれば，有機農業への転換に向けた動きを促進することも可能ではないか。

　国際的には，SDGs という今や誰もが知るミッション等をバックアップに，国内的には「2050年に有機農業100万ha 目標」を華々しく掲げた「みどりの食料システム戦略」を背景に（それが非現実的なバルーンだったとしても，俎上に載ったことは大いに意味がある），内外の圧力を好機とみなし，有機農業が日本農業の牽引役を担えるか否か，有機農業関係者だけでなく，地域あげての取り組みにかかっている。

　SDGs 達成に大きく関わる農業の持続可能性には「家族農業・小規模農業」が重要な鍵を握ること，そして SDGs 達成のための具体的手法として有機農業を位置づける必要性と重要性を考察してきた。それでは，小規模農家の対極に位置する大規模農家（家族経営・法人経営）はどうか。大規模経営が増加する中，日本人常雇労働力の不足を補うために外国人労働力，すなわち，外国人技能実習生（2019年からは特定技能外国人も）を導入する農家が増加しているのも認識しておかなければならない。

註

1)　この「食料の安定供給の確保」「多面的機能の発揮」という２つの理念をもって，2000年から開始されるWTO農業交渉に備えることが新基本法の使命であった。

2)　https://www.maff.go.jp/j/kokusai/kokusei/kanren_sesaku/FAO/undecade_family_farming.html

3)　EUは次期CAP（共通農業政策）改革で小規模な家族経営への支援をさらに強化する見通しである。

4)　1963年に，消費者の健康の保護，食品の公正な貿易の確保等を目的に，FAOとWHOにより設置された合同委員会。国際食品規格等の策定をおこなう国際的な政府間機関である。日本は1966年に加盟した。

5)　「有機農業の推進に関する法律」第２条で言及している遺伝子組み換え技術について，「有機農産物の日本農林規格」では第４条に「組換えDNA技術を用いて生産されたものでないこと。」と規定している。

6)　「有機農業について」農林水産省，2021年４月 https://www.maff.go.jp/j/seisan/kankyo/yuuki/attach/pdf/index-154.pdf 以下のデータは当該資料による。

7)　新規就農者の就農実態に関する調査（2006，2010，2013，2016年　全国農業会議所　全国新規就農相談センター）による。新規就農者調査（農林水産省）によると，2010年，2013年，2016年の新規参入者は各々1730人，2900人，3440人。 https://www.maff.go.jp/j/seisan/kankyo/yuuki/attach/pdf/index-154.pdf 参照のこと。

8)　WTO体制の下，TBT協定（貿易の技術的障害に関する協定）が発効され，合理的理由がないかぎり国内規格は国際規格を基礎とすることが義務づけられた。そのため，コーデックス委員会による国際食品規格や認証制度への対応や整合性が求められていたことも，有機農産物および有機農産物加工食品の検査認証制度が法制化された理由の一つである。

9)　「有機食品に関する日本農林規格は，コーデックスガイドラインに準拠して定められたものであり，米，欧，豪，等の諸外国においても，我が国と同様にコーデックスガイドラインに準拠した制度である。」農林水産省食料産業局食品製造課基準認証室「有機食品の検査認証制度について」2021年３月，https://www.maff.go.jp/j/jas/jas_kikaku/attach/pdf/yuuki-202.pdf

10)　有機農業の法的定義の確立と認証制度の施行を否定的に捉えてきた有機農業運動の研究者に対し，「法制度の定義には有機農業運動の研究者が繰り返し強調してきたような，消費者や販売者との事前の契約やプロセスの共有が不可欠で

あるという視点が弱いと繰り返し批判されている。」「だが，こうした評価は，研究者や実践者の抱くある特定の有機農業の形態や理念を所与のものとし，そこからの『逸脱』であることを意味しているにすぎない。」という批判的意見がある（中川　2019：154-155）。

11）このような状況に至った日本有機農業研究会の活動の経緯については，西尾（2019：67-69）に，批判的視点をもって記載されている。

12）外山（2014：194）参照。2004年段階の状況について論じているが，現在もなお同じことが言える。

13）都道府県における有機農業の推進状況調査（結果）https://www.maff.go.jp/j/seisan/kankyo/yuuki/attach/pdf/chosa_jichitai-48.pdf

東アジアの開発主義・新自由主義と都市土地所有

第　11　章

東アジアの都市土地所有と住宅問題
———小土地所有の危機と再生———

大泉英次

はじめに

　第III部は，国家体制の転換およびグローバル資本蓄積の発展という2つの歴史的条件のもとで，日本・韓国・台湾・中国における都市土地所有と住宅市場，住宅政策の変化を考察する。ここで国家体制の転換とは，開発主義国家から新自由主義国家への転換を指す。そしてグローバル資本蓄積の発展とは，東アジアにおける外生循環編制の形成・発展・変容および金融グローバル化の進展を指す。

　本章はまずこれらの歴史的条件について説明し，次に都市の土地問題と住宅問題に関する基本的諸論点を考察して第III部のプロローグとする。

1　開発主義国家から新自由主義国家へ

（1）開発主義

　現代の東アジアにおいて，経済と国家の関係に共通して見られる特徴は開発主義である。開発主義とは，国家が国民経済の成長を目標にして，経済社会に長期的・系統的で強力な介入をおこなう体制とそのイデオロギーを指す。これは国家の性格の違いによって類型分けできる。

　韓国と台湾の開発主義はその初発において，軍事クーデターで成立した独裁政権が経済社会への強力な介入をおこなった。これは開発独裁国家と呼ばれ，

東アジアに限らず世界の発展途上国にも見られるものである。

　戦後日本の開発主義は，独裁権力ではなく議会制民主主義国家が担い手だったから，国家の支配に対する国民の自発的支持・同意のシステムを必要とした。この自発的支持・同意を調達する経済体制とイデオロギーが企業主義であった（後藤　2001）。

　したがって東アジアの開発主義は次の構図をとる。韓国と台湾では，冷戦体制の前線，分断国家・軍事的対立という政治環境の中で開発独裁国家が成立した。日本では，冷戦体制における前線への補給基地という位置づけのもとで特異な開発主義国家が成立した。そして，社会主義国家である中国は，1980年代改革開放政策と「4つの現代化」政策によって国家政策を開発主義に転換した。

（2）新自由主義

　新自由主義は福祉・公共サービスの縮小と民営化（小さな政府），市場競争の自由化，規制緩和を主張する経済政策思想である。これが1990年代の経済グローバル化を背景に，世界を「変革」するグローバル・イデオロギーに成長した。

　新自由主義の経済政策は，1987年の G7ベネチアサミットで「構造政策」というシンボリックな名称を与えられた。それ以来「構造改革」は事実上，公共セクターの民営化，企業活動と市場取引の規制撤廃，労働コストの引き下げ，労働力移動を容易にする雇用形態の普及などを意味する経済用語となったのである。

（3）開発主義から新自由主義への転換

　序章で，日本‐韓国・台湾‐中国の東アジア外生循環構造編制について，その形成・確立・変容の経緯を説明した。この歴史的過程に対応し，1980年代〜90年代に日本・韓国・台湾で開発主義国家から新自由主義国家への転換が進行した。中国では，市場経済化と輸出主導型成長をめざす経済改革が進行し，国家政策は開発主義に転換した。

　だが開発主義から新自由主義への転換は開発主義の否定や消滅を意味しない。そもそも新自由主義は社会統合の機能を持たないので，何らかの社会統合イデオロギーによる補強，補完が必要なのである。こういう事情はどこの国でも──したがって欧米でも──同様である。

　新自由主義と開発主義の関係は，日本や中国と韓国・台湾とでは様相が大きく異なる。日本では，新自由主義国家への移行後も開発主義は放棄されていない。開発主義は新自由主義によって変形され，選別的になったのである。市場経済化を通じて「社会主義現代化強国」をめざす中国は，国内外ともに開発主義を強烈に押し出しつづけている。今や世界の発展途上国にとって「開発独裁の先進モデル」となることをめざしているように見える。

　これらに対して，韓国と台湾における政治・イデオロギー状況の変化はきわめてダイナミックである。韓国と台湾は1980年代に独裁体制の変革＝民主化を成し遂げた。その背景には経済成長の達成が開発独裁国家の社会的基盤を掘り崩したという事情があったにせよ，政治変革は広範な市民・国民が成し遂げたものであり，そのことが政治・イデオロギーの多元化状況を生み出したのである。

　韓国と台湾の政治的社会的状況は，南北朝鮮の分断そして中国との対峙というきわめて困難なものであるが，そのことが力強い社会運動の発展を生み出している。これに対して日本は，新自由主義と開発主義の結合が生み出す社会的危機と人々の閉塞意識を打開する展望を見出せていない。

2　金融グローバル化の展開

（1）金融の肥大化と国際化

　開発主義国家から新自由主義国家への転換を促迫した要因は，外生循環構造編制の形成・確立と並んで，金融グローバル化の進展である。金融グローバル化は2つの側面を持っている。一つは，実体経済の成長を大きく上回る金融経済の成長・肥大化である。そしてもう一つは，金融経済の国際化，すなわち国際的金融取引の増大と国際金融市場の成長である。

　1970年代以降，先進諸国で大企業の蓄積様式の変化が進み，これが一方で

多国籍企業の発展，他方で金融の肥大化を生み出した。

　先進諸国は1970年代半ばに高度成長から長期的低成長の局面に移行した。その原因は，国内的には少子高齢化と所得格差の広がりによって消費拡大が抑制されたこと，国際的には新興国・途上国企業の一部がグローバル化した生産分業過程に参入を開始し，先進国企業にとって強力なライバルとなったことである。低成長は，国内での貯蓄の増加と産業投資の減少をもたらし，過剰資金（産業投資に向けられない資金）の増加，そして金融市場でのその運用拡大，すなわち金融の肥大化を引き起こした（紺井 2017）。

　金融の国際化は，1970年代初めにおける国際通貨制度の変容を契機として大きく進展した。金ドル交換停止と変動相場制移行は国際資金移動の活発化をもたらし，先進諸国の過剰資金の運用の場は国内金融市場から国際金融市場へと広がった。ユーロダラー，ユーロカレンシーを用いた金融取引は，通貨，証券から金融派生商品さらに暗号資産に運用手段を広げ，実体経済から遊離したマネーゲームが膨張している。

（2）グローバル資金循環と東アジア

　金融グローバル化は，世界の金融市場を移動するグローバル資金循環の成長である。その最大の供給源は，慢性的な経常収支赤字国のアメリカから流出し，対米経常収支黒字国に累積する過剰ドル資金である。

　金融グローバル化は，各国金融市場への過剰資金の流入が生み出す金融資産・不動産ブームとその破綻の反復を通じて進展した。1980年代の国際不動産ブームとその破綻，1990年代のアジア通貨・金融危機，そして2000年代の国際不動産ブームと世界金融危機。ブームと破綻のサイクルはその規模を飛躍的に拡大してきた。

　こんにち，グローバル資金循環の一方の極には，対米黒字国である日本，韓国，台湾そして中国がいる。1980年代ブームの主役は日本マネーだったが，世界金融危機後の国際金融の主役は中国マネーである。この主役交代は外生循環構造編制の確立そして変容を反映している。ここに至る過程で，東アジア各国は急激な金融自由化と新自由主義的構造改革を経験してきた。金融自由化は住宅ローン市場の成長を引き起こし，それが持ち家市場の成長そして住宅政策

の新自由主義的転換を強く促した。

3　東アジアの都市土地所有

（1）開発主義国家と都市土地所有

　都市の私的土地所有は法人所有と個人所有に大別される。農業的土地利用と対比される都市的土地利用は，工場・オフィス・店舗用地および住宅地からなる宅地，さらに道路等の土地利用形態を指す。これらが法人・企業および個人によって産業用途または生活用途で所有され利用されるのである。

　土地が産業用途で利用される場合，位置や人口・企業集積において有利な条件を持つ土地を利用する企業は，平均利潤を超える大きさの利潤（つまり超過利潤）を得ることができる。より有利な条件の土地（優等地）の利用をめぐる競争は，企業競争において決定的な重要性を持っている。

　東アジアの開発主義国家は，重化学工業と大企業の急速な成長を促すため，大規模な用地造成や産業基盤整備に財政資金を集中し，これを大企業に優先的に，かつ少ない費用負担で提供した。大企業にとっては，この土地利用の独占が高収益と輸出競争力を支える重要な条件となったのである。

　こうした事情は工業的土地利用に限らない。集積利益が大きい優等地の所有と利用は，商業・金融・サービス業の企業競争において決定的な重要性を持つ。したがって都市の土地市場においては，土地の所有・利用をめぐる企業競争を通じて，大企業への土地集中が進行する。優等地を中心に土地集中が進むと，残された土地をめぐる自余の企業や個人の競争は激しくなり，地代・地価の高騰が優等地から劣等地へと広がっていく。

　開発主義国家のもとでの持続的な地価高騰は，農村そして都市の個人土地所有の様相に重大な影響を及ぼした。農地と宅地あるいは住宅地の個人所有は，生活権・営業権を保障する根本条件である。しかし地代・地価の高騰は，自己の生活・営業利用という本来の目的を離れ，収益を生む資産所有という目的での土地所有を拡大させた。「土地の価値は値下がりしない」「土地は最も安全で有利な資産」という土地神話は，開発主義国家の都市開発が生み出した観念だったのである。

（2）土地所有論から住宅市場論へ

　住宅は土地と一体化した財であり商品である。人々が居住する住宅はモデルハウスではない。現実の住宅は特定の土地空間とセットの居住空間である。したがって土地市場の変動は住宅市場と住宅供給の動向を強く規定する要因である。実際，都市の地代・地価高騰と資産的土地所有の増大は，住宅市場に甚大な影響を及ぼした。

　日本・韓国・台湾における開発主義の住宅政策はどのような経過をたどったか。開発主義国家は，公共住宅の建設・供給よりも，住宅確保の自助努力（持ち家）を促す金融支援を選択した。小土地所有（農地・住宅地）の保障を通じて，新旧の中間層の成長を支援するという政策は，開発主義イデオロギーの社会統合機能に格好の安上がりな手段を提供したのである。

　住宅問題の展開において1980年代後半は重大な画期をなす。開発主義の住宅政策が地価と住宅価格の暴騰によって限界にぶつかり，軌道修正を迫られたのである。日本ではバブル経済で地価暴騰は極限に達し，1989年12月に土地基本法が制定された。韓国では同じく1989年12月に土地公概念関連3法が制定され，200万戸住宅建設運動が展開された。台湾では1989年8月に，住宅価格と家賃の暴騰に抗議する無殻蝸牛運動が高揚した。これらとは歴史的意味が異なるが，中国では1980年代に住宅制度の改革と市場化が開始された。

4　東アジアの住宅市場と住宅問題

（1）住宅問題のグローバル化

　経済グローバル化と大都市への人口・資本集中，所得・資産格差の広がりは，東アジアだけでなく世界各国の住宅問題を新たなステージに引き上げている。

　1970年代以降の金融の肥大化が住宅ローン市場と持ち家市場の成長を引き起こし，住宅価格の高騰で，住宅は消費財であるだけでなく金融資産としての性格を強めた。そして住宅市場はブームと不況を反復する不安定な様相を示すようになった（大泉 2013）。

　1980年代以降の国際不動産ブームと破綻のサイクルは，世界各国の住宅市

場を巻き込んで拡大していく。金融グローバル化によって住宅問題もグローバル化したのである。

　世界金融危機後の住宅問題はハウジング・ディバイド（housing divide：住宅供給の格差・分断）という表現で語られるようになっている。これは，住宅市場の景気回復の不均等，人種間・所得階層間・地域間の居住格差の拡大，大都市での借家の家賃高騰などの事態を指す。

（2）東アジアの住宅市場と住宅問題

　こんにちの東アジアの住宅問題は，このグローバル住宅問題の一環である。外生循環構造編制の確立と変容，そして金融グローバル化は，大都市における人口集中そして経済構造と所得・雇用構造の変化をもたらした。それが住宅市場と住宅制度・政策の変化の背景にある。第III部の各章は，2000年代以降の日本・韓国・台湾・中国の大都市における住宅市場の動向をたどり，その共通性と独自性を考察する。

　グローバル化する住宅問題はハウジング・ディバイドの深刻化である。住宅市場の格差と不安定化は持ち家層と借家層の中にリスクと負担を広げる。東アジアの大都市における住宅市場と持ち家世帯，借家世帯が置かれている状況は，その一つの表現である。

　ハウジング・ディバイドを解決すべき住宅政策の課題は，affordable housing（家計にとって費用負担可能な住宅の供給），decent housing（良好な住宅の供給），fair housing（低所得世帯を排除しない公平な住宅供給）の達成である（大泉 2019）。東アジアにおける住宅政策の課題もこれである。第III部の各章は各国の住宅問題の展開の中から住宅政策の課題を具体的に考察していく。

（3）都市における小土地所有の危機と再生

　第III部の都市・住宅問題論は，第I部・第II部の農業・農村問題論とともに，東アジア資本主義における〈小土地所有の危機と再生〉という研究課題に接近しようとする意図を持つ。

　都市の〈小土地所有の危機〉とは何か。ほんらい自由で安定した居住の前提

条件であるべき小土地所有（＝生存権的土地所有）が，産業的土地所有・利用との市場競争にさらされ，かつインカムゲイン・キャピタルゲイン取得の手段（＝資産的土地所有）と化している。これは土地所有の金融化である。そのことで，土地所有・利用の高費用負担と家計破綻のリスク，そしてそれを回避するための土地所有・利用の零細化，さらには土地所有・利用からの低所得層の排除が生み出されている。

　他方，都市の〈小土地所有の再生〉とは，持ち家居住（＝土地・住宅所有）を高負担・零細化・排除から解放することだけではない。借家居住者の土地・住宅利用もまた，高負担・零細化・排除から解放されなければならない。

　〈小土地所有の危機と再生〉という問題視角は，「東アジア外生循環構造編制の確立および変容」という問題視角と一対のものである。それは，東アジア地域経済の安定と成長を展望するために必須の研究課題である。

第 *12* 章

日本の都市・住宅問題
―――土地・住宅市場の二極化と不安定―――

大泉英次 （はじめに，第 1〜4 節）・佐藤和宏 （第 5 節）

はじめに

　戦後日本経済は，アメリカ占領下での戦後改革（1945〜47年：財閥解体，農地改革，労働改革）と復興政策・超インフレ期（1945〜49年）そして「朝鮮戦争特需」期（1950〜51年）を経て，1950年代半ばから高度成長を開始した。以後の時期区分は高度成長期（〜1970年代前半），低成長期（1970年代後半〜1990年代），デフレ期（1990年代末〜現在）となる。国家体制の転換という視点で言えば，高度成長期から低成長期が開発主義の時期であり，デフレ期は新自由主義の時期である。

　本章の課題は，開発主義から新自由主義への転換の中の，都市土地問題と住宅問題の考察である。前半では 3 つの時期区分に沿って，大都市の土地所有・土地利用の構造変化をたどる（第 1〜2 節）。後半では同じく住宅政策と住宅市場の変化を考察する（第 3〜5 節）。

1　都市開発と土地所有

（1）日本型開発主義と都市開発

日本型開発主義

　戦後日本社会は「開発主義国家」と「企業主義社会」の合成という特徴を持っていた。急速な経済成長を目標とする産業政策と国土開発政策に支援されて，

重化学工業と金融業を中心とする大企業集団が成長を遂げた。その大企業で形成された労使関係秩序（企業別労働組合・年功賃金・終身雇用）が労働者の生活意識に強い影響力を発揮した。

　「企業の成長あってこそ生活の向上がある」という意識は，大企業の労働者とその家族だけでなく，広く都市住民の中に浸透していった。地域社会には，立地企業の業績向上が雇用・所得の増大，そして住民生活の向上をもたらすというトリクルダウン効果への期待が広がっていった。こうして「開発主義」と「企業主義」はワンセットの社会統合イデオロギーだった（後藤 2001，広原 2001）。

開発主義の国土政策と都市計画

　高度成長の初期に策定された新長期経済計画（1957年）と所得倍増計画（1960年）は，太平洋ベルト地帯に重化学工業など成長産業を配置し，これを結ぶ高速自動車道路，新幹線鉄道を建設するという国土構造を構想した。この構想は全国総合開発計画（1962年）および新全国総合開発計画（1969年）に基づいて実現されていく。大都市の過密抑制と地域格差の是正を掲げて，新たな工業拠点づくりが推進された。社会資本整備のかなめは産業基盤と広域交通・通信ネットワークの建設に置かれた。

　他方，都市計画の根拠となる法制度は，1919年制定の都市計画法が戦後になっても存続した。戦前来の都市計画制度は，計画決定の権限を国が握り，建築規制は全国画一で，用途地域制による土地利用規制はきわめて緩やかなものだった。

　新しい都市計画法の制定（1968年）で，都市計画の決定権限は地方自治体に委譲され，区域区分制度（市街化区域と市街化調整区域の区分）と開発許可制の導入，用途地域制の細分化（8種類，現在は13種類）がおこなわれた。これによって欧米諸国と類似する都市計画制度が整備されたが，その実態は多くの問題点を抱えていた。

　区域区分制の目的はスプロールの抑制と計画的な市街地整備にあるが，自治体の都市拡張志向がきわめて強い中で市街化区域は過大に設定され，インフラ整備は常に民間開発の後追いとなった。開発を抑制すべき市街化調整区域でも大規模住宅団地の建設が進められた。

開発許可制度は実効性が乏しかった。市街化区域では小規模開発は許可が不要とされた。市街化調整区域では大規模開発だけでなく小規模開発や商業施設，工場などの建設も「例外的」に認可された。こうした状態は，市街化区域の高地価が市街化調整区域にも波及する結果を招いた。

用途地域制による土地利用規制は緩やかであり，詳細な用途制限・建築規制の機能を持たない。建蔽率・容積率の上限は過大に設定され，規制の効果が乏しかった。

欧米の都市計画制度では「開発・建築の不自由」原則が確立され，社会に受容されている。これに対して日本では，事実上「開発・建築の自由」原則のもとに都市開発が展開されたのである。このことは不動産・住宅市場に決定的な作用を及ぼした。強い開発圧力の中で，土地取引が活発化し，土地利用形態の急激な変化が進む。これが都市とその周辺地域で持続的な地価騰貴を引き起こした。

（2）都市開発の中の土地所有

大都市圏拡大の経済メカニズム

戦後の急激な都市化は，3大都市圏（首都圏・中京圏・関西圏）への産業集積と金融集中を基軸として達成された。大都市圏では，中心大都市（東京都・名古屋市・大阪市）と並んで，鉄鋼，石油化学，自動車，電機産業などの生産拠点として多数の「企業都市」（企業城下町）が形成された。そして，これら大都市圏を主たる業務エリアとし，全国に支店網を展開する都市銀行が成長して金融集中の担い手となった。こうした産業・金融ネットワークの中枢たる地位を占めるのが東京都心部である。

高度成長期を通じて大都市圏は拡大しつづけた。その様相とこれを支えた経済メカニズムは次のように特徴づけることができる。

第一に，中心大都市と企業都市の成長は周辺の小都市や農村地域での人口増加とスプロール（無秩序な開発）の進展，「衛星都市」化を伴った。

第二に，大都市郊外および衛星都市の宅地開発は，高度成長の初期には大企業の新規工場建設と下請・関連企業の進出，そして中小不動産・建設会社による住宅建設という形で展開した。1960年代後半以降は，自動車交通の進展を

背景に，大手デベロッパーによる大規模住宅開発が開始された。農林地を大量に潰廃しつつ，公共部門によるインフラ建設と民間企業の設備投資，住宅開発が進行して，これらの旺盛な開発・建設投資が持続的な地価騰貴を引き起こした。

　第三に，都市開発は産業・金融の両面にわたる資本蓄積を大きく進展させた。日本の建設投資は拡大を続け，その対 GDP 比率は一貫して先進国で最高水準を記録した。巨大な規模の建設投資市場で，その成長の基軸となったのが，公共事業投資に主導された〈民間企業－ゼネコン・デベロッパー－金融機関〉のトライアングル構造だった。

　政府と自治体，各種公団・公社が公共投資政策を決定し，財政資金および財政投融資資金を投入して工事を発注する。公共事業や民間企業の建設事業を受注して，開発事業や建設工事の設計と実施にあたるのがデベロッパーでありゼネコンである。そして金融機関が不動産担保融資によって，それら諸企業に投資・運転資金を供給する。これは，建設投資に媒介された，公共部門と民間産業，金融部門にまたがる資本蓄積メカニズムの展開である。

資本蓄積による土地所有の包摂

　このトライアングル構造が推進する公共・民間建設投資を通じて，土地市場が拡大し地代・地価が高騰していくと，土地所有がもたらす開発利益（地価の上昇益）は，建設・不動産業だけでなくあらゆる企業にとって資本蓄積を加速する強力な手段となった。所有する土地の含み益増加が企業の資金調達を容易にし，また経営リスクに対する安全装置として機能する。こうして，生産・営業の一般的条件としての土地を確保するというだけでなく，収益を生む資産保有という観点からの企業土地所有が拡大していった。

　この経済構造は，建設投資と資産的土地所有の拡大という形で，資本蓄積が土地所有を包摂する関係を表現している。欧米の都市計画制度では，土地の公共性という観点から，また開発事業の財源を確保するという必要から，「開発利益の公共還元」の制度が整備された。ところが日本では，これが土地政策や都市計画の基本原則に据えられることなく，むしろ「開発利益の私物化」が都市開発の動力となったのである。

（3）開発主義のエスカレート

経済循環構造の転換

　1970年代半ばから日本経済は低成長期に移行した。重化学工業の中心である鉄鋼・石油化学の素材型産業は「構造不況業種」に転落し，機械・自動車など加工組立型産業は急激に輸出を伸ばした。日本経済は，企業の「減量経営」による雇用削減・賃金抑制が引き起こした内需＝個人消費低迷のもと，もっぱら外需＝輸出増進に依存する経済循環構造へと転換した。

　その結果，日本経済は1980年代に日米経済摩擦と円高不況を背景とする「産業構造調整」という新たな政策課題に直面する。一方では市場開放を要求するアメリカからの外圧に対処し，他方では産業空洞化と不況を打開するため，民間活力の活用と規制緩和，公共投資の拡大で内需拡大をめざすという政策構想が登場した。

　高度成長から低成長への移行は，ほんらい開発主義の国土政策・都市政策に転換を迫るものだった。しかし「地方の時代」という理念を掲げた第3次全国総合開発計画（1977年）は，その転換を実現することなく，重化学工業に替わる基軸産業の成長をめざす新たな開発主義に道を譲ったのである。

民活・規制緩和政策の導入

　中曽根政権（1982〜87年）は，「産業構造調整」を民活・規制緩和（そして国有地売却で開発のタネ地を提供）による大都市再開発で牽引しようという「アーバン・ルネッサンス」政策を掲げた。これを受けた国土庁「首都改造計画」（1985年）の方針が，第4次全国総合開発計画（1987年）に盛り込まれる。

　4全総は戦後国土政策の方向転換を示す。それは，多国籍企業の中枢たる「世界都市機能」を発揮するための「東京圏の地域構造の改変」を掲げる一方，農山村をもっぱら都市のレジャー消費対象と位置づけた。同年（1987年）にはリゾート法が成立する。こうした舞台装置のもとに1980年代後半の土地・不動産ブームが発生したのである。

　地価高騰は1985年8月に東京都心の商業地で現れ，時を追って周辺商業地・住宅地に波及していった。そして地価高騰の波はさらに東京圏から首都圏，他の大都市圏，地方圏へと広がっていった。ブームの動力となったのは企業の

旺盛な土地購入である。ブーム末期の1990年に全国の土地売買取引総額は59.3兆円にのぼった。地域別では3大都市圏が46.7兆円（78.8％），首都圏だけで27.4兆円（46.2％）を占める。土地購入総額のうち法人の購入額は27.1兆円（45.7％），個人の購入額は22.8兆円（38.4％）だった（旧国土庁『土地利用白書』）。

（4）都市土地所有の構造

土地所有・土地利用の変化

　以上の歴史的経過をふまえて，高度成長期から低成長期に至る土地所有・土地利用の構成の変化を見よう。

　その特徴は，第一に農地の転用・潰廃と都市的土地利用の拡大である。1965年〜85年に，3大都市圏の農用地は89万ha から62万ha に減少した。同じく宅地（住宅地・工場用地・事務所・店舗用地）は27万ha から47万ha に増加し，道路は14万ha から20万ha に増加した。宅地・道路の増加面積26万ha は東京都面積の1.2倍に相当する。

　第二は，法人土地所有の拡大と個人土地所有の増大そして零細化である。1961〜85年に，全国の法人所有地面積は90.4万ha（民有地の6％）から181.8万ha（同12％）に倍増した。1985年に株式上場企業（1708社）の所有面積は60.9万ha で，これは法人所有地総面積181.8万ha の33.5％にあたる。

　他方，個人土地所有者数は同じ期間に1622万4千人から3070万6千人に増加（1.9倍）した。そのうち住宅地所有者は，1107万6千人から3029万5千人に増加（2.7倍）した。しかし住宅地の所有規模平均は461m^{2}から250m^{2}にほぼ半減した。

　法人企業への土地所有の集中は土地資産額で見るといっそう顕著である。地価高騰がピークをつけた1988年，法人所有の土地資産額は528.9兆円（全国土地資産額の28.7％）であり，うち首都圏での所有土地資産額の占める割合は56.2％（東京都だけで40％）だった。

　東京都では大土地所有者への土地集中が極度に進んだ。1989年時点の東京都の土地（全地目）について，2000m^{2}以上を所有する大規模土地所有者（法人・個人）は所有者総数の3.2％にすぎないが，これが民有地総面積の60％を占めていた。法人所有については，所有者総数の9.2％である大規模土地所有

者が，法人所有地総面積の実に82.8％を占めていたのである（大泉 1991）。

　土地所有の集中は土地市場における競争と価格形成に強力な影響を及ぼした。都市土地市場において大規模土地所有の拡大が進むことで，自余の土地需要者の競争は激化し，地価が上昇した。地価高騰は高収益土地利用の競争優位を高め，キャピタルゲイン目的の資産的土地所有を助長した。低収益・居住目的の土地所有は零細化あるいは集約化（建物の高層化），さもなければ当該市場からの退出を迫られた。

土地キャピタルゲインと資本蓄積

　低成長期は大企業の資本蓄積様式が金融の肥大化に向かって変容した時期だった（前章）。これに伴い，資本蓄積による土地所有の包摂は，土地を担保とする資金調達そして建設投資という関係から，過剰資金の土地・不動産による運用，キャピタルゲイン取得への依存という関係に「進化」した。それが頂点に達したのが1980年代後半のバブル経済である。当時の株価・地価の高騰の中で，高株価を企業の収益率や配当率で説明するのではなく，企業が保有する土地・株式資産額の増大で説明する「q レシオ」理論が登場し，これが M&A（企業買収・合併）の目安とされた。

　地価暴騰は社会問題となり，「土地無策」という批判が高まった。これに対し政府は総合土地対策要綱（1988年）を閣議決定し，89年12月に土地基本法を制定した。土地基本法は「土地についての基本理念」の4原則，①「土地についての公共の福祉優先」，②「適正かつ計画的な利用の促進」，③「投機的取引の抑制」，④「受益に応じた適切な負担」を定めたが，これらは抽象的な理念の宣言にとどまる。実際の土地政策の論理は，民活・規制緩和による大都市再開発のために，市街化区域内農地に代表される小土地所有の流動化（売却・転用）を促すことが地価暴騰の沈静化につながるという「土地供給増大」論だった。そこでは小土地所有は，土地値上がりを期待するだけの非効率な土地所有という非難を受けたのである。

　しかし開発主義の都市開発がもたらした地価高騰の根本原因は，法人企業など大規模土地所有者への土地集中であった。これは日本，韓国，台湾に共通する問題である。だからこそ「開発利益の社会還元」の原則に基づく大土地所有の規制や課税強化が，共通して土地政策の重大な焦点となったのである。だが

日本では，土地基本法制定後の1990年土地税制改革は「広く薄い負担」の地価税導入にとどまり（地価下落の中，1998年に課税を停止），大土地所有への課税強化，土地集中の規制という土地政策改革は実現しなかった。

　結局，日本の土地問題の様相を大きく転換させたのは，土地政策の転換ではなくバブル崩壊と不良債権問題だった。土地所有を包摂する資本蓄積のメカニズムは，これによって決定的な打撃を受けたのである。

2　グローバル資本蓄積と土地所有

（1）デフレ経済の構造化

金融危機からデフレ経済へ

　日本経済はバブル崩壊で長期不況の局面（1991〜97年）に入った。そして不良債権問題を背景に，1997〜98年に金融危機（大手証券会社，都市銀行から信用金庫・信用組合まで多数の金融機関が経営破綻）が発生し，さらに不況は深刻化した。実質GDPは1998〜99年に戦後初めて2年連続マイナス成長を記録し，それ以降，消費者物価は下落しつづけた。今日に至るデフレ期の始まりである。

　デフレ経済の本質は，「戦後最長」と言われた2002年〜07年の景気上昇局面におけるマクロ経済構造に明確に示されている。輸出額は年額56.7兆円から92.2兆円に62.6％増加した。企業設備投資は65.1兆円から81兆円に24.4％増加したが，これは輸出の増加率にはるかに及ばない。

　企業経常利益（全産業）は33.3兆円から60.5兆円に81.7％増加した。製造業企業（資本金10億円以上の約2500社）の内部留保額は55.1兆円から76.4兆円に38.7％増加したが，他方で従業員数は312.3万人から309.7万人に減少した。しかもこれは正社員雇用の削減と低賃金・非正社員雇用による置き換えを伴っていた。その結果，労働分配率（従業員給付額／付加価値額）は66.7％から56.9％に低下した。

　雇用と賃金の削減は個人消費の抑制をもたらした。家計消費支出は277.6兆円から287.5兆円へと，わずか3.6％増加したにすぎない。

　輸出の急増による景気上昇の実態はこういうものだったのである。バブル崩壊後の不況局面（1994〜96年）でもGDP成長率は平均1.8％だった。これに対

し2002〜07年の成長率は平均1％にとどまった。

デフレ経済の本質

　日本経済は1970年代後半以降の低成長期から，外需依存の経済成長という特徴を強めた。輸出増加にリードされて企業の設備投資も増加したが，家計消費は次第に減少していった。円高が進む中，輸出企業は競争力を維持するためコスト削減を追求した。「雇用・設備・債務の3つの過剰」を解消しようというリストラが1990年代を通じて遂行された結果，日本経済は輸出拡大が国内投資・雇用の増加につながらない経済循環構造へと転換した。

　日本経済は，雇用・賃金削減による輸出拡大→消費停滞→輸出拡大圧力の高まり，という悪循環に陥ったのである。そして消費停滞は物価下落・賃金コスト削減という悪循環を引き起こした。デフレ経済の本質はこれである。

（2）資本蓄積のグローバル化と金融化

資本蓄積のグローバル化

　経済グローバル化とはグローバルな資本蓄積の発展である。資本蓄積は現実資本蓄積と貨幣資本蓄積という2つの形態で展開し，グローバル化する（本書まえがき）。

　現実資本蓄積のグローバル化は企業の対外直接投資を通じて進展する。対外直接投資は，外国企業の買収や経営参加のための株式取得，外国での工場等事業所の建設をおこなう資金投資である。製造業および非製造業の対外直接投資額は，2000年代〜10年代にいちだんと増加した。その結果，製造業現地法人の海外生産比率は2000年の11.8％から2018年度の25.1％に上昇し，なかでも情報通信機械製造業は27.8％，輸送機械製造業は46.9％に達した。

資本蓄積の金融化

　実体経済から遊離した金融経済の肥大化は，今や「経済の金融化」と言われる段階に達している。「経済の金融化」は，経済活動の中心が財・サービスの生産から金融取引に移行しつつあるという意味の言葉である。政府・企業・家計における債務の累積が世界各国に広がり，資本蓄積はますます金融収益に依

存するようになっている。これは「資本蓄積の金融化」である（紺井 2021）。

　金融の国際化も2000年代以降著しく進展した。日本の金融市場はグローバル資金循環にますます深く組み込まれている。代表的な不動産証券化商品であるＪ－リートの保有で海外投資家（機関投資家，ヘッジファンド等）が占める割合は24％である（2020年）。東証などの株式市場における売買取引の60～70％は海外投資家が占めている。9割以上が国内で保有されている国債も，売買取引における海外投資家のシェアは現物市場で36％，先物市場で63％である（2019年）。

　資本蓄積のグローバル化と金融化は，経済権力における力関係の変化を引き起こしている。佐々木（2016）は日本経団連の役員企業の産業構成を分析し，「基本的には製造業を中心としつつもその主軸をハイテク部門へと移しつつあり，また，海外進出と多国籍企業化，経済の金融化を反映した構成へと変貌をとげつつある」（129ページ）と指摘している。さらに2000年代以降，外国投資家の株式保有が飛躍的に増加したことで，投資家の代理業者（カストディアン）が多くの大企業で大株主になっているという。彼らの要求は「投資収益の最大化」である。

　こうして資本蓄積のグローバル化と金融化は，財界内部に，経済政策要求における利害の分裂，対立を生み出す。輸出産業と内需関連産業（鉄鋼・建設・不動産・電力など），大株主と企業経営役員の利害はそれぞれ異なる。規制緩和・自由化（新自由主義）と公共投資・都市再開発（開発主義）をめぐる利害もまた異なるのである。

（3）土地所有の選別的スクラップ・アンド・ビルド

構造改革政策の推進

　2000年代初め，新自由主義の「構造改革」政策が本格的に開始された。小泉政権（2001年4月発足）の経済財政諮問会議がまとめた構造改革の「骨太方針」は，規制改革と民営化の推進，社会保障の制度改革と競争原理導入，税制改革，労働市場改革，自立した国・地方関係の確立などの課題を掲げた。これが，民主党政権（2009～12年）をはさみ，第2次安倍政権によって実行されてきた（山家 2019）。

新自由主義の国土政策

　2005年に国土総合開発法が廃止され，国土形成計画法が制定された。国土形成計画は，経済グローバル化に対応するとして，全国計画と広域地方計画（8ブロック）の二層構成をとる。小泉政権は「自立した国・地方関係の確立」を掲げたが，これを具体化するものとして，日本経団連は道州制の導入を提言した（2003年）。広域地方計画はこれに対応するものだった。

　道州制は，東京一極集中の国土構造を是正し，地方分権を推進する新しい広域地方行政の枠組みであるとされた。しかし日本経団連の構想は，道州制導入で都道府県を廃止，国の出先機関を統廃合して財源を浮かせ，これを，外資系企業を誘致するための国際空港・港湾・都市高速道路の建設にあてるというものだった。

　第2次安倍政権の下，2015年に新たな国土形成計画（全国計画）が策定された。これは「本格的な人口減少社会に初めて正面から取り組む国土計画」として，①3大都市圏をリニア新幹線で一体化した「スーパーメガリージョン」の形成，②地方圏ではコンパクトシティをネットワークでつなぐ「連携中枢都市圏」の形成，③中山間地域では「小さな拠点」の整備を掲げる。これで「住み続けられる国土」と「稼げる国土」の両立をめざすというのである（岡田 2020）。「稼げる国土」とは，関西までも外延に収めて巨大化した東京圏を指している。

　開発主義の国土政策は，地域間所得格差，大都市圏の過密化，地方の過疎化，社会資本整備の立ち遅れといった諸問題に対処し，国土の均衡ある発展を実現することを目標とした。しかしこれらの諸問題は，ほかならぬ開発主義の地域開発政策が生み出したものであって，地域経済の格差・不均等は高度成長期そして低成長期を通じて広がりつづけた。そしてバブル経済期の大型開発プロジェクトが次々と破綻していく中で，国と自治体は巨額の不良資産と財政赤字を抱え込むこととなった。

　これに代わって登場した新自由主義の国土政策は，「地域格差の是正」という課題をもはや放棄している。「地域格差」は「多様性」という言葉に置き換えられ，「是正」は地域・自治体の努力に委ねられる。新たに掲げられた政策論理は公共投資の「選択と集中」であり，地域間競争の促進である。

土地所有・利用の「選択と集中」

　バブル崩壊後の地価は大都市圏・地方圏ともに下落しつづけたが，2000年代に入ると3大都市圏の地価は下げ止まりを見せ，2006年に商業地価が，翌07年には住宅地価がそれぞれ上昇に転じた。他方で地方圏の地価下落は続き，全国の土地市場は成長と停滞への二極分化が顕著となった。

　資本蓄積のグローバル化と金融化は，国民経済の中に地域格差と所得格差を広げる。大都市と地方都市・農村での土地市場の二極化はその反映である。公共投資と民間投資の「選択と集中」が進むにつれて，土地所有・利用の「選択と集中」も顕著となっていく。

　「選択と集中」の中心は東京である。2000年12月に発表された『東京構想2000』は「東京の再生は日本の再生につながる」として，東京への「国費の集中的投入」「民間資金やノウハウの活用」を求め，これを受けて2001年に政府は「都市再生本部」を設置した。02年の都市再生特別措置法で，東京都心を主要ターゲットとする「都市再生緊急整備地域」が指定された。「緊急整備地域」は開発規制緩和の極致である。民間事業者は自ら都市計画提案が可能となり，自治体の頭越しに，国交省との直接交渉で大規模開発を実施できる。自治体が指定する用途・容積率などの制限は適用除外とされた（上野 2017）。

　東京限定の不動産ブーム（2006〜07年）が現れ，商業地価は高騰した。世界金融危機の影響でブームは終息し，商業地価は下落するが，2014年からふたたび上昇に転じた。これはインバウンド消費の急増を反映したもので，他の大都市にも波及していった。

　土地市場の二極化は全国レベルでも地域レベルでも観察される。一極集中の東京においても，都心・ベイエリアは再開発・建設ブームに沸く「ホットスポット」となっているが，縁辺部・郊外では市場取引が停滞し空き家・空き地が目立つ「コールドスポット」が広がっている（平山 2020）。

　土地所有権の移転や土地利用の変化は，いわば「土地所有のスクラップ・アンド・ビルド」である。土地市場の二極化の中で，土地所有のスクラップ・アンド・ビルドは選別的に進む。東京都の都心5区（千代田・中央・港・新宿・渋谷区）では，1983〜2018年に個人所有宅地が30％超〜50％超減少し，法人所有宅地20％超〜30％超増加した（東京都 2019）。都心部では建物高層化と業務利用中心の再開発が進展し，他方で周辺部のコールドスポットでは，長期の空

き家や空き地が増加している。これは市場からの脱落，いわば「ビルドなきスクラップ化」である。そこでは不動産が「負動産」と化し，放置と荒廃が現れている（朝日新聞取材班 2019）。東京に見られるこの現象は，全国に広がる市場二極化の縮図である。

3　住宅政策──開発主義から新自由主義へ

（1）高度成長期の住宅政策

階層別住宅供給システムの創設

　戦後の住宅政策体系は1950年代に形成された。住宅金融公庫の設立（1950年），公営住宅法の成立（1951年），そして日本住宅公団の設立（1955年）である。これらは公的住宅供給（公的機関が自らおこなう直接供給と，民間住宅供給を公的機関が支援する間接供給）の3本柱と言われた。

　住宅金融公庫は財政投融資資金を原資として，民間の住宅建設に低金利の資金を融資する政府系金融機関である。公庫住宅融資は日本の住宅金融に固定金利の長期住宅ローンを定着させ，住宅ローン市場の成長を先導する役割を果たした。

　公営住宅は低額所得者を対象に，政府の補助金を受けて自治体が建設・運営する低家賃住宅である。家賃の設定は，補助金額を控除した住宅建設費用の償却を基準とする原価家賃方式がとられた。

　日本住宅公団は財政投融資資金を原資として，大都市圏で集合住宅の建設・供給と宅地供給をおこなう政府系機関である。1960年半ばまでは借家供給が中心だったが，60年代後半以降分譲住宅の建設・販売が増大していき，80年代初めにはこれが供給量の7割近くに達した。

　これら3本柱によって，低所得層から大都市の若年勤労者世帯そして中間所得層までをカバーする階層別の公的住宅供給システムが整備された（塩崎 2006，平山 2020）。

日本型マスハウジング

　戦後の欧米諸国は，高度成長期に都市人口の急増と住宅不足に直面し，公共

住宅供給と持ち家助成を両輪とする住宅大量供給（マスハウジング）政策を推進した。これは日本も同様で，3本柱の住宅政策はまさにマスハウジングの政策体系である（住田 2003）。ただし日本のマスハウジングは「速く・多く・安く」を徹底したものだった。

　1955年に住宅建設10カ年計画が策定されたが，これは実績が挙がらず，2年後に5ヵ年計画に改められた。1966年に住宅建設計画法が制定され，それに基づき第1期5ヵ年計画（1966～70年度）がスタートした。

　住宅建設は毎年急速に増加しつづけ，1972年度に185万6千戸と戦後のピークに達した。しかしこれは，住宅政策が関与しない「民間自力建設」（これは当時の建設省の用語）が大部分を占めていた。第1期5ヵ年計画から第3期5ヵ年計画（1976～80年度）までを通じて，住宅建設実績に占める公的住宅（直接・間接供給）の割合は41％だった。

　これは決して意図せざる結果ではない。1955年の住宅建設10ヵ年計画で，達成すべき目標戸数について，公的資金による直接・間接供給は4割とし，残り6割は民間供給によるという方針が導入されたのである。この方針は1966年以降の住宅建設5ヵ年計画にも継承された。計画目標の達成を大きく「自力建設」に依拠するという制度設計がなされたのである。

　住宅政策3本柱の中心は公庫住宅融資だった。だがそれは，持ち家と借家の建設への支援を通じて住宅ストック全体の質の向上を図るというスタンスを持たなかった。借家建設に対する融資実績はわずかであり，融資対象はもっぱら個人持ち家住宅だった。

　日本型マスハウジングは次のような特徴を持って展開された。

　住宅不足を解消するため建設計画戸数の目標達成が最優先された。居住水準目標の設定は第3期5ヵ年計画以降のことである（戸数優先主義）。

　しかも住宅供給の多くを民間市場に依拠し，かつ民間借家に対しては住宅基準の設定や建設費補助，家賃補助といった政策を一切欠いていた（民間借家政策の欠落）。

　さらに，都市人口の増加と住宅需要の増大に対処しようとする拡張型都市計画と実効性に乏しい土地利用規制のもとで住宅建設がおこなわれた（地価高騰による制約）。

開発主義とマスハウジング

　マスハウジングの住宅政策は，開発主義国家体制の中でどういう機能を果たしたか。

　第一に，住宅建設投資は地域経済の成長を支える重要な動力となった。一般に欧米諸国の住宅投資の規模は日本に比べて大きい。これは住宅投資が既存住宅ストックの補修・改修投資を含んでいるからである。しかし，こと住宅建設戸数を見れば，日本は人口対比で突出して高い水準にある。これは高度成長期以来一貫している。住宅建築業や不動産業などの住宅産業は都市開発の重要な担い手となった。

　日本の住宅建築業の特徴は，大手ゼネコンや大手プレハブ住宅メーカーの全国的な市場支配力がきわめて大きいことである。他方，地域住宅市場では零細建築業者・不動産業者が大きなシェアを占めている。大量の住宅建設による住宅市場の持続的成長が，大企業と零細企業の棲み分けを可能にした。

　第二に，持ち家取得の支援は「企業主義社会」秩序を実体化する重要な手段となった。大企業の福利厚生制度の中で住宅助成は重要な位置を占め，独身寮，住宅手当，社宅の提供に始まり，社内預金，財形貯蓄，低金利住宅ローンの持ち家取得支援が提供された。社宅建設は高度成長期の借家供給において大きなウェイトを占めていたし，持ち家取得支援は年功賃金，終身雇用とともに労働者を「会社コミュニティ」に自発的に帰属させる装置として機能した（平山 2020）。

　第三に，持ち家取得への強い志向は家計の貯蓄形成を促し，これが公共・民間投資の原資となった。高度成長期の日本の家計貯蓄率（貯蓄／可処分所得）は20〜25％で推移し，先進諸国の中で飛び抜けて高かった。家計の貯蓄は預貯金として金融機関や財政投融資制度に集中され，それが〈民間企業－ゼネコン・デベロッパー－金融機関〉のトライアングル構造に動員されていったのである。

　地価高騰は持ち家をインフレヘッジと資産形成の手段として意識させた。マスハウジングが提供した住宅と居住環境は，多くの所有者にとって必ずしも良質，快適なものとは言えなかったが，土地所有は別であった。資産としての土地所有が都市住民の中に広がることで，資本蓄積による土地所有の包摂は「完成」したのである。

（2）住宅スクラップ＆ビルドの展開

住宅は「量から質へ」

　1973年住宅統計調査で，全都道府県で住宅戸数は世帯数を上回ったことが確認された。これを受けて第3期住宅建設5ヵ年計画（1976〜80年度）は，住宅政策の目標を「住宅の量的充足」から「居住水準の向上」に転換した。そして住宅の「質の向上」をめざすとして，最低居住水準と平均居住水準（これは後に誘導居住水準に置き換えられる）の達成目標を設定した。

　だが「質の向上」は事実上もっぱら持ち家支援として追求された。第4期5ヵ年計画（1981〜85年度）では，新たに住環境水準の目標が設定される一方，住宅建設の目標として「大都市に重点を置いて引き続き居住水準の達成に努めるとともに，戦後ベビーブーム世代の持家取得需要等に対応する」ことが掲げられた。

　こうした住宅政策は，1970年代後半の低成長期における内需拡大政策，そして80年代のアーバン・ルネッサンス政策と深く結びついていた。低成長期に日本経済は輸出依存の成長という体質を強め，欧米諸国との貿易摩擦そして円高を生み出した。一方で貿易摩擦をやわらげ円高を抑えるために，他方で景気の低迷を避けるために，国内需要（投資・消費）を拡大しなければならない。これが経済政策の中心課題となったのである。

　その政策論理はこうである。住宅投資は民間投資・消費への波及効果が大きい。そして波及効果は大都市ほど大きい。しかも公庫融資の拡大は公営・公団住宅の直接供給とは違って財政負担がかからない。つまり，持ち家支援による住宅建設促進は，安上がりで効果のある内需拡大策だったのである（大泉 2006）。

住宅大量建設の継続

　図12-1に見られるように，低成長期から住宅建設は高度成長期と異なって大きな変動をくりかえすようになった。高度成長期の持ち家と借家の建設はほぼ同水準で成長を続けたが，1970年代半ば以降は持ち家が住宅建設の中心となった。これと対照的に借家建設の水準は顕著に減退した。

　借家建設の減退には企業の社宅建設の減退が大きく影響していた。高度成長

図12-1　住宅着工戸数（持ち家・借家）の推移：1960〜2020年度

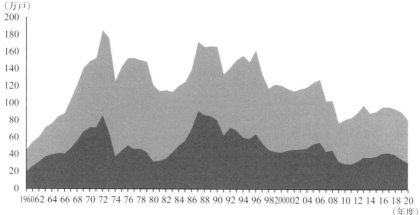

註：持ち家は持ち家，分譲住宅。借家は民間借家，公的借家，社宅。
出所：国土交通省「住宅着工統計」

期の社宅建設は1956〜57年に借家建設の24％を占め，1960〜70年に累計62万
8千戸で，この期間の借家建設の15％を占めていた。しかし社宅建設は1970
年の8万8千戸をピークとして急激に減退していく。企業の従業員福利は社
宅の建設から従業員の持ち家取得助成に転換した。財形貯蓄制度の導入，社内
住宅貸付制度の拡充が図られた。

　他方，住宅政策における住宅建設の目標も変化した。住宅不足が解消された
とはいっても，住宅ストックは質（広さや住環境）の側面で欠陥を抱えており，
それを解決するストック更新・住宅建設が必要である。しかも住宅建設の拡大
は景気対策や内需拡大の重要な手段である。こうして大量建設が継続されるこ
とになった。

住宅スクラップ・アンド・ビルド

　大量建設は，郊外での住宅建設（外に向かっての供給拡大）と並んで，市街地
での住宅ストック更新による住宅建設（内に向かっての供給拡大），つまりスク
ラップ・アンド・ビルドを伴って展開された。

　表12-1に見られるように，住宅建設戸数は1970年代以降も高水準が続いた。

表12-1　住宅スクラップ＆ビルドの推移（1963〜2007年度）

（単位：千戸・％）

年度	ストック増加戸数	建設戸数	滅失・建替戸数	S&B 比率
1963〜67	4,501	7,764	3,263	42.0
1968〜72	5,468	9,940	4,472	45.0
1973〜77	4,392	7,770	3,378	43.5
1978〜82	3,156	6,435	3,279	51.0
1983〜87	3,401	7,433	4,032	54.2
1988〜92	3,872	7,666	3,794	49.5
1993〜97	4,367	7,360	2,993	40.7
1998〜2002	3,620	5,927	2,307	38.9
2003〜07	3,695	5,937	2,242	37.8

註：滅失・建替戸数＝建設戸数－ストック増加戸数
　　S&B（スクラップ＆ビルド）比率＝滅失・建替戸数/建設戸数
出所：総務省「住宅土地統計調査」，国土交通省「住宅着工統計」

しかし住宅ストック増加数は高度成長期に比べて低下している。前者から後者を差し引いた数を住宅スクラップ（除却：滅失・建替）戸数とみなし，それの新築着工戸数に対する比率を見ると，高度成長期には40％程度だったものが1970年代後半からバブル崩壊までは50％以上の水準で推移している。これは1戸壊して2戸建てた計算になる。

　この急激な住宅ストック更新は，住宅産業にとっては，住宅需要の掘り起こしによる市場拡大，そして土地の高度利用推進という効果をねらうものであった。

　1970年代半ば頃から「ミニ開発」（敷地面積100m²未満の狭小戸建住宅の建設）が社会問題化しはじめた。スプロールで残された市街化区域内農地や市街地の比較的広い宅地を小区画に切り刻む形で住宅開発が進んだ。

　市街地での持ち家建設の中心となったのは分譲マンションである。1970年代末頃から大都市の中心部で分譲マンションの建設が増加し，都市開発ブームが始まるとマンション建設は郊外に広がっていった。その一方，郊外での戸建住宅団地の建設は遠距離化の一途をたどった。

　借家建設は1970年代後半に大きく後退したが，都市開発ブームが始まると一転して急増し，バブル期には大都市圏の住宅建設の6割以上を占めた。ところが借家建設の主役となったのは床面積が20m²未満という狭小なワンルームマンションの建設だった。これが高度成長期に大量に建設された木造アパー

トに代わって若年単身世帯の住宅需要の受け皿となった。

　このように住宅市場の拡大は地価高騰のために歪んだ姿をとったのである。持ち家住宅の平均的な床面積は増加していき，その意味で質の向上は進んだように見えるが，それは住宅立地の遠距離化と住宅価格高騰を伴っていたのであり，市街地では逆に敷地の狭小化による持ち家の狭小化が進んだ。借家市場ではワンルームマンションの大量建設が借家の質的水準の向上を妨げ，家族世帯向け借家は高家賃化の一途をたどった。

（3）新自由主義の住宅政策

市場重視・ストック重視の住宅政策

　バブル崩壊後の不動産・住宅市場の低迷は，1990年代半ばから開始された戦後住宅政策体系の解体・再編の背景となった。

　第7期住宅建設5ヵ年計画（1996〜2000年度）そして第8期5ヵ年計画（2001〜05年度）は，「国民のニーズに対応した良質な住宅ストックの整備，安全で快適な都市居住の推進と住環境の整備，少子・高齢社会を支える住宅・居住環境の整備，消費者がアクセスしやすい住宅市場の環境整備」などを目標に掲げた。これらの課題を達成するために「市場重視」「ストック重視」が強調される。住宅政策は「公的供給を中心とする体系」から，「市場の条件整備，市場の誘導，市場の補完」へ転換されていった。

住宅政策3本柱の解体と再編

　1996年に公営住宅法が大幅改定された。国庫補助率の引き下げと対象階層引き下げ（収入分位33％以下階層を25％以下階層に）の一方で，高齢者・障がい者は40％以下階層まで自治体の裁量で引き上げることを認めた。これによって，公営住宅の入居者を低所得者や高齢者などに限定する方向が明確にされた。家賃については市場家賃を基準とし，入居者の負担能力や立地条件などを考慮して減額する応能応益家賃制度が導入された。

　日本住宅公団は，住宅・都市整備公団（1981年）そして都市基盤整備公団（1999年）という組織替えを経て，2004年に廃止され都市再生機構（UR）が設立された。都市再生機構は大都市における民間再開発事業の基盤整備や支援業

務をおこなう。賃貸住宅の新規建設から撤退し，住宅事業は既存公団住宅ストックの管理，建替え業務に限定された。

　3本柱の中心だった住宅金融公庫も2007年に廃止され，これに代わって住宅金融支援機構が設立された。住宅金融支援機構の業務は民間住宅ローンの証券化支援業務が中心であり，住宅融資業務から原則的に撤退した。

　3本柱が解体・再編されたことで，3本柱の運用を前提として組み立てられてきた住宅建設5ヵ年計画方式そのものも廃止された。住宅建設計画法に基づいて住宅供給や居住水準に関する計画目標を政府が設定し，その達成のための施策を講ずるという方式は大きく転換された。

住生活基本法と住生活基本計画

　2006年に制定された住生活基本法は，住宅政策の基本理念を，①良質な住宅の供給，②良好な居住環境の形成，③持ち家・借家居住者の利益の保護，④居住の安定の確保，と定めている。そして住宅政策の指針として，政府に住生活基本計画（全国計画）の策定を求めている。この全国計画に即して，自治体が都道府県計画，市町村計画を策定する。

　最新の住生活基本計画（全国計画）は，2021〜30年度を計画期間とし，①コロナ禍による生活様式の変化や災害の多発への対応，②子育て世代や高齢者を支える居住環境・コミュニティづくり，住宅セーフティネットの整備，③良質な住宅ストックの形成，空き家の活用，住生活産業の発展，という3分野の課題に対する諸政策目標を掲げている。

　では住宅建設計画法の廃止，住生活基本法の制定に示される住宅政策の転換をどう評価すべきだろうか。

　住宅政策の対象は「建設」から「住生活」へ拡大された。これは明らかに進歩である。開発主義の住宅政策が経済成長への寄与を意図し，経済政策に偏重したのに対し，住生活と居住環境の向上をめざすことで，住宅政策が社会保障，福祉政策と結合されることが期待される。

　だが他方で，政策目標を達成する方法は公共の介入・支援から市場の活用に転換している。住生活基本法が定める基本理念の，①良質な住宅の供給，②良好な居住環境の形成は住宅市場の働きによって達成されるというのである。公共の介入・支援は，③持ち家・借家居住者の利益の保護，④居住の安定の確保

に限定される。このうち持ち家・借家居住者の利益の保護は，一般の財・サービス・金融取引における消費者保護制度と同様である。結局，住宅政策に固有の公共の役割は「居住の安定の確保」，いわゆる住宅セーフティネットに限定されているのである（これについて第5節を参照）。

　今日の住宅政策は住宅・住環境の質の向上を，住宅市場の資源配分メカニズムに委ねている。その意味で新自由主義の住宅政策である。こうした政策論理の当否は，何よりも住宅市場の現実に基づいて判断されなければならない。

4　住宅市場と住宅問題

（1）住宅市場の階層性と格差

　日銀の異次元金融緩和（2013年4月開始）のもと，東京都はじめ大都市では超高層マンション建設がブームとなっている。東京都区部の新築マンション平均価格は，2014年の6032万円から20年の7564万円に25％超も上昇した（不動産経済研究所「マンション市場動向調査」）。東京カンテイの調査によると，東京都内の新築マンション価格の年収倍率は2018～19年に13.3倍に達している。倍率10倍超えのエリアは神奈川県，大阪府，京都府のほか秋田県，福島県，沖縄県に広がっており，地方圏では「物件が好立地・高スペック化し，在京・在阪の富裕層にも販路を拡大……，新築価格が地元の所得水準から上振れるケース」も珍しくないという（東京カンテイ2020年10月プレスリリース記事）。

　住宅は立地条件を含めて個別性が強く，優等・劣等の格差が大きい商品である。したがって住宅市場は階層性が顕著な市場，すなわち需要者の支払能力格差に対応した住宅の品質格差が大きい市場である。その端的な表れは，持ち家と借家の格差であり，それぞれの市場の格差である。そして階層的住宅市場の一方の極である借家市場では，社会的排除（外国人，障がい者，母子世帯，高齢者に対する入居差別）とホームレス問題が深刻化している。

　デフレ経済と人口減少，そして地方圏の衰退が著しい日本では，住宅市場の二極化（成長／衰退）が長期にわたって続いている。市場の二極化は，市場の格差をさらに広げる。住宅需要の増加は地域的に偏在し，かつ高級市場に集中するからである。こうして一方で大都市中心部における超高層マンションの建

設ブームが現れ，他方で市街地の低質住宅ストックは放置されるか，あるいは再開発されて居住環境破壊と住民追い立てを引き起こす。郊外では中古マンションの価格下落が甚だしく，将来の荒廃化が懸念されている。

（2）住宅市場の不安定性

　では大都市中心部の成長する住宅市場に問題はないのか。そこでは市場の不安定性が強まるのである。超金融緩和の中で大量の過剰資金が不動産・住宅市場に向かう。しかし投資は選別的におこなわれる。キャピタルゲイン期待は優等地・優良物件ほど大きいからである。成長市場は限定されており，そこに住宅需要と住宅投資，住宅融資が集中する。したがってブームは局地的となり，市場の規模が限定されるぶんだけブームと崩壊の振幅は拡大する。成長市場は持ち家・借家の高級市場と低級市場を含んでいる。市場の変動は高級市場と低級市場の格差をさらに広げるだろう。低所得層ほど市場変動の影響を強く受けるからである。

　住宅市場の安定的な成長は，住民の所得と支払能力の安定的な成長に支えられることは言うまでもない。しかし，その前提条件が企業リストラと雇用構造の変化，そして長期にわたるデフレ経済の中で大きく損なわれているのである。コロナ禍による所得と雇用の喪失はこれをさらに深刻化させた。ホームレスの増加はもちろん，住宅ローンの支払延滞，家計破綻も激増している。

　いま東京都内では46ヵ所で再開発事業が進行している。ほとんどの事業がデベロッパーの提案でタワーマンションの建設を組み込み，つくりだした保留床を販売して事業費をまかなう権利変換方式をとっている。そうすれば再開発事業組合は事業費用を負担しないで済む。しかし従来の再開発事業は，保留床の販売が期待どおりにいかず赤字が膨れ上がるケースがほとんどである。そこで東京都は，国交省の社会資本整備総合交付金を使い，46ヵ所の事業のうち44ヵ所で補助金を交付している。事業費の20％から60％以上を補助する「税金に依存した再開発事業」である（朝日新聞デジタル「タワマン建設，税金が支える」2021年9月12日）。

　これには木造住宅密集市街地の再開発も含まれており，補助金投入には合理性がある。しかしタワマン建設を柱に据えたデベロッパー主導の再開発には大

きな問題がある。都心部のみならず東京都全域にタワマンが林立する状態は，持続可能な都市の姿とは言えない。過剰建設に陥ったタワマンが将来不良ストック化する恐れはきわめて大きい。

　新自由主義と開発主義が結合した民活・規制緩和の都市開発政策のもとで，大都市の住宅市場はブームと沈滞をくりかえす。それによって住宅市場の格差はさらに広がっていく。住宅政策は市場変動リスクの管理という困難な課題に直面している。

5　借家市場と借家政策

（1）日本の借家の現状

　本節では，日本の借家市場と借家政策の特徴をふまえ，その構造について検討する。ただし何が特徴であるかを知るためには，その指標が必要であるが，日本では「適切な居住」の権利に関わって居住水準を定めた法律が存在していない（鈴木 1996）。また，法律の不在とも結びついて，行政用語として住宅弱者を指す住宅確保要配慮者の人数および把握方法について，政府・省庁の公式見解があるとは言いがたい。

　そこで対象の確定のための一つの参考として，国連の社会権規約を取り上げる。同規約では，適切な居住の条件が定められており（UN 1991），居住権の法的保護，サービス・資源・設備・社会基盤の利用可能性，価格の適切性，居住可能性，利用可能性，立地，文化的な適切性の7つが挙げられており，そのうち，第11章にも挙げた3つを取り上げる。

アフォーダビリティ

　第一に，affordable housing（家計にとって費用負担可能な住宅の供給）である。アフォーダビリティとは生活費に占める住宅費負担の増大と理解されており，ここでは対世帯収入比住宅費割合を指標とする。

　アフォーダビリティは，悪化から改善へと，この30年間で反転している。平山（2013）によれば，1989年から2009年までの20年間で見ると，持ち家世帯と借家世帯の双方で，収入に占める住宅費は一貫して上昇している。この上

図12-2　民間借家世帯のアフォーダビリティ（全国）

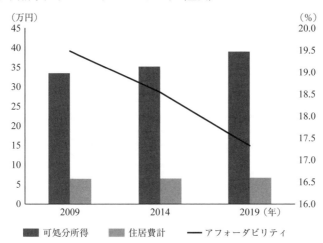

註：主たる稼ぎ手が勤労者である世帯で，2人以上世帯を対象としている。住宅費は，平山（2013）に基づき，
　　「土地家屋借金返済」・「家賃地代」・「設備修繕・維持」を合計した。
出所：2009年・2014年は『全国消費実態調査』より，2019年は『全国家計構造調査』より。2014年調査は，
　　2019年調査の集計方法による遡及集計を用いたものを利用した。

昇は，分母＝収入の減少の反映でもあるが，分子＝支払っている住宅費が一貫
して上昇していることの反映でもある。

　他方，民間借家世帯・2人以上勤労者世帯の同指標をこの10年（2009〜19
年）で見ると，住宅費負担は傾向的に上昇しつつも，それ以上の可処分所得の
上昇が生じることによって相殺され，結果的にはアフォーダビリティが緩和し
ていることがわかる。

　上記調査では平均しかわからないため，家賃階級別に見てみたい。図12-3は，
借家のテニュア別に家賃階級の増減を，2008年と2018年で比較したものであ
る。

　この図からわかることは，第一に，公営借家および給与住宅は4万円以下，
UR・公社は4〜6万円という違いはあるが，総体として安価なストックが減
少していることである。第二に，借家全体で見れば，民間借家が幅広い家賃階
級にまたがって増えていることによって，4万円以上のストックは増えてお
り，家賃が高いストックほど増加する傾向が見て取れる。

図12-3　テニュア別家賃階級ストック数増減（東京都）

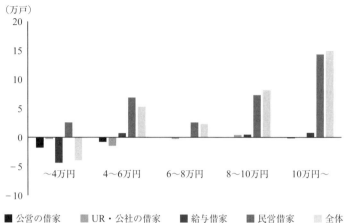

出所：『住宅・土地統計調査』2008年・2018年より筆者作成。

良好な住宅の供給

　第二に，decent housing（良好な住宅の供給）である。住宅の質は，居住水準とも言い換えられ，世帯人数に応じた広さ（面積水準）と住機能として適切な設備水準の 2 つが基準となる。

　前者については，世帯当たりの部屋数で見ても（HC2.1.1, Affordable Housing Database がソースであるが，以下 AHD と呼称），低所得世帯のそれで見れば（AHD: HC2.1.2），国際比較のうえでは，中位ほどである。かつ，過密世帯の少なさはむしろ優れている（AHD: HC2.1.3）。あるいは，後者についても，暖房設備（AHD: HC1.3）・トイレ（AHD: HC2.2）などを日本の『住宅・土地統計調査』（以下，住調）と比較するかぎりは，劣ってはいない。

　ただし面積水準は，テニュア間で大きな格差がある。図12-4にあるように，欧米に比して，全体的に見れば広さは見劣りしないものの，（公的借家と民間借家を合わせた）借家が狭いことがわかる。社会住宅の少なさ，住宅手当の利用世帯の少なさとあいまって，借家が狭いことは，低所得世帯において特に，適切な広さを求めて持ち家を持たざるをえない層を生み出す。

　現在，政策方針として最低居住水準と誘導面積水準の 2 つが設定されている。公的住宅供給政策ではその基準を満たすという意味で居住水準向上機能を

図12-4　戸当たり住宅床面積の国際比較

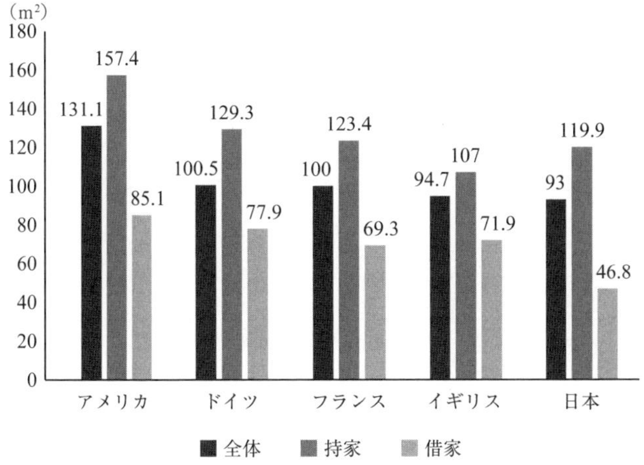

出所：国交省（2020）より。

有するものの，それ以外の民間住宅に対しては，法的強制性・義務づけがない（上杉・浅見 2009）。冒頭，日本には居住水準を定めた法律がないとしたのは，この強制性を伴う法がないことを意味する。こうした不在を背景として，新築借家の狭小さによって，『住宅・土地統計調査』を見るかぎり，最低居住面積水準未満世帯は，それぞれ約330万世帯（2008年）→370万世帯（2013年）→350万世帯（2018年）であり，減少しているとは言いがたい。

公平な住宅供給

　第三に，fair housing（低所得世帯を排除しない公平な住宅供給）である。アクセシビリティの阻害についてはいくつか考えられるが，第一に，入居拒否を取り上げる。日本賃貸住宅管理協会が2010年・2015年・2018年に家主に対して調査をおこなっており（国交省 2016a, 2019），世帯属性別に入居を実際に拒否している賃貸人・拒否感がある賃貸人を尋ねる形で聞いているが，家主側による入居拒否は改善するどころか悪化しているものもある（表12-2）。

　入居を拒否している理由としては，家賃の支払いに対する不安（61.5％），居室内での死亡事故などに対する不安（56.9％），他の入居者・近隣住民との協調性に対する不安（56.9％）と続いていく。つまり，必ずしも経済的不安

表12-2　賃貸人に関する入居拒否の調査結果

	2010年調査	2015年調査	2018年調査
入居を拒否している賃貸人の割合			
単身の高齢者	8.0	8.7	10.9
高齢者のみの世帯	6.8	4.7	11.4
障害者のいる世帯	4.0	2.8	11.0
小さい子供のいる世帯	1.3	5.2	0.7
母子（父子）世帯	1.3	4.1	1.0
入居に拒否感がある賃貸人の割合			
高齢者世帯	59.2	70.2	77.0
障害者のいる世帯	52.9	74.2	68.0
小さい子供のいる世帯	19.8	16.1	11.0

出所：2010年・2015年調査は，日本賃貸住宅管理協会による調査を国交省（2016a）
　　　がまとめたもの。2018年調査は，国交省（2019）より。（調査項目は一致してい
　　　ない。）数値は，調査をおこなった賃貸人に占める回答者の割合（％）を示す。

（家賃支払い）ばかりでなく生活支援的な要因があることがわかり，以上のこと
から，経済的ニーズのみならず居住支援ニーズをふまえて，改正住宅セーフ
ティネット法へと話がつながっていく。
　ただし，このような直接的・意識的な入居拒否ばかりが，（潜在的）入居者
の借家アクセスを制限しているのではない。すなわち第二に，（供給主体の公私
を問わず）借家入居の際の保証の問題がある。
　民間賃貸住宅では，入居の際に保証人あるいは保証機関を要する場合が少な
くない。日本賃貸住宅管理協会の調査を国交省が取りまとめたものによると
（国交省 2016b），家賃債務保証を利用しているのは2010年の39％から2014年
の56％と増加しており，家賃債務保証会社の審査状況を見ると，年代別では
高齢者と20代以下，属性別で見ると外国人・生活保護受給者が多い。
　以上から，家主・不動産業だけでなく，家賃債務保証会社によっても入居拒
否が生じていること，経済的不安だけでなく生活支援へのニーズ（があること
によって拒否感が緩和されること）が理解されよう。

（2）借家問題と借家市場の供給・管理構造

借家経営における脱人格化・市場論理の強化
　では，上記の諸問題をどのように捉えるべきであろうか。筆者は，借家市場

の供給・管理構造という視角を提起したい。筆者はかつて，戦後直後から1970年代までの東京圏において，住宅問題の処理に対して民間賃貸セクターがいかなる機能を果たしたかについて検討をおこなった（佐藤和宏 2021a）。結論としては，民間賃貸セクターにおけるくいつぶし型経営が，住宅問題の処理に一定の積極的・バッファー機能を果たした，というものである。

くいつぶし型経営とは，アパートを建てるための住宅ローンの元金さえ食いつぶしてしまうことに由来する（森本 1976）。つまり，家主の大多数が土地を所有しているがために地代を考慮する必要性がなく，かつ複数の収入減があるがゆえに家賃水準が低い。ゆえに適正利潤が得られなくても経営が継続する一方で，高齢者の割合も少なくなかったことから経営継続の見込みについても不確定的であった。つまり，収入と支出に配慮して利潤を産出しつつ，経営を拡大していくという一般的な経営とは異なり，多分にアマチュア的であった。

この経営の機能は第一に，量的充足機能である。戦後の深刻な住宅不足に対して，短期間に大量の住宅を供給することで，その解消に寄与した。農村から都市への大量の若年労働力人口の流入は，東京都区内から，1都3県へと拡大していった。既成市街地における家主の持ち家の建て替えおよび郊外地域においては農地の転用によって，つまりは家主の生活にとっても都市の拡大にとっても適合的な形で，アパートが供給されていたのであった。

第二の機能は，「相対的」低家賃の実現である。相対的と呼ぶゆえんは，土地の商品化に住宅（家賃）の商品化が従属しなかったからである。つまり，日本の都市計画制度のもとでは土地利用規制が限定的で，そのことが地価高騰を招くという問題がたびたび指摘されていたのに対し，上記に見た家賃設定のあり方は，地価の上昇に比べて緩やかな家賃上昇へと帰結した，と理解しうる。

第三に，家主と借家人の関係についての規範的拘束である。家主の居住地が賃貸住宅と同じ建物や近隣であったことを背景として，近隣関係を組み込む形で，家主・借家人双方に，無理に追い出さないなど，「良好な」借家関係の維持に対する規範的拘束が存在したように思われる。

以上見たように，くいつぶし型経営は，属人的・非市場的性質が強かった。これに対して，現代の借家市場は，脱人格化・市場論理の強化と捉えることができるのではないだろうか。上記3つの問題について，ここでは借家市場全体が階層化・法人化などいくつかの論理から変容していることを分析する。

アフォーダビリティの悪化と階層化

　まずアフォーダビリティの悪化の原因について分析する。家賃額別テニュアストックを表す図12-3にあるように，安価なストックは減少し，相対的に家賃の高いストックが増加している。そしてこの要因を，テニュア別に見ることにしたい。

　第一に，公共ストックの減少である。公共借家は1970年代半ば以降新築が抑制され，1990年半ば以降は，新規供給抑制が，政策方針として追認される。すなわち，住宅政策のロジックとしての「セーフティネット」概念の登場がそれである（川﨑 2019）。現在の住宅政策を規定する住生活基本法では，住宅政策の中心に市場活用・市場支援が置かれ，市場を活用できない対象に対してセーフティネット施策を用いるという発想に立っている。公的住宅供給は，直接的に政府の方針に規定されるため，現在は UR においても公営住宅においても，総ストック数は減少過程にある。[2]

　第二に，給与住宅の減少である。日本型住宅保障システムに関わって，企業による当該企業雇用者への住宅提供は，特に若年世帯にとっては，住宅難の下での安価なストックであったという意味において重要であった。しかしグローバリゼーションや企業の労務管理・企業福祉の再編を背景として，給与住宅の供給数もまた減少している（佐藤岩夫 2009）。

　以上のテニュア変容と併せて確認しておくべきは，第一に，住宅政策による制約である。アフォーダビリティの悪化は，社会構造的・住宅市場の要因ばかりでなく，住宅政策としての所得保障＝住宅費負担緩和策の不在の反映でもある。つまり，最低居住水準を決めて，そのうえで世帯の規模と必要住宅費の基準を政策的に決定し，それに応じた補助・規制をする，という体系が日本の住宅政策に存在していないことによる。

　第二に，アフォーダビリティの悪化は，階層化と結びついている。住調では，世帯収入と家賃階級のクロス表が出されているため，東京都・現役世代・借家全体を対象に，2008年・2018年で比較した。

　この作業からわかることは，第一に，世帯収入の階層化である。2008年と2018年の 2 時点の世帯年収で比較すると，300万円未満（63.7万→74.6万世帯）・300～500万円（67.5万→82.9万世帯）という低所得世帯と，700～1000万円（23.5万→26.3万世帯）・1000万円以上（11.4万→15.9万世帯）という高所得世

帯は増加していることから，世帯収入は下に厚い形で階層化していることがわかる。

第二に，面積水準の階層化である。ボトムである4万円以下ストックの割合が減少する一方，トップである15万円以上ストックは増加している。ボトムである5.9畳以下ストックはあまり増えていないのに対して，トップである30.0畳以上ストックは著増している。ことに畳数は，23.9畳数を谷として扇のような増減を見せることから，狭いストックと広いストックが増えていることがわかる。

こうした世帯収入および居住面積の階層化を，どのように理解すべきであろうか。筆者は別稿（佐藤和宏 2021b）にて，現代の持ち家主義について検討したことがあるが，それとの関連で，以下のように整理できるように思われる。

第一に，持ち家取得の時期の遅れである。以前であればより早期に持ち家を持っていた中間層を中心に，持ち家取得時期が遅れているが，最終的に持ち家を取得できるまでの間，借家に住むことになる。そこで，比較的高家賃・広い借家のニーズが高まる，と理解できよう。

第二に，住宅政策による階層的対応である。低金利および住宅ローン減税が持ち家取得へと誘導することにより，低所得層・若年層も含めて持ち家取得意欲を喚起する。他方，借家の家賃と居住水準を結びつける形での規制・給付がなされていないこともあいまって，図12-3と表12-3からわかるとおり，公営住宅・UR・公社など比較的家賃が安価で面積水準も狭くない借家供給が削減されていることから，借家の高家賃傾向が生じる。こうした政策による階層的対

表12-3　家賃階級別および畳数別の増減（東京都・戸数）

	～5.9畳	6.0～11.9畳	12.0～17.9畳	18.0～23.9畳	24.0～29.9畳	30.0畳～	計（家賃帯別）	列で見た割合
～4万円	300	3300	−19100	−6600	−17300	7100	−32300	−11.8
～6万円	12000	31500	700	0	−700	9400	52900	19.3
～8万円	2900	−35100	23200	8900	10700	12200	22800	8.3
～10万円	1900	35000	22000	−6400	8900	19700	81100	29.7
～12万円	400	14500	16200	−5100	2800	18700	47500	17.4
～15万円	0	3900	4200	−3300	4800	28300	37900	13.9
15万円～	−300	2000	3900	4500	11200	42300	63600	23.3
計（畳数別）	17200	55100	51100	−8000	20400	137700	273500	
行で見た割合	6.3	20.1	18.7	−2.9	7.5	50.3		

出所：『住宅・土地統計調査』より，2018年から2008年のストック数の増減を見たもの。筆者作成。

応から，「住みつづけるなら持ち家で」となりやすい。

コロナ禍下の家賃滞納──借家市場の組織化との関連から

　民間賃貸住宅業界からすれば，持ち家取得時期の遅れおよび公的借家セクターの減少は，市場の拡大と理解できるので，民間借家市場における資本蓄積のためにいっそうの環境整備が求められることになる。

　この30年間，業界団体の結成を見ると，全国賃貸管理業協会（1991年），賃貸住宅管理業協会（1992年），両団体の統合による日本賃貸住宅管理業協会（1995年），財団法人日本賃貸住宅管理協会（2001年，日管協）があった（太田 2014：註6）。法律では，定期借家制度（2000年），サブリース規制法（2020年），賃貸住宅管理業法（2021年）が施行されている。以上のことから，借家市場の法律・業界団体の整備が進められてきたと言える。

　こうした構造化が借家市場・借家政策にどのような影響を与えたかについて，まだ必ずしも総括的な所見は提示されていないように思われる。そこで居住リスクという観点から，立ち退きにも結びつくことから，家賃滞納を見ることにしたい。

　日管協は，半年に一度，民間借家に関するデータを公開している（日管協短観，以下「短観」）。短観によれば，第24回（2020年4月〜9月）と第25回（2020年10月〜2021年3月）の直近2回がコロナ期に該当するが，以下のようなことがわかる。第一に，第24回では，2018年秋以降のトレンドに沿う形で，滞納率は下がっていたのに対して，第25回では上昇に転じている。第二に，家賃債務保証会社による機関保証の定着によって滞納が抑えられていると報告書で指摘されている。この指摘をふまえると，調査期間全体で見るとその主張が該当するわけではないにしても，この3年ほどのトレンドとしては当てはまっている。

　コロナショックは，特に初期のいわゆる第1波において顕著な悪影響を世帯に与えていたが，しかし第24回は，滞納率が低下しているから，矛盾しているようにも見える。この理由を短観から探るならば，家賃滞納をめぐるせめぎあいが見て取れる。直近2回は，コロナに関する影響が訊かれているが，賃料減額請求が増加（47.2%→37.3%），解約（退去）が増加（36.1%→21.3%），滞納者が増加（11.1%→10.0%）という悪影響に対して，賃料減額受け入れ

図12-5　滞納率および家賃債務保証の加入必須割合（首都圏）

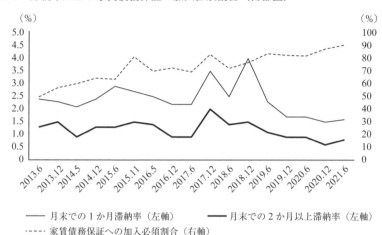

　　　　―――― 月末での1か月滞納率（左軸）　　　　―――― 月末での2か月以上滞納率（左軸）
　　　　‐‐‐‐‐ 家賃債務保証への加入必須割合（右軸）

出所：『日管協短観』より筆者作成。

（56.1％→45.5％），滞納督促強化（40.4％→19.7％）という対応が挙げられている。

　住居確保給付金制度の紹介を挙げる業者も含めると，借家人と管理業者の間で，家賃滞納のリスク・退去をめぐってのせめぎあいがあることがわかる。以上より，第24回ではまだ耐えることのできた層も，コロナ禍の長期化によって滞納に至り，増加へと転じたことが想定される。

　以上のことから，いくつかの示唆が得られるように思われる。第一に，居住リスクである。つまり，コロナ禍が長期化することによって，いっそう住宅危機が発露・拡大する可能性がある，ということを意味していよう。

　第二に，組織化による政策実現の回路である。住居確保給付金は，コロナ禍において拡大されたが，ここではその中身ではなく，要求主体に着目したい。つまり，生存権・居住権の実現という目的からは住まいの貧困に取り組むネットワーク，日本弁護士連合会などの声明が見られる一方，ビジネス目的として，住宅新報，自由民主党賃貸住宅対策議員連盟なども住居確保給付金の延長・拡大を提起している。

　総じて，住宅市場における他セクターが縮小しつつ民間借家セクターが拡大する一方で，民間借家市場に関するアクターが多様化・拡大するという流れか

ら考えると，借家人あるいは供給・管理主体にとっての中間団体が，政策実現に対してより強く作用する可能性を，示唆しているように思われる。

改正住宅セーフティネット法

　なお借家市場に関しては，改正住宅セーフティネット法について言及しておくことが必要であろう。2006年に，住宅建設計画法の廃止と併せて，住生活基本法が制定され，以降，住宅政策は住生活基本計画に沿って実施されている。2007年には，住生活基本法に居住の安定の確保という文言があることから，その実現のために，住宅セーフティネット法（住宅確保要配慮者に対する賃貸住宅の供給の促進に関する法律）が実施された。この法律は，低所得者，被災者，高齢者，子どもを養育する者などの住宅確保要配慮者に対し，賃貸住宅への円滑な入居を支援することを目的としているが，ポイントは，民間賃貸住宅もセーフティネットとして位置づけられた，という点である。

　2017年には，住生活基本計画の見直しに沿って，住宅セーフティネット法も見直され，改正法が実施されている。基本的には，民間賃貸住宅のセーフティネット上の役割が，以下に見るように具体的な制度として整備されることによって，いっそう強調されている。つまり，空き家が増加する一方で，住宅確保要配慮者も多く存在することから，当該層の入居を拒否しない賃貸住宅の登録制度を創設する，というものである。これは3つの要素から成り立つが，第一に，住宅確保要配慮者の入居を拒まない住宅を都道府県に登録することによって，登録住宅としての認証を受ける。第二に，登録を担当する都道府県は様々な広報手段を用いて，要配慮者も含む政策関係者に情報提供をおこなう。第三に住宅確保要配慮者の入居に際しては，居住支援法人を中心に居住支援がおこなわれ，入居が決定される。

　ただ本制度を積極的に評価するのは，困難であるように思われる。前提として，住宅政策が，市場化を中心としつつセーフティネットを整備するという方向性で進められていることに関わる。併せて，本項で見てきたように，民間借家市場の供給・管理のアクターが増加・多様化することは，いっそう資本の論理が強調される可能性を孕む。

　こうした前提をふまえ，本制度の第一の問題点は制度の建て付けにある。つまり第一に，家賃補助である。空き家に対する改修費用だけでなく，家賃補助

も組み込まれてはいるが，予算措置であって恒常的な政策とは言いがたい（かつ家賃補助の実施も少数にとどまる）。

　第二に入居差別の容認である。本節（1）に挙げたように，高齢者，障害者など住宅確保要配慮者の入居拒否が問題であるとしながら，「差別をしない」住宅を登録・提供するサービスであり，言い換えれば，そもそもの入居拒否を禁じていない。したがって，ニーズが多様化する中で，居住支援概念を提起し，居住支援を法制度に具体化する，という改正法に込められた現代的意義もさることながら，多くの課題が残ると言わざるをえない。

　本制度の第二の問題点は，制度の実施状況である。立法理由にあっては，住宅確保要配慮者の存在のみならず，増大する空き家も挙げられており，2020年度までに20万戸の目標が掲げられた。しかし，平山（2021）によれば，理念と乖離した実態と言わざるをえない。

　つまり第一に，住宅確保要配慮者の利用状況である。20万戸の中には，住宅確保要配慮者向けの専用住宅だけでなく，そのような制限のない一般住宅があるが，国交省によれば，登録戸数のうち前者が何割を占めるのかわからず，把握する予定もないという。これでは，登録住宅を利用することでどのような政策効果があったのかを把握する以前の段階である。

　第二に，空き家の活用である。登録戸数に一般住宅が含まれていることにも関わるが，登録戸数の大半は，大東建託およびビレッジハウスという2社によって占められており，かつすでに借家人がいるものである。これでは，20万戸の目標を形式的に達成することが先走り，空き家を活用する目的も，それを実現するために必要な条件も，考慮されていないと言わざるをえない。

（3）むすび──借家研究の発展に向けて

本節で見てきたこと

　以上見てきたように，アフォーダビリティの悪化，良好な住宅の供給，公平な住宅供給という借家市場の諸問題から見れば，現在の借家市場および借家政策は，その問題の改善の方向へと向かっているとは言いがたい。

　この方向性の理由は，第一に，公的借家セクターが残余化することによる。つまり，低家賃ストックの喪失，安価でありながら一定の面積を持つストック

の喪失，入居拒否を直接的にはしないことから，借家問題の悪化に直結している。第二に，借家市場において，民間借家市場の支配力・影響力が大きくなっている。くいつぶし型経営によって市場原理が一定程度修正されていた段階から，民間借家の脱人格化・組織化が進むことによって，市場の論理が強調されるようになった。持ち家取得の遅れによって一定の中間層が借家市場にとどまることから，広い面積を有する借家も増えてはいるが，しかしアフォーダビリティおよび入居拒否という観点からは，積極的には評価しがたいように思われる。

残された課題

　多くの課題が残されたが，ここでは民間借家の供給・管理構造の解明の必要性に言及して終えたい。先行研究である太田（2014）から，管理業界の史的研究・現状分析において多くを学んでいる。太田の研究を，筆者のおこなった零細個人家主によるくいつぶし型経営の機能をふまえることで，社会統合の視角から補完できるように思われる。

　なぜこのような補完が重要かといえば，管理戸数が多い業者ほど，サブリース率が高くなる傾向があるからである。つまり，民間借家の所有で見ればいまだに個人所有が多数派と言われながら，そこで実際に管理を担っているのは管理業者だからである。本稿では言及できなかったが，住宅過剰社会，借家経営の破綻，あるいは住宅政策による政策的介入の可能性を探る意味でも，借家市場の供給・管理構造を明らかにする必要がある。

註
1)　公的資金が用いられることで市場家賃より安価な家賃になっている借家のことを，一般的に社会住宅と呼ぶ。
2)　なお「UR・公社借家」にカウントされていた雇用促進住宅が，2000年代以降に民営化されたことによって，民営借家にカウントされている。

第 *13* 章

韓国の都市・住宅問題
——家計負債の膨張とチョンセ借家の減退——

大泉英次（はじめに，第1～3節）・具滋仁（第4節）

はじめに

　1948年8月，大韓民国（韓国）が樹立され，李承晩政権（1948～60年）が発足した。翌9月に朝鮮民主主義人民共和国が樹立される。米ソ冷戦体制のもと朝鮮に分断国家が誕生した。1950年6月，朝鮮戦争が勃発し，53年7月に休戦協定が締結されてこれが今日に至っている。内戦による社会と経済の被害は大きく，復興は困難を極める中，国民の反政府運動が高揚し，1960年4月李承晩政権は倒壊した。しかし1961年5月に朴正熙ら軍部によるクーデターが発生し，全国に戒厳令が敷かれる中，1963年12月に朴正熙が大統領に就任した。韓国の戦後史はかくも苛烈な歩みをたどったのである。

　本章は韓国の都市・住宅問題の歴史的展開を，その背景となる政治体制と国民経済の変動を考慮して3つに時期区分する。そしてこの時期区分に沿って大都市の住宅市場と住宅政策の動向を考察する。

　第1期は1960年代～80年代半ば。開発独裁体制のもとで経済成長と都市開発が推進された時期である。国家権力の庇護を受け多数の財閥企業集団が成長した。地域経済の格差が広がり，首都ソウルへの資本と人口の一極集中が進展した（第1節）。

　第2期は1980年代後半～90年代。韓国がアジアNIESの一角として高度成長を続けたまさにその時に，独裁政権と対決する民主化運動が高揚し，韓国政治は歴史的な変革期を迎えた。これを背景に土地政策と住宅政策が大きな転換を見せた時期である（第2節）。しかし韓国経済は1997年のアジア金融危機で

深刻な打撃を受け，IMF の監視下で新自由主義的構造改革を経験した。その中で財閥企業集団の淘汰と再編が進んだ。

第 3 期は2000年代〜現在である。韓国経済はアジア金融危機から回復を遂げるが，2008年リーマンショックと世界金融危機でふたたび打撃を受けた。グローバル資本蓄積に深く組み込まれた韓国経済の構造そのものが，ソウル一極集中に拍車をかけ，不安定雇用の増大，所得格差と貧困を深刻化させている。住宅市場の不安定と格差，ハウジング・ディバイドの強まりはこれを反映するものである（第 3 節）。

さらに第 4 節は，ソウルにおけるコミュニティづくりの自治体政策と市民運動の現況を説明する。

1　経済成長と都市開発——ソウル一極集中の構造

（1）開発独裁下の経済成長と都市開発

第 1 期（1960年代〜80年代半ば）は，朴正熙政権（1963〜79年）そして全斗煥 政権（1981〜87年）と続く開発独裁・権威主義統治の時代である。独裁政権は経済成長による国民統合をめざし，経済開発 5 ヵ年計画を策定，推進した。

1960年代〜70年代の第 1 次〜第 4 次 5 ヵ年計画は，一方で食料増産と農村の生活水準向上を目標に掲げたものの，開発戦略の中心は輸出産業の育成・振興と重化学工業化の推進だった。政府の庇護のもと，同族経営の財閥企業集団（チョボル）が成長していった。

1980年代の第 5 次・第 6 次 5 ヵ年計画は，高度成長の達成をもとに国内市場の対外開放，地域格差の是正，社会福祉の充実を掲げた。しかし国民経済の構造は，農工不均等発展が顕著に進み，輸出依存度が高まる一方で国内需要の根幹たる家計消費支出は大きくウェイトを下げていく。ここに今日に至る韓国経済のいびつな循環構造が確立したのであった。

地域開発政策では，輸出産業の振興と重化学工業化のための，道路・港湾などインフラ建設と工業拠点開発が強力に推進された。1960年代〜70年代初めまでに建設された多数の工業団地は京畿道と慶尚道に偏在し，特にソウルおよ

びソウル西部から仁川にかけての沿岸地域に集中していた。ソウルには輸出向けの衣服・電気機器製造工場が集積し，仁川，水原など周辺都市には電子部品などハイテク工場が建設された。農村から都市への大規模な人口移動が続き，ソウルをはじめ大都市には，製造業さらに商業・サービス業に就業機会を求める人々が流入した。工業化から取り残された全羅道は，慶尚道との地域格差が広がっていった（橋谷 1995）。

　ソウルの人口は1960年に244万5000人だった。これが1970年543万3000人，1980年836万4000人に増加する（20年間で3.4倍超）。1960年代から都心部の人口空洞化が進み，市街地開発は周囲に拡大していく。1960年代から70年代にかけて市域拡張がおこなわれ，1980年代には周辺地域に向かって都市機能が分散する多核型都市構造が発展した。

　次々と建設される大規模住宅団地では，高所得者向けと低所得者向けに集合住宅の階層分化が進んだ。そして雇用を得られない過剰人口の堆積は大規模なスラムの形成につながった（加藤 2020）。

（2）大企業・富裕層への土地所有の集中

　図13-1は1970年代〜80年代におけるソウル市，仁川市（ソウル都市圏の港湾・工業都市），城南市（同じく衛星都市）の地価変動を示す。異常な地価高騰の3つの波（1978年・1983年・1989年）が見られる。これは，1970年代には工業開発による工業用地および住宅用地の需要増加，1980年代にはソウルの過密化による周辺都市での住宅用地の需要増大，そして地価騰貴を背景とする土地投機取引の活発化を反映していた。

　地価高騰の背後にあったものは何か。それは，宅地から農地まであらゆる地目にわたる法人土地所有の増大と集中である。

　1989年に発表された韓国国土開発研究院の調査報告書（これについては後述）によれば，全国の法人所有地4495.8km^{2}のうち，5万坪以上を所有する2174法人の所有土地面積は3958.3km^2（88.0％）であり，50万坪以上を所有する403法人の所有面積は3030.4km^2（67.4％）であった。法人所有は住宅地・工場用地だけでなく農地・林野にも及んでおり，大土地所有法人への集中度は農地・林野で特に顕著である。

図13-1　韓国都市の地価変動率の推移：1977〜89年

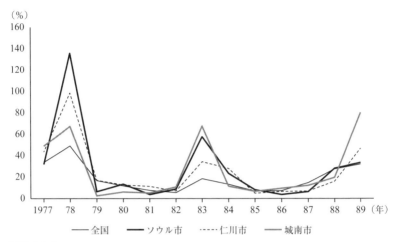

註：前年比変動率。
出所：加藤（1991b：52）

　また全国の民有地で，所有階層上位10％の所有面積は76.9％を占め，上位5％の所有面積は65.2％を占めた。上位5％層への土地集中度はソウルやプサンなど大都市の衛星都市・周辺地域で高い。ソウルにおける上位5％層への開発可能地の集中度は，農地・工場用地・雑種地で80〜90％超である。さらに，ソウル居住者の他地域での土地所有は，農地・林野・宅地のいずれもソウル周辺の衛星都市で顕著に高い（加藤　1991b）。

　都市開発拡大による土地需要の持続的増加の中，法人・富裕層への土地所有の集中が進んだことは，都市土地市場における需給逼迫と競争を激化させた。これに投機的土地取引が加わることで地価高騰の波がくりかえし発生したのである。

（3）公的住宅関連機関による住宅建設の開始

　図13-2に見られるように，公共・民間セクターの住宅建設の動向は1980年代半ばを境に大きく変化した。1980年代末以降，住宅建設は急激な増加と変動を示している。ここではまず1980年代半ばまでの時期の推移をたどろう。

図13-2　韓国の住宅建設（民間・公共）の推移：1962～2017年

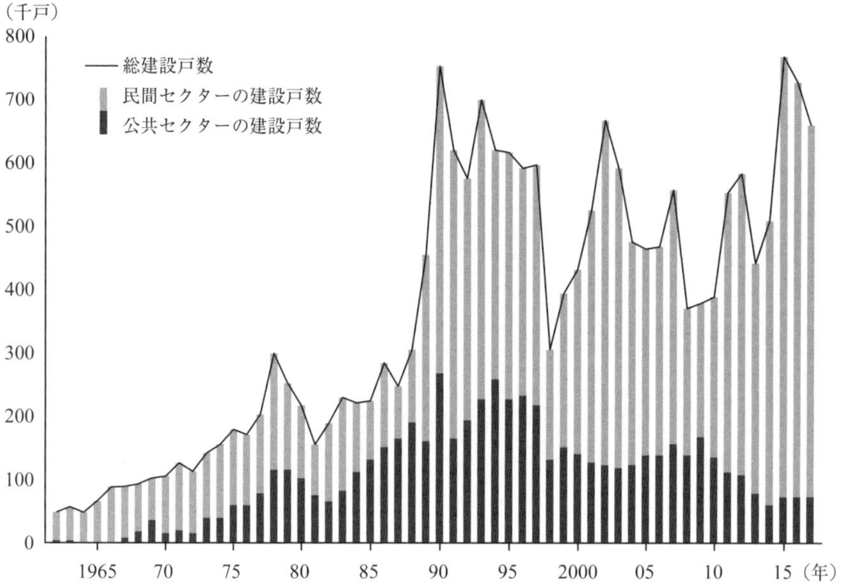

註：「公共セクターによる住宅建設」は公的資金で建設された住宅（販売用および賃貸用）を指す。
出所：Cho et al. (2019: 160). （国土交通部統計）

　開発主義国家が推進する高度成長の中で，住宅ストックの不足と劣悪さの問題は未解決のままだった。政府は輸出産業と重化学工業への資金配分を優先した。

　第1次経済開発5ヵ年計画（1962～66年）で住宅不足解消が課題の一つに掲げられ，政府は1962年に大韓住宅営団（前身は1941年設立の朝鮮住宅営団）を再編し，大韓住宅公社を設立した。しかし輸出主導工業化政策のもと，住宅建設への政府の実効的な関与は乏しかった。

　第2次5カ年計画期（1967～71年）に，大韓住宅公社とソウル市がソウル市内の住宅建設に本格的に取り組むなど公共セクターの住宅投資が増加した。そして政府は1967年に韓国住宅金庫を設立し，これが1969年に韓国住宅銀行に再編される。つまり大韓住宅公社による住宅建設そして韓国住宅銀行による住宅資金貸付，これら2つの公的機関が中間所得層向け持ち家住宅の建設供給を推進する機能を担ったのである。

　ソウル市と大韓住宅公社は1962～72年にソウル市域で約4万戸の集合住宅を建設した。公社は漢江団地などの大規模住宅団地を建設し，ソウル市は市内32ヵ所で426棟，1万7000戸の集合住宅を建設した。こうしてソウル市域の傾斜地の至る所でスラムが撤去され，集合住宅群が出現した（加藤 2020）。

　一方，政府は1972年に250万戸建設を目標とする住宅建設10ヵ年計画を発表し，同じ年，住宅建設促進法を制定した。これは民間住宅開発事業に対して公的資金融資による支援を制度化するものであった。住宅供給への政府の関与は，直接供給から間接供給へと軸足を移していく。

（4）民間住宅建設の成長開始

　1977年と78年の住宅建設促進法改正で，政府の住宅建設計画に民間企業の活力を利用するスキームがつくられた。大手建設業者を指定して助成をおこなう一方，不動産開発において一定規模の集合住宅建設を義務づけ，かつその建設延べ床面積の40％以上を床面積25坪以下の住宅とすることを求めたのである。

　1970年代半ばまで，政府の産業政策は輸出振興に集中していたので，建設業は施策の主要な対象ではなかった。だが1973年の第1次石油危機をきっかけに，韓国建設業のビジネス環境は一変した。中東産油国は多額の石油販売収益を得て，それを国内製造業や社会資本への投資に向けたので建設ブームが到来した。韓国建設業はブームに沸く中東諸国の建設市場に進出し，それで大きな収益を得たのである。

　民間住宅建設を促進する政府の措置は，国内インフラ建設と中東建設ブームで成長した大手建設業者が住宅建設市場に参入することを強く促し，その結果，住宅建設業が急成長することとなった。

　しかし韓国経済は，1979年第2次石油危機と世界不況そして重化学工業の過剰投資で，1970年代末から80年代半ばまで長期不況に陥る。住宅建設は1978年の30万戸から81年の15万戸に半減した（前掲の図13-2）。

　この状況下で政府は建設投資の活発化を景気対策の有力な手段として位置づけた。ソウルでは1975年から南方の江南地区を開発し，高層オフィス・住宅を建設するプロジェクトが開始される。政府は住宅市場の成長を促すため，中

間所得層の住宅購入を支援する諸制度を導入した。1979年に韓国土地開発公社，1981年に国民住宅基金が設立された。韓国土地開発公社は，土地の公的収用を通じて，政府が主導する住宅開発の用地を取得するために設立された。これは2009年に大韓住宅公社と合併し，韓国土地住宅公社に再編された。国民住宅基金は，個人向け住宅の建設・購入資金を融資するために設立され，住宅購入希望者との貯蓄契約や住宅債券の発行で貸付資金を調達した（Kim and Ahn 2002）。

2　土地政策と住宅政策——土地公概念関連法と住宅大量供給

1980年代後半から韓国経済は長期不況を脱して高度成長に転ずる。住宅問題に新局面をもたらす転換点が到来した。好景気と貿易収支黒字そしてインフレを背景に，1988年頃から不動産ブームが発生し地価・住宅価格は急騰した（前掲の図13-1）。

ソウル首都圏の人口は増大しつづけ，新しい大規模住宅団地の開発が必要だった。1970年代の江南地区開発に続き，第2次の都市域拡張が1980年代末におこなわれた。1988年に発足した盧泰愚政権は，1988～92年の5年間に200万戸の住宅を建設する計画のキャンペーンを開始した。200万戸という目標は1989年時点の住宅ストック総数の30％に相当する。この計画は，ソウルのグリーンベルトを越えた5ヵ所のニュータウン開発を含んでいた。

1980年代末から90年代にかけての住宅大量供給の展開は，韓国の住宅政策史において重要な画期となる局面であった。そしてそれは，韓国の社会と政治そして土地政策における重大な転換と連動していたのである。

（1）1987年民主化運動と盧泰愚政権の誕生

韓国政治史において重大な画期となる1987年6月の民主化運動は，全斗煥軍部政権と対決し大統領直接選挙を求める大衆運動の高揚であった。当時の政権与党の盧泰愚代表が，緊迫する事態の収拾のために6・29民主化宣言を発表する。大統領直接選挙が実施され盧泰愚政権（1988～93年）が誕生した。

1980年代後半の韓国経済は，1988年ソウル五輪開催と高度成長の持続，そ

して経常収支黒字（貿易収支は1986年以降，戦後初めて黒字を記録）の達成を経験した。この好景気は土地・不動産ブームを招き，地価・住宅価格は高騰した。民主化運動は労働運動の高揚をも導いており，労働組合は住宅費上昇に見合う大幅賃上げを求めた。企業側は国際競争力を削ぐという理由でこれを拒否し，労使対立が激化した。

　この状況の中で，地価高騰は少数の大地主や法人地主への土地集中の結果であり，彼らに巨額の土地含み益をもたらしているという事実が明らかにされたのである。前節で引用した国土開発研究院の調査報告書は，土地・住宅問題をめぐる世論に大きな影響を与えた。

　高度成長の果実が財閥企業や富裕層の土地含み益に転化しているという認識が国民の中に広がった時，土地・住宅問題は政治的な性格を強く帯びたのである。住宅価格・家賃の高騰に苦しむ多くの国民が，土地・住宅投機の横行，そして大企業や富裕層の土地含み益取得を強く非難するに及んで，盧泰愚政権は土地公概念関連法を制定し，5年間で200万戸の住宅建設を公約したのだった（Kim and Ahn 2002）。

（2）土地公概念関連法と土地政策

　1987年10月に制定された第6共和国憲法は，「財産権の行使は公共の福祉に適合しなければならない」とし，「国土の効率的で均衡ある利用・開発と保全のため，法律が定めるところにより必要な制限と義務を課すことができる」と規定した。つまり土地の公共的性格を規定したうえで土地所有権を制限するという論理構成をとる。これが「土地公概念」である。

　政府はこれを根拠に，宅地所有上限法，開発利益還収法，土地超過利得税法を制定した。これらが土地公概念関連3法である。

　宅地所有上限法は，世帯が所有できる宅地面積の上限を定め，それを超える部分に負担金を課す。これにより富裕層に集中している宅地の放出を促す。開発利益還収法は，地価上昇で発生する開発利益に開発負担金を課し，国と自治体の収入とする。これは開発利益の公共還元である。土地超過利得税法は，未利用遊休地の地価上昇で発生する含み益に課税するものである（加藤 1991b）。

　政府はすでに1970年代から土地投機抑制策を導入し，地価高騰が激しくな

るたびに規制の強化をくりかえしてきた。土地取引の申告・許可制，土地譲渡所得への課税，遊休地や過大な土地所有への重課税がその手段である。土地公概念の確立は，土地政策に開発利益の公共還元という重要な原則を加えることとなった。

　だが土地公概念関連3法は，国会の法案審議の中で多くの修正を余儀なくされ，また憲法裁判所が土地超過利得税に違憲判断を下す（1994年7月）など，その実効性には大きな限界があった。しかも，金泳三政権（1993〜98年）は農地・山林の宅地転用を促進する開発規制緩和をおこなうなど，土地政策・住宅政策に市場重視，規制緩和の流れが現れた（川瀬 1998）。

　とはいえ1980年代後半の緊迫した政治状況の中で，住宅問題の解決を迫られた政府が土地・住宅投機を抑制し，財閥企業に未利用地の売却を強く迫ったことは確かである。したがって土地公概念関連法の制定は土地政策として画期的な意義を持っていたし，住宅大量供給という新たな住宅政策と連動するものとなったのである。

（3）200万戸住宅建設運動の達成

　1987年の大統領選挙で盧泰愚候補は6年間の任期中に400万戸の住宅を建設するという計画を発表した。この公約は政権発足後，200万戸建設計画という「現実的」な規模に修正された。そしてこの目標は5年計画を4年で前倒し達成されたのである。

　目標達成のためにあらゆる政策手段が動員された。第一は公共用地開発スキームの適用であり，それは大規模な住宅開発プロジェクトで効果的だった。韓国土地開発公社は未開発の土地を安価で購入し，これを建設用地に造成して民間建設会社に売却した。第二に，政府は新築集合住宅の価格規制をおこなっていたが，その規制を緩和し，建設費用と利益率を考慮した販売価格の設定を認めることで住宅建築業者にインセンティブを与えた。第三に住宅購入者と建築業者には国民住宅基金が公的資金を融資した（Cho et al. 2019）。

　200万戸住宅建設運動は韓国の住宅政策における一つの里程標となった。前掲の図13-2でそれは明らかである。住宅建設は1989年から飛躍的に増加した。目標自体が年間住宅建設量の2倍以上という野心的なものだったし，住宅大

量供給はソウルなど大都市で住宅価格の安定化に寄与した。建設計画の終了後も，年間60万戸超という高水準の住宅建設が続いた。

　盧泰愚政権期は住宅大量供給（＝マスハウジング）における画期となったが，同時に民間セクターの住宅建設が公的セクターのそれ（ほとんどが間接供給）を大きく上回って成長する時代の始まりでもあった。すなわち盧泰愚政権期は，開発主義の住宅政策が住宅問題の深刻化に直面し，新自由主義の住宅政策へと転換していく時代の始まりだった。

（4）アジア金融危機と新自由主義的構造改革

　1990年代に韓国政治は民主化という新たな段階に入った。しかし，この政治改革に続くべき経済改革は新自由主義に従って進められていく。この流れは1997年アジア金融危機とその後の構造改革政策で決定的となった。

　金泳三政権はOECD加盟（1996年）を果たすが，加盟条件をクリアするための新自由主義政策導入の外圧にさらされた。住宅政策においては，地方都市圏で発生した住宅不況の対策として，住宅販売価格の規制緩和がおこなわれた。また，工業団地や住宅団地建設のための宅地開発事業に，民間企業が参入することを解禁する宅地開発促進法改正（1997年）がおこなわれた（川瀬 1998）。

　タイのバーツ通貨危機に端を発するアジア金融危機（1997年7〜12月）は，財閥企業と韓国経済に大きな打撃を与えた。財閥企業は，外国短期資金の取り込みを含む資金借入に依存して，設備投資や建設・不動産投資を拡大してきた。外国金融機関によるウォン売りと資金引き揚げが，韓国経済を外貨準備の枯渇，対外決済の不能化の危機に直面させ，財閥企業を資金繰りの困難，経営破綻の危機に陥れた。

　政府はIMFの融資を受け入れ，金融・貿易の自由化，企業構造改革，雇用リストラの実行を約束した。これに基づき，金大中政権（1998〜2003年）は新自由主義的構造改革に取り組んだ（大西 2014）。1999年頃から韓国経済は急速な回復を遂げ，2001年8月にIMFからの借入金を全額償還した。だが新自由主義的構造改革は，韓国の経済社会に大きな矛盾と対立をもたらした。

　川瀬（2004）は，金大中政権の経済政策で「新自由主義的手法が最も徹底して貫かれた分野が住宅政策だった」と指摘する。住宅政策は景気浮揚のための

重要な手段とされ，住宅市場を活性化すべく，持ち家１次取得者を優先する住宅取得規制の解除，再開発事業の規制緩和，住宅販売価格の規制緩和，住宅転売の規制撤廃，新築住宅取得者の課税優遇などがおこなわれた。そして構造改革の一環として実施された金融自由化，特に貸付・預金金利の自由化，不動産貸付の規制緩和が，住宅ローン貸付と住宅投資の拡大を促した。その結果，住宅市場は2000年代初めに回復へ向かう。

　1990年代から2000年代初めまでの住宅建設は，韓国通貨危機による1998年の落ち込みをはさんで，年間60万戸超の高水準が続いた。その大部分は民間住宅建設の変動である（前掲の図13-2）。それは新自由主義の住宅政策による一連の規制緩和や減税措置の結果でもあった。次節では2000年代から今日に至る住宅市場と住宅政策の動向を観察しよう。

3　住宅市場と住宅問題──住宅価格高騰とチョンセ借家の減退

　まず2000年代以降の住宅市場変動の特徴を理解するために，図13-3に注目しよう（併せて前掲の図13-2も参照）。住宅価格・建築費の上昇を大きく上回る地価の高騰が見られる。1981～2016年に，開発可能な宅地の供給量は全国で

図13-3　韓国の住宅価格・地価・建築費の推移：2000～17年（1999年＝100）

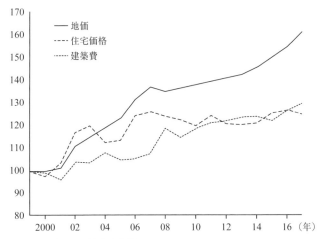

出所：Cho et al. (2019: 164)（大韓建設協会資料）

累計10万600haだった。このうちソウル首都圏での宅地供給量は5万5760ha
で55.4％を占める（Cho et al. 2019）。ソウル首都圏はソウル特別市，仁川広域
市，京畿道（27市4郡）で構成される。首都圏人口は2589万人（2019年）で，
韓国総人口5178万人の50％にあたる。

　すなわち韓国の住宅市場は，大きく言えば，事実上ソウル都市圏とその他の
地方圏に二分されているのである。ソウル都市圏における開発圧力そして土地
需要は一貫して大きい。ソウル都市圏における宅地供給量は2007～11年に1
万6235haだったが，2012～16年はわずか4000haと4分の1に減少した。需
給逼迫で地価上昇圧力はますます強まっている。地価上昇は新築住宅価格だけ
でなく既存住宅価格をも押し上げる要因として作用する。

　これに需要サイドの事情を付け加えよう。2000年代以降の住宅市場の成長
は，住宅ローン市場の成長によって可能となった。金融自由化以前の住宅金融
市場は，韓国住宅銀行（1996年に韓国住宅・商業銀行に改称）と国民住宅基金が
圧倒的なシェアを保持していたが，2000年代に民間銀行の参入が進み，住宅
ローン市場は急速に成長した（Oizumi and Kim 2012）。住宅ローンの貸付・価
格比率（LTV）は1990年代には20～30％だったが，50～70％まで大幅に引き
上げられた。

（1）2000年代の住宅市場──世界金融危機へ

　盧武鉉^{ノムヒョン}政権（2003～08年）は，従来の住宅建設促進法に代わって住宅法を
制定（2003年11月施行）した。これにより住宅政策の目標は「量から質の充足」
に転換された。

　1980年代以降の住宅建設の結果，大都市の住宅景観は一変した。高層集合
住宅は1980年には全国住宅ストックのわずか7％だったが，2010年には59％
に達している。大都市では，市街地はもちろん郊外でも高層集合住宅が一般的
な居住形態となった。

　住宅不足問題は大きく改善された。住宅供給率（住宅戸数／世帯数）は1980
年には71.2％，90年には72.4％だったが，2000年に96.2％に上昇した。そして
2010年に100.5％，2015年には102.3％に達する。ついに戦後以来の住宅不足
は解消された。

　だが2000年代の大都市では，住宅団地の高密度化，超高層化が深刻な問題となった。地価高騰が続いているので，建設業者は土地取得費用節減のために集約的な土地利用を選択した。行政当局も，宅地量が限られている中で住宅建設量を増やさなければならないという事情のもと，容積率の規制緩和をくりかえした。それまで集合住宅の階高は15階に抑えられていたものが，20〜30階建ての超高層集合住宅団地が次々と出現していった。

　超高層化の目的は，オープンスペースの拡大よりも開発密度を高めることだったため，住宅団地の居住環境の質が悪化する結果となった。また，新規宅地供給が枯渇したインナーシティ地域では，民間建設業者が参加した合同再開発事業による不良住宅地再開発が加速された。

　ソウル市内では新規建設が抑制されたため住宅価格が高騰し，既存住宅の建て替えが活発化した。不動産投機を抑制するため，高価格住宅の所有者や複数住宅所有者に対する課税が強化されたが，住宅価格の高騰に歯止めがかからない。ソウル周辺でニュータウンを開発し住宅供給を増やす政策は，建設量が不十分であるうえ，開発ブームが投機需要を刺激し周辺都市の住宅価格急騰を招いた。

　2000年代のグローバル住宅ブームは，欧州，北米，東アジア，大洋州諸国に広がり，大都市の住宅価格はかつてない高騰を記録した。不動産ブームのグローバル化を引き起こしたのは，アメリカを起点とするグローバル資金循環の膨張であり，これを各国の住宅金融市場を結びつける住宅ローン担保証券市場の成長だった。だが一転してアメリカの住宅ブーム崩壊と金融危機，リーマンショック（2008年9月）が世界金融危機を引き起こし，これが世界経済不況に発展した（大泉 2013）。韓国経済もその影響を受ける。李明博政権（2008〜13年）期に住宅・不動産市場は長期の不況局面に入った。

（2）2010年代の住宅市場──世界金融危機後の動向

　世界金融危機と世界不況で韓国経済は2008年にマイナス成長に陥ったが，翌年には急回復を遂げた。金融緩和と公共投資増大，ウォン安と輸出回復（特に対中輸出急増）で財閥企業の業績は好転した（佐野 2011）。

　しかし建設・不動産業への打撃は大きかった。資金繰りに窮し経営破綻に陥

る企業が急増し，その規模はアジア金融危機の時を大きく上回るものだった。不動産・住宅不況は長期化する。政府は住宅購入を促すために住宅ローン条件の優遇，減税，規制緩和措置を導入した。これらの対策の効果もあり，住宅市場は2014年頃から回復しはじめた。

　朴槿恵政権（2013〜18年）そして文在寅政権（2018〜現在）期の住宅市場は，景気回復からブームの過熱化の局面にある。住宅市場の現況を持ち家・民間借家・公共借家セクター別に概観しよう。

持ち家市場──住宅価格高騰と住宅ローン負担

　文在寅政権は発足以来，住宅投機の抑制策として不動産関連の増税や融資規制をくりかえしてきたが，住宅価格の高騰に歯止めをかけることに成功していない。韓国の名目住宅価格総額は2020年末現在，5721兆6672億ウォンで，政権発足以来の4年間に住宅価格総額は1716兆4950億ウォン増加した（増加率42.9％：韓国銀行・統計庁発表）。1995年以降の各政権の中で増加額は最も大きい。

　ソウルのマンション価格暴騰が住宅資産総額を押し上げている。2021年第1四半期のソウルの住宅価格・所得比率（PIR）は17.8倍であり，統計を取りはじめた2004年以降の最高値を記録した（「文政権の4年で住宅時価総額42.9％増」Korea Economic Daily 2021年7月23日）。これほどの価格高騰にもかかわらず，個人投資家（マンション住戸を複数所有し，賃貸収入や転売収入を得る）の需要は旺盛である。

　住宅資産額の膨張は投機的需要がつくりだすバブルにすぎない。しかし住宅ローンの膨張は多数の家計破綻につながる大きなリスクを抱えている。2020年末時点の韓国の家計債務総額は1726兆1000億ウォン，うち住宅ローン残高は910兆6000億ウォンである（「家計債務が過去最大──コロナ影響に住宅購入・株式投資」ソウル聯合ニュース2021年2月23日）。

　韓国の住宅ローンは，満期一括返済型ローンの貸出比率が高い。満期までは金利のみを返済し，満期が来ると借り換えで元金返済するのが一般的パターンである。また，短期ローン（通常は3〜5年の超短期）が多く，変動金利ローンの貸出比率が高い。これらの特徴は，住宅価格上昇を前提とし，借り換えをくりかえす借り手が多いことを反映している。したがって住宅価格下落が起き

ると，返済延滞や返済不能のリスクはきわめて大きい（簗田 2014）。

借家市場——若者の住宅難

　表13-1は韓国の住宅テニュア（持ち家・借家という保有形態の区別）構成の変
化を見たものである。韓国の持ち家率は53.6％で，60％超の日本に比べて低い。
そのぶん，借家居住者の割合が高い。チョンセとウォルセは民間借家である。
公共賃貸住宅については別に考察する。

　チョンセは韓国の独特な賃貸借契約である。チョンセでは，契約時に住宅価
格の40〜60％に相当する金額を家主に無利子で預託する。そのかわり契約期
間中（通例 2 年）の家賃は支払わない。預託金は契約の終了時に全額返還され
る。つまりチョンセは，家主が借家人から資金を借り入れる事実上の金融メカ
ニズムであって，借家人は家主への資金貸付で利子を受け取るかわりに住宅を
占有する権利を得るわけである。

　ウォルセは家賃を月払いする賃貸借契約であり，これは保証金を預託するタ
イプと保証金なしのタイプに分かれる。保証金なしのウォルセ借家は，現状，
保証金つきウォルセ借家数の 1 割程度である。表13-1は，チョンセ借家の増
加が伸び悩み，対照的にウォルセ借家が大きく増加していることを示している。

　かつてチョンセは，住宅価格の上昇，住宅不足，高金利という条件を背景に
して，韓国の借家市場で一般的な契約方式だった。第一に，住宅価格の上昇は，
キャピタルゲインを期待する家主が，住宅の資産価格の一部をチョンセ預託金
として受け取ることを可能にした。第二に，住宅不足は家主に優位を与え，チ
ョンセ契約で家賃滞納・不履行のリスクを回避することを可能にした。第三に，

表13-1　韓国の住宅テニュア構成の推移：1995〜2015年

（単位：％）

年	1995	2005	2015
持ち家	53.5	55.6	53.6
チョンセ	29.7	22.4	19.6
ウォルセ	14.5	19	23.9
その他（家賃なし）	2.5	3	2.9
総戸数（千戸）	9,570	13,224	16,367

註：「その他（家賃なし）」は，公務員住宅，会社住宅，親族の住宅を無償で
　　借りるもの。
出所：Ha (2019: 132).

高金利は家主がチョンセ預託金の運用でかなりの収益を得ることを可能にした（Ha 2019, 川瀬 1998, 2004）。

　他方，持ち家取得をめざす若年世帯にとって，ウォルセからチョンセに進むことは貯蓄形成の手段となった（親がチョンセ預託金を肩代わりすることもある）。その限りでチョンセは，借家人と家主にとって「ウィン・ウィン」の借家モデルとして機能したのである。

　しかし住宅価格が上昇するとチョンセ価格も上昇し，借家世帯の家計収入はそれに追いつけない。若年世帯はチョンセ預託金を用意することが難しくなっている。家主は若者や低所得者向けの借家供給でウォルセ契約にシフトしている。一方ではチョンセ価格の高騰，他方では超低金利がチョンセ借家の需要・供給の減退をもたらしているのである。

　大都市では，住宅価格の高騰で持ち家の1次取得需要は減退し，借家需要が増大している。しかし借家市場では，チョンセからウォルセへの移行という構造変化が進んでいる。ウォルセ借家はチョンセ借家に比べて，住宅の品質は低く，借家人の居住権保障は弱い。保証金なしウォルセ借家はこの点でいっそう問題がある。したがってチョンセ借家のシェア減退は借家市場の二極化，格差の広がりを反映するものでもある。

　韓国の家計負債の大きさは国際的に見てきわめて高い水準にある。住宅ローン負債のリスクは先に見たが，借家層の負債リスクも深刻である。韓国銀行（中央銀行）は，2020年9月末の家計負債について，若者世帯の負債増加が他の年齢層に比べて大きく，LTI（負債／所得比率）の上昇も顕著であると指摘している。そしてその主な原因はチョンセ・ウォルセ借家の資金需要増加であると分析している（「韓国の家計負債，GDP上回る――賃貸住宅難・株式投資で20代，30代の負債急増」ハンギョレ新聞電子版2020年12月26日）。

公共賃貸住宅の供給

　韓国の住宅政策は1960年代以来，中間所得層向けに持ち家住宅の建設供給を推進することを目標としてきた。大韓住宅公社が建設する住宅も，韓国住宅銀行や国民住宅基金の資金で建設される住宅も販売用住宅が大部分であった。したがって国や自治体による低家賃の公共賃貸住宅の供給はきわめて少ない。

　盧泰愚政権は1989年に永久公共賃貸住宅計画を開始した。これが韓国にお

ける低所得世帯向け公共住宅供給の始まりである。かの200万戸住宅建設運動の中で，政府は低所得の200万世帯に90万戸を割り当てた。永久公共賃貸住宅計画はその一環であった。大韓住宅公社と地方自治体が生活保護世帯等の低所得者向けに建設を開始した。当初は1992年までに25万戸を建設する予定だったが，結局この計画は20万戸の建設で終了した。

　現在の公共賃貸住宅は複数のタイプがある。低所得層向けに政府が建設費の85％を補助する「永久賃貸住宅」（1989年から建設供給），政府が建設費の50％を補助する「公共賃貸住宅」（1992年から），建設費の30％を補助する「国民賃貸住宅」（1997年から）などである。永久・公共賃貸住宅の賃貸期間は50年，国民賃貸住宅は30年である。他に国民住宅基金の資金で建設される各種の公共賃貸住宅があるが，これらは賃貸期間が3～5年とごく短期で，その後は分譲販売を前提とするものである（川瀬 2004）。

　2014年現在，総住宅ストック1598万9000戸に対し，公共賃貸住宅は170万9000戸（10.7％）だが，このうち長期賃貸住宅は82万戸で5.1％である。ソウルでは2013年現在，長期賃貸住宅は21万戸で総住宅戸数の6.1％である（Ha 2019）。

　公共賃貸住宅の不足はきわめて深刻である。文在寅政権は年間17万戸の低家賃住宅供給（公共賃貸13万戸，家賃補助住宅4万戸）を公約していた。大都市の自治体は，大規模な公共住宅団地の建設が不可能なので，多様な方法で低家賃住宅の供給に取り組んでいる。それは小規模な市有地を活用したワンルームタイプの公共住宅，協同組合方式による公共住宅，既存の民間住宅を改修した準公共住宅などである。

住宅政策の課題

　2000年代以降の住宅市場は，大きな変動をくりかえす中で大都市圏と地方圏で成長・停滞の二極化が進み，大都市では住宅価格の暴騰，アフォーダブル借家の不足が深刻化している。その背景には，大土地所有の拡大と集中がある。

　2012～18年に，ソウルで価格50億ウォン以上の土地を所有する個人は9976人（個人地主総数の0.4％）から1万3074人（同じく0.4％）に増加，法人は3082社（法人地主総数の11.9％）から4074社（15.9％）に増加した。また5大財閥（現代自動車，ロッテ，サムスン，LG，SK）の所有土地資産額（簿価）は，2007

～18年に24.2兆ウォンから73.2兆ウォンに 3 倍増である（大津 2020）。これほどの急増は，財閥企業の土地所有が大都市に偏在していることを示す。かつての1980年代後半期と同様に，財閥企業や富裕層への土地集中に対する国民の批判が高まっている。

　1990年代以降の歴代政権は，住宅市場の変動に対して金融の引き締めと緩和，増税と減税をくりかえしてきた。こうした政策は住宅市場の格差と不安定をいっそう深刻化させるだけである。新自由主義政策の転換は，財閥支配の経済構造を改革することなしには不可能である。大都市の住宅問題を解決するためには，大土地所有による土地市場支配を規制して住宅市場への土地供給を促進すること，そして，ソウル一極集中の都市構造を改革して住宅需要の分散を図ることが必要である。

　文在寅政権は，発足以来住宅ローンの規制強化や不動産増税による投機需要の抑制で住宅価格暴騰を沈静化させようとしてきたが，これに成功していない。政府は2021年 2 月，住宅価格の高騰に対処するため今後数年にわたり全国各地で住宅建設を大きく促進するという方針を発表した。2025年までに全国で83万戸の住宅を建設，このうち32万戸をソウルで建設する計画である。これは，需要抑制策の失敗をふまえ，政府が住宅供給拡大に対策の軸足を移しつつある動きと見られている（「韓国，住宅供給拡大策を発表。価格高騰抑制へ建設加速」ロイター電子版2021年 2 月 4 日）。

　文大統領の任期は残りわずか。住宅政策の転換は次の政権に委ねられる。当面の緊急課題として，異常なブームの沈静化，そして公共賃貸住宅の供給を大きく増加することが求められている。

4　ソウルのマウル・コミュニティ政策と運動

　韓国の人権弁護士であり改革派市民運動家として全国に知られていた朴元淳は，2011年10月26日のソウル市長補欠選挙で当選した。その後の 9 年間の市長任期中に，原子力発電所 1 基削減運動や大学入学登録料半減，再開発中心のニュータウン事業の中止と住民本位の都市再生事業の推進，グリーンベルトの維持など，様々な先進的な取り組みがおこなわれた。朴元淳は，一時，大統領をめざす構えも見せたが，セクハラ問題で2020年 7 月 9 日に自殺し64歳

の生を終えた。本節は，朴ソウル市長が市民団体と共に取り組んだマウル・コミュニティ運動について紹介する。

　マウル・コミュニティ運動は，第3章で説明したように農村地域づくり運動とも関わっており，それが首都ソウルという大都市においても発展したのであった。その理由は，朴ソウル市長が，マウル運動が持つボトムアップ型の地域づくりとしての普遍的有効性を深く認識し，深刻な格差と分断を抱えるソウルの都市再生の展望をそこに見出したからである。

朴元淳とマウル・コミュニティ運動との出会い

　朴元淳は，市長当選の前，市民の政策集団である財団法人「希望製作所」を設立し，その常任理事（2006年3月〜2011年9月）を務めた。この時期に多くの自治体政策の策定に参画し，進歩派首長との交流も活発におこなった。同時に，全国を巡回しながら，住民参加による地域問題の解決に取り組む社会革新運動家たちに出会い，その革新事例に着目した新たな政策提言もおこなった。全羅北道鎮安郡を2度訪れたのもその当時のことであった。その間の経緯は，『マウルで希望に出会う』（2009年），『マウルが学校である』（2010年），『マウル会社』（2011年），『マウルとエコロジーが答えである』（2011年）という一連の著作にまとめられている。

　朴元淳は，このような"希望さがし"を模索する中でマウル・コミュニティ運動の重要性を発見したのである。また彼は，全国の地方や農村のためにソウル市が果たすべき役割，自治体政策のガバナンス・システムづくりやその方法論なども学習し，支持と連帯の輪を全国に広げた。

ソウル市のマウル・コミュニティ政策

　朴元淳の当選直後から人口1千万の大都市であるソウル市においても，マウル・コミュニティ政策がスタートした。2011年末から住民と活動家たちの地域集会が多数おこなわれ，2012年3月には「ソウル特別市マウル・コミュニティ活性化支援条例」が制定され，また「ソウル特別市マウル・コミュニティ基本計画」（2012〜17年）も策定された。この年，25のすべての自治区でもマウル・コミュニティ条例が制定または改定された。住民運動の側からは，行政の契約職公務員に採用されるか（2012年1月から），または「ソウル市マウ

ル・コミュニティ総合支援センター」という中間支援組織（2012年8月に開所）に参加することで，コミュニティ政策のガバナンス・システムの構築が始まった。

　ソウル市は，自治区単位のガバナンス・システムづくりや住民活動を支援しながら広域自治体としての役割に注力した。そして，全国のまちづくり・村おこし活動を支援するために，学校給食の食材の仕入れや都市・農村の交流，青年の地方への派遣，革新事例の全国的普及などの施策を開始した。

　2015年から，コミュニティ活動をいっそう強化するために，自治区の出先機関である“洞”単位で，看護師1人と社会福祉師1人のチームによる「訪問する洞福祉センター」活動も始まった。同年9月には「第8回マウルづくり全国大会」がソウルで開催され，多数の住民リーダーや活動家，首長などが集合して「2015全国マウル宣言」を発表した。2017年から“洞”単位の住民自治会の設立を支援する活動が始まり，財源として個人住民税を還元し，住民参加予算制と結びつける予算措置もおこなわれた。2019年には，合意制の行政機構である「ソウル民主主義委員会」が新設され，コミュニティ運動との連携が強化された。そしてソウル市の全25自治区にわたって，マウル運動グループの法人や民間活動家，中間支援組織のネットワーク組織が次々と立ち上げられた。

ソウル市のマウル・コミュニティ政策の成果

　この9年間の政策や活動の結果をまとめた，ソウル市マウル・コミュニティ総合支援センターの『総合成果報告書 2012〜2020』（2021年5月公表）に基づき，統計データも交えて，その成果を簡単に紹介する。

　第一に，ソウル市と25自治区でおこなわれた少額公募事業は総数1万6028件，参加した住民は総数13万686人にのぼった。住民3人以上の集まりであれば支援するという，前例のない（以前は10人以上という条件つきが主だった）事業方式により多数の住民グループが誕生し，地域問題について住民同士が語り合い，解決を求める行動に参加した。これらの住民グループがマウルに定着して成長し，また互いに結びついていくまでには長い時間がかかることだろう。しかし，大都市ソウルでこうした政策と取り組みがおこなわれたこと自体が，マウル運動に大きな刺激を与え，全国に運動が拡大するきっかけになったので

ある。

　第二に，一定の生活費も支援される青年活動家480人（2013～20年の累計）がマウル・コミュニティ活動に参加し，また教育を受けて成長したボランティア活動家も1086人が登録されている。そして25の自治区すべてに中間支援組織が設置され，“洞”単位に総数356人の自治支援官が配置されている。マウル運動に関わる活動家が大きく増え，住民に身近な場面でコミュニティ活動を支援するようになった。それまでは住民が相談する窓口もないし，訪ねてくる活動家と住民が交流する機会はごく少なかった。住民と活動家の取り組みはテレビ番組でもしばしば報道され，大都市ソウルにもコミュニティ活動があり，それが成功できるのだという希望を多くのソウル市民に与えた。

　第三に，住民が気軽に集うことができる空間づくりも大きく前進した。住民の議論や憩いの場になる「マウル活力所」の中規模施設が58ヵ所，小規模施設が589ヵ所，生活芸能者のためのマウル「芸術創作所」が68ヵ所設置された。このほか，マウルの住民が自ら集いの場を確保したり，行政が公共施設や空き地を提供し，リモデリングすることで，住民が集う空間が地域に次々と生まれている。また，住民共同で所有・運営する共有住宅や施設の「市民資産化」の運動も登場して，住民の公共空間を安定的に確保し，それを拠点にコミュニティ活動を展開する取り組みが広がっている。これらの取り組みは，住宅や店舗の賃貸料の高騰によるジェントリフィケーションが引き起こす社会的排除が深刻となっている中，その対策・対応の一環としても効果がある。

マウル・コミュニティ運動の現状

　朴元淳市長の自殺に伴う2021年4月の補欠選挙の結果，野党の呉世勲が57.5％という高い得票率でふたたび市長に復帰した。呉市長は，2011年に低所得層に対する選別的福祉を主張し，学校給食の無償化に反対する住民投票を提案して，市民の批判を浴び市長を辞職した経歴がある。今回の補欠選挙は，朴市政の9年間に対する審判という側面もあったが，何よりも，地価・住宅価格の暴騰を解決できない政権与党に対する市民の不満の表れという意味が強い。選挙直前の2月に起こった，韓国土地住宅公社（LH公社）職員による不動産投機疑惑が大きな社会問題になったことの影響も大きかった。

　呉市長は，当選直後から「朴元淳市長の痕跡消去」をおこない，マウル・コ

ミュニティ政策に対しても，住民グループや民間団体，中間支援組織を“モラルハザード集団”と非難する記者会見を開いたり，事業の縮小や契約職公務員に対する圧力，中間支援組織の委託機関の変更などをもおこなっている。それに対しマウル運動グループは，市議会の多数派を占める民主党とともに，呉市長側の攻撃に様々な形で粘り強く対抗している。

　2022年6月には地方同時選挙が実施される。首都ソウルの市長選挙は常に国政の動きから強い影響を受け，また次期の大統領候補者を選ぶという政治戦略とも大きく関わっている。したがって朴元淳前市長のマウル政策に対する客観的な評価には，ある程度の時間の経過が必要であろう。しかし，ソウルに根づきつつあるマウル・コミュニティ運動の前進をここで断たせるわけにはいかない。次のソウル市長選挙で市民がどのような選択をするかが注目される。

第 *14* 章

台湾の都市・住宅問題
―――平均地権から 3 高問題へ―――

大泉英次

はじめに

　中国と台湾の政治的関係は，1946年に開始された第二次国共内戦を歴史的出発点としている。1945年10月，中華民国政府は台湾を日本から接収し台湾省を設置した。1947年 1 月に中華民国憲法が公布されたが，国共内戦のなかで翌48年 5 月に憲法は停止され（これは1991年 5 月まで続く），蔣介石が初代総統に就任した。49年 5 月には戒厳令が施行される（これは1987年 7 月まで続く）。国民党が共産党との戦争に敗北し，49年10月 1 日に中華人民共和国が樹立されると，同年12月 8 日，中華民国政府は台湾省台北への移転を発表した。以後，中国と台湾は，それぞれが国家としての正統性を主張して今日に至っている。

　本章は，台湾の都市・住宅問題の歴史的展開を，その背景となる政治経済体制と住宅市場，住宅政策の変化に基づき，3 つに時期区分して考察する。第 1 期（1950年代〜70年代）は，高度成長と政府主導の都市開発の時期である。第 2 期（1980年代〜90年代）は政治経済体制の構造転換期であり，第 3 期（2000年代〜現在）は世界金融危機とその後の住宅市場変動の時期である。

　第 1 節では，第 1 期から第 2 期までの時期を中心に産業政策と都市開発の変遷をたどる。第 2 節では，3 つの時期区分に沿って，住宅政策と住宅市場の変遷そして住宅問題の特徴を考察する。第 3 節では2000年代以降の住宅政策の動向と課題を考察する。

1 都市開発と土地所有──分散から集中への都市構造転換

(1) 経済計画と産業政策

蒋介石政権（1948〜75年）期に第1次〜第6次の経済建設4ヵ年計画，蒋経国政権（1978〜88年）期に第7次〜第9次の4ヵ年計画が策定された。

経済建設4ヵ年計画はアメリカによる経済援助の運用計画としてスタートした。第1次計画（1953〜56年）の目標は生産の回復と経済安定，そのための輸入代替産業の育成だった。第2次計画（1957〜60年）では，輸入代替から輸出産業の育成へと目標は前進した。

民生主義の経済政策

第3次計画（1961〜64年）で，ようやく輸出産業の育成を経済成長の戦略課題と位置づけるスタンスが明確となる。そして第4次計画（1965〜68年）で，経済発展計画の指導理念として「民生主義経済体制」の指針が掲げられた。

台湾における開発主義は孫文「民生主義」の継承という形態をとった。それが国民党政権の支配の正統性を担保していた。

中華民国憲法は「中華民国は三民主義に基づく民有，民治，民享の民主共和国」（第1条）であり，「国民経済は，民生主義を基本原則とし，地権の平均化及び資本の節制を実施して国家政策，国民生活の充足を図らなければならない」（第142条）と規定する。民生主義は，孫文の三民主義（民族・民権・民生）において，社会問題を解決すべき経済政策思想を指す。それは「平均地権」と「節制資本」という原則に集約される。

「平均地権（地権を平均する）」とは，土地の有効利用を妨げる土地所有の集中を排除し，土地利用から得られる利益を社会に還元することを意味する。「節制資本（資本を節制する）」とは，資本集中と独占利潤を排除すること，具体的には基幹産業の公有化を意味する（川瀬 1992）。

公営企業は，接収された旧日本企業を中心に，精糖，石油，電力，鉱業，肥料，化学，鉄鋼や金融など広範な基幹産業に及び，1950年代には資本金ベースで工業部門の50％超を占めていた（北波 2008）。だが「節制資本」の理念と

は裏腹に，独裁国家体制のもとで公営企業は国民党による利権掌握の手段でもあった。

　他方，輸出指向工業化の担い手は労働集約的な軽工業・中小企業であり，経済計画は一貫してその振興を重視した。したがって現実の民生主義経済体制は，国家資本と民間資本の二重構造だった（劉 1990）。

重化学工業化政策

　1970年代の第 6 次計画（1973〜76年），第 7 次計画（1977〜80年）で重化学工業化政策が本格的に進められた。

　当時の蒋介石政権は国際連合脱退（1971年10月）で国際的に孤立し，政治的危機を回避するため国内社会問題への対応を迫られた。蒋経国行政院長（72年 6 月就任）のもとで国内経済建設が最重要課題とされ「10大建設」計画が策定された。「10大建設」とは重工業（石油化学，鉄鋼，造船）の成長促進とインフラ（港湾・鉄道・高速道路）建設である。1973〜78年に集中的な公共投資計画が実施され，桃園国際空港，南北高速道路が整備された（川島ほか 2020）。

　台湾の重化学工業化は開発主義の国家政策のもと，公営企業が担い手となって推進された。他方，工業化の強力な推進とは対照的に，経済計画における農業の位置づけは1970年代以降大きく低下していく。

経済グローバル化とハイテク産業の成長

　1980年代の第 8 次計画（1982〜85年）および第 9 次計画（1986〜89年）で，産業政策の目標はコンピュータ，液晶パネル，半導体生産などのハイテク産業の振興に転換する。

　重化学工業と並んで台湾経済の成長を牽引してきたのは，中小企業を主体とする労働集約的な輸出産業だった。だが1980年代以降，賃金上昇や台湾ドル高による輸出競争力の低下を回避するため，製造業の海外移転，特に中国の珠江デルタや長江デルタへの工場移転が活発化した。製造業の雇用減少で，都市の就業構造は商業・サービス業に重心がシフトしていく。

　その一方，1980年に開設された新竹科学工業園区（工業団地）にコンピュータ関連産業集積が進んだ。さらに，台南に南部科学工業園区（1996年），台中に中部科学工業園区（2002年）が開設された。また1996〜2003年に台北市南

港にソフトウェアパークが設置され，情報関連産業が集積している。しかしハイテク産業分野でも，台湾企業の中国への生産シフトは活発である。また1990年代以降，公営企業の民営化が開始された。国内民間企業からの自由化要求，中国の改革開放政策，市場経済化がその背景にある。

（2）台北都市圏の成長

　こうした産業政策の歴史的展開と産業構造の変化は，都市化の様相にも大きな影響を及ぼした。

　1960年代から農村から都市への人口流出が進み，70年代を通じて都市人口は増加しつづけた。しかし人口増加率は大都市より中小都市で大きい。台北市，台中市，そして台南市・高雄市という4つの大都市にそれぞれ中小の諸都市が近接して分布し，北部・中部・南部に3つの大都市圏が形成されるという分散・多極型の都市化が進行した。

　工業集積は大都市に集中するのではなく，労働集約的な小工場が大都市近郊に拡散，立地した。1970年代には台北市はじめ中心諸都市の人口増は鈍化し，近郊都市の人口増が顕著となった。台湾では零細・中小企業が輸出指向型工業化の主力だった。これが，財閥企業が輸出を担う韓国との違いである。零細・中小企業の地域分散と成長が，分散型都市化の背景だった（橋谷 1995）。

　その中で台北市の市域拡張が進み，1970年代には旧市街地−新興商工業地区−周辺開発地区という3層の空間構造を形成する。工業分散の結果，台北の製造業人口比率は低下し，商業・サービス業人口が急増して1981年には就業人口の8割に達した。

　しかし，こうした分散・多極型都市構造は，1980年代〜90年代における製造業生産拠点の国外移転とハイテク産業の成長で変化し，次第に台北都市圏（台北市・基隆市・新北市）への一極集中が進んだ。台北都市圏の人口は698.5万人（2020年），台湾総人口の29.6％を占める。2005年に上場企業688社のうち，電子・電機のハイテク産業は340社でほぼ半数を占める。また上場企業本社の43％が台北市，7割が台北都市圏および北西部地域に立地している（藤本 2008）。

（3）都市の土地政策

平均地権条例

　1954年に「実施都市平均地権条例」が制定，施行された。これは，前述した土地所有の集中の排除，開発利益の公共還元という平均地権の理念を，都市において実現することを目的としていた。

①「公告地価」を標準地価として設定する。「申告地価」はその80％以上とし，これを下回ると収用の対象となる（過小申告を規制）。申告した地価は「法定地価」となり，これに「地価税」を課す。

②「地価税」は土地所有の面積・金額に応じて累進課税される。「土地増価税」は土地の譲渡益に対して累進課税される。

③未利用地の所有面積に上限を設定する。

　以上が条例の要点である。ところが条例制定後，たびたび修正がくりかえされ，地価税・土地増価税ともに税率の緩和，負担軽減が進んだ。その結果，経済成長の中で都市の土地集中と地価高騰が深刻となり，平均地権の理念は形骸化していった。

土地所有の零細化と集中

　川瀬（1992）は，1960年代〜80年代における地価税・土地増価税の課税資料を分析し，一方で都市における土地所有の細分化，他方で少数の土地所有者への高地価の土地の集中が進展したことを指摘している。そして「政府はたえず地価税率を引き下げ，台湾の不動産保有コストを世界最低にした」。「民有地を収用して住宅を建設し，これを有利な価格で少数の特権分子に売却」している。土地税制は「住宅価格の調節には何の機能も果たしていない」。政府の土地政策は「少数の有産階級」に巨額の不動産利得をもたらし，不動産投機を助長している，という台湾人研究者の批判を紹介している（川瀬 1992：110-113）。

　地価上昇による土地所有者の地価税負担を軽減するためとして，公告地価の改定は1978年から87年まで9年間にわたり延期された。そのため，1980年代後半の大都市における地価高騰局面では，上昇する市場地価と公告地価との乖離が広がり，平均地権制度の地価上昇抑止機能は地価暴騰によって突き破られてしまった（森 1990）。

　産業構造の転換が，経済活動の台北一極集中を促し，都市開発による地価上
昇が大企業や高所得者への土地集中を引き起こした。これは平均地権の論理に
齟齬をもたらした。さらに農業の衰退，輸出産業の国外移転，ハイテク産業・
サービス産業の成長は新旧中間層の中に大きな変動と格差を生み出し，民生主
義の論理はリアリティを失ったのである。

2　住宅市場と住宅問題──3高問題と借家不足

　台湾政府の住宅政策は，農地改革における「耕者有其田」に対応して，「住
者有其屋」という目標を掲げる徹底した持ち家取得支援（＝「地権分散」）を追
求するものだった。そのことが，台湾の経済と都市の変動の中でいかなる住宅
問題を生み出したか，これを次に考察しよう。

（1）国民住宅の間接供給から直接供給へ

　1950年代末以降，政府は中・低所得世帯に低金利の住宅ローンと公共住宅
（国民住宅）を供給する一連の住宅政策を実施した。
　1957年に「国民住宅貸款条例」が公布された。これは，政府が国民に資金
を貸与して住宅の自力建設を促進するというものである。台湾では政府が供給
する公共住宅を「国民住宅」と称するが，この政策は国民住宅の間接供給（政
府が民間供給を支援）である。当初，政府による国民住宅の直接供給はおこな
われなかった。ただし1965年から「平価住宅」（低所得者や障がい者向けの公共
住宅）が小規模ながら建設供給された（黄 2011）。
　1957～75年に政府が建設した国民住宅はわずか12万5534戸だった。つまり，
政府はもっぱら公的資金貸付という手段で国民の持ち家購入を支援したのであ
る。これに対し民間住宅セクターでは1960年代初めから不動産業が成長し，
次第に台湾全土を市場とする大手企業が現れてきた。台北市では1960年代以
降，中高層集合住宅が大量建設されていった。
　だが1970年代半ばに住宅政策は転換する。前述のように，蔣介石政権は国
際連合脱退（1971年10月）による国際的孤立で政治的危機に直面し，国内社会
問題への対応を迫られた。この事情が本格的な住宅政策の導入につながったの

である。

　第6次経済建設4ヵ年計画（1973～76年）に国民住宅の建設推進の方針が盛り込まれる。1975年に「国民住宅条例」が制定され，国民住宅を1981年までに10万8000戸建設するという目標が立てられた。しかしその実績は7万2000戸余り（達成率67%）にとどまった。しかも供給の大部分は分譲住宅であり，居住者（購入者）の82%余りが中所得層で，低所得層は少数だった。おまけに購入者による住宅の転売や賃貸運用が横行した。

　この間，住宅市場は1973～74年と1979～80年にブームを迎える。第1次石油危機でインフレが昂進し，インフレ・ヘッジとして住宅投資が活発化した。しかし，1981年末から第2次石油危機による経済不況の影響で，国民住宅と民間住宅に多くの売れ残りが発生した。行政院の調査によると1981～86年の空き家戸数は民間住宅も含めて45万戸にのぼった。国民住宅の過剰問題がクローズアップされ，国民住宅の直接供給政策は頓挫した。

　1982年7月に国民住宅の供給方針が修正され，「民間主体による国民住宅供給の奨励」が加えられた。政府は国民住宅の建設を抑制し，住宅市場活性化のため民間供給の支援にシフトした。こうして1980年代から国民住宅の建設量は減退していく。住宅政策は直接供給から間接供給へと再転換させられたのである。

　平均地権の政策論理に基づき，国民住宅の供給は多くの国民に土地所有の利益を保障する手段とされた。すなわち国民住宅はもっぱら分譲住宅の供給であって，公共賃貸住宅の供給ではなかった。その国民住宅の建設供給はようやく1970年代に開始されたが，早くも1980年代には減退した。結局，住宅政策の役割は民間住宅市場の支援，住宅ローン補助にとどめられたのである。

（2）1980年代末の不動産ブーム，そして国民住宅の供給減退へ

　台湾では1980年代に金利自由化が開始され，1987年に台湾ドルは固定相場から変動相場に転換した。資金移動の自由化で投機的資金取引が活発化する。金融自由化と金融緩和政策が株式・不動産市場での投資活動を刺激し，ブームを引き起こした。

　金融自由化と金融緩和に不動産投資への優遇措置（減税や公有地売却）が加

わって，1980年代末に不動産ブームは過熱化し，土地・不動産価格の暴騰が
生じた。これが1989年8月26日の市民抗議行動「無殻蝸牛運動」の引き金と
なった。5万人近い市民・学生が，台北市中心部の忠孝東路第4区でダイ・
イン行動をおこない，夜を明かした。市民・学生たちは，暴騰する住宅価格お
よび家賃をまかなえない人々をホームレス（「殻の無いかたつむり」）と捉え，
その解決を政府・自治体に迫ったのである（台湾大学建築與城郷研究所ウェブサ
イト）。

　1980年代の台湾政治は，米中接近から米台断交を経て，それまでの権威主
義的独裁体制が動揺しはじめ，蒋経国総統が自由化改革を進めるという大きな
変動の中にあった。この体制危機をとらえて，国民党外の政治家や市民による
民主化運動が高揚した（川島ほか 2020）。1987年の戒厳令解除，李登輝政権
（1988～2000年）の誕生，民主制への移行開始という政治状況が背景となり，
大衆的な住宅運動が高揚したのである。

　不動産価格の高騰を抑制するため，台湾中央銀行は1989年2月に不動産融
資規制を発動した。これが効果を発揮しブームは沈静化に向かったが，不動産
価格の上昇は続いた。1990年代にも国民住宅の供給は継続されたが，地価上
昇で国民住宅の価格も上昇した。そのため低所得層の住宅取得はますます困難
となった。

　他方で民間住宅，国民住宅ともに空き家率が上昇した。すでに1990年に台
湾全土の空き家率は13.3％，台北県（新北市）では16.7％，台北市では9.4％に
達していた。国民住宅の売れ残りが多数発生し，そのため国民住宅建設はいっ
そう減退する。ついに1999年に政府は国民住宅の建設停止を表明した（Chang
and Hsieh 2018）。

（3）住宅市場の現状——3高問題の深刻化

　1990年代の台湾住宅市場は，1997年アジア金融危機の影響も加わって，長
期の不況が続いた。だが2004年から住宅市場は好況局面に入る。ただし好況
は，これまでと異なり大都市の住宅市場に限られ，全国に広がっていない。こ
の二極化現象は台北首都圏と他地域との経済格差拡大によるものである。

　住宅市場の好況は低金利と金融緩和そして銀行の住宅ローン融資競争に支え

られている。住宅ローンは通常20年満期だが，優良顧客は30年満期で借りられる。2000年以降，多くの銀行が変動金利ローンを提供するようになった。貸付／住宅価格比率（LTV）は最高80～90％である（Chang and Chen 2012）。

　グローバル金融危機で住宅市場は不況に陥ったが，これは長くは続かなかった。2008年初めから住宅価格は強く反騰し，2010年代に入って上昇しつづけた。

　政府は投機取引を抑制するためふたたび不動産融資規制を開始した。これに加えて2011年6月，投機目的の短期的保有のための住宅取引を規制する「特種貨物及びサービス税条例」を導入した。1年未満保有の場合は取引価格の15％，2年未満の場合は10％が課税される。これらの方策は住宅価格高騰の抑制，住宅投機の抑制を意図したものだが，効果は乏しかった。

住宅価格の高騰

　台北市の住宅価格／所得比率（PIR: price-to-income ratio）は2015年に16.2倍という歴史的高さに達した。台北市は「持ち家取得の難しさで世界最悪の都市」の一つになった。2017年のPIRは台南市7.6倍，新北市12.7倍，台北市15.0倍である（Chang and Chen 2018）。台湾北部の諸都市で住宅価格は高騰しつづけている。

　図14-1に見られるように，2006年以降，住宅価格は経済成長率や所得増加率，消費者物価上昇率を大きく上回って上昇していく。これは，世界金融危機前後の金融緩和が住宅市場への投機資金の流入，実体経済から遊離した住宅バブルを引き起こしたことを物語る。

　平均地権制度に基づく投機抑制の不動産課税は効果を発揮していない。地価高騰に課税が追いついていないのである。不動産税の名目税率は0.6％だが，実効税率はわずか0.1％前後にすぎない。地価税の課税ベースは公的地価評価に基づくが，それは市場価値の15～20％にとどまる。そして地価増価税の課税ベースは地価の時価評価に基づくが，それは市場価値の50～60％にすぎない。

持ち家率の上昇

　住宅価格の高騰と持ち家率の上昇が両立しているのは，一見して矛盾した現

図14-1　台湾の住宅価格指数・GDP・一人当たり所得額・消費者物価指数の変動：
　　　　2000〜17年（2005年＝100）

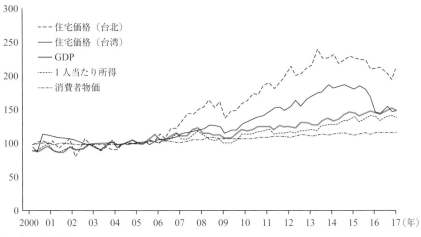

註：毎四半期指数。
出所：Chang and Hsieh（2018: 94）（台湾内政部統計）

象である。台湾の持ち家率は85.4％，台北市の持ち家率は84.0％である（2016
年時点）。

　台湾の多くの人々は借家より持ち家を選択する。借家は低品質であり，他方
で住宅ローンは政府の補助で低金利であり，かつ不動産税は低いからである。
したがって住宅価格が高騰しても持ち家率は上昇しつづけた。1980〜2010年
に台湾全土の持ち家率は79.1％から84.0％に上昇した。台北市では同じく
59.2％から81.5％に，新北市では69.7％から84.0％に，桃園市では77％から
86.5％に上昇した（Peng et al. 2019）。

　住宅価格の高騰は，住宅需要にも変化をもたらしている。内政部の調査によ
ると，2004〜17年の期間に，住宅購入者のうち1次取得者は62.0％から
44.3％に減退し，2次取得者は20.0％から38.7％に増加した。住宅購入目的で
も，賃貸や転売という投資目的の購入が増加している（Chang and Chen 2018）。

　居住目的の住宅購入は所得の大きさによって制約されるが，投資目的の場合
は収益期待が強く作用する。高い購入費負担は必ずしも制約要因とならない。
そのうえ低金利と金融緩和が投機的住宅需要の増加を後押ししている。

空き家の激増

　1980〜2010年に台湾全土の空き家率は13.1％から19.3％（165万戸）に上昇した。台北市の空き家率は11.3％から13.8％に，新北市では16.7％から22.1％に，桃園市では16.7％から21.0％に上昇した（Peng et al. 2019）。住宅需給が逼迫し住宅価格が高騰する大都市で，なぜ空き家が増えつづけるのか。

　台湾の地価税と住宅課税は住宅所有者を優遇してきわめて低い。不動産の保有コスト（税金負担）は自家用車のそれより低いのである。他方，賃貸住宅の家賃収入は少なく，管理にも費用がかかる。住宅価格が上昇しつづけるので，住宅所有者は住宅の家賃収入よりも住宅の売却で得られる収益に注目する。加えて家主と借家人の紛争は賃貸住宅の取引費用を高める。

　したがって多くの住宅所有者がインカムゲイン（家賃収入）よりキャピタルゲイン（資産含み益）を選好する。住宅価格の上昇を期待して，彼らの投資物件を賃貸運用するよりも空き家にしておくことを選ぶのである。

住宅市場の歪み

　低金利と金融緩和で住宅建設も活発である。2020年の住宅着工戸数は前年比15.4％増の13万4000戸だった（内政部統計）。これは過去12年間で最多である。台南市は1万3000戸（46.3％増），台中市3万1000戸（18.9％増）と大都市でも建設は増加している。台北市は建設用地の不足で9800戸余り（6.2％減）にとどまったが，新北市は2万2000戸（14％増）である。

　大都市で住宅供給は増えても住宅価格は高騰し，空き家は増えつづける。これは一つのパラドックスである。高い空き家率は，住宅資源の効率的な分配を妨げているだけでなく，住宅供給の公平性を損なうものでもある。かくも高い空き家率の中で，多くの低所得世帯が住宅を購入することも賃借することもできずにいる。

　台湾の持ち家率は高く，持ち家市場は成長しているが，賃貸住宅市場は公共・民間セクターともに小さく脆弱である。民間賃貸住宅は総住宅ストックの15％以下である。公共賃貸住宅はわずか0.1％にすぎない（いずれも2016年時点）。

　台湾住宅市場の3高（持ち家率・住宅価格・空き家率）問題は，住宅市場の歪み，そして住宅市場に対する公共介入の効果の乏しさを暴露している。持ち家

取得支援を極度に偏重する積年の住宅政策の欠陥が，台湾住宅市場の3高問題と借家供給不足を深刻化させている。借家市場の未発達こそ台湾住宅市場の最大の問題点である。

持ち家市場のリスクと国民経済

　2020年，新型コロナウイルスのパンデミックが世界経済に大きな打撃を与えた。その中で韓国と台湾は2021年に入って急速に輸出を増加させ，これが景気回復に寄与している。

　これについてウォールストリート・ジャーナルの記事は，輸出の成長を過度に重視するマクロ政策（金融政策）運営が孕む2つのリスクを指摘している。第一のリスクは，低金利による通貨安で輸出を促進する政策が，貿易収支黒字そして通貨高圧力というディレンマに直面することである。そして第二の「もっと複雑で，長期的にいっそう憂慮される」リスクは，低金利と金融緩和で需要を下支えする政策が「住宅市場と結びついた金融の脆弱性を悪化させる」ことである。

　台湾の家計債務はGDP比86.7％にのぼる（2019年）。住宅ローンの貸出残高は，コロナ感染拡大時も10％増加した。韓国の家計債務は2020年末にGDP比102.8％に達した（「韓国・台湾のいびつな経済回復に2つのリスク」ウォールストリート・ジャーナル電子版2021年5月5日）。

　外需依存の経済循環構造は，所得格差と消費・投資減退という内需の制約を抱えるがゆえであり，この制約を債務累積で突破しようとすることは家計・企業の経営破綻と金融市場の崩壊という巨大リスクを生み出す。このアポリアは日本・韓国・台湾に共通している。

3　住宅運動と住宅政策──「無殻蝸牛」運動の継承と借家政策の課題

（1）住宅運動の継承と発展

　2010年初め，かつての無殻蝸牛運動（1989年）を牽引した「都市改革組織（OURS）」などが社会福祉諸団体と共同して「社会住宅推動連盟」を設立した。同連盟は政府に「住宅法」の制定，台北市には「住宅法自治条例」の制定を要

求するキャンペーンを展開し，その結果，2010年末の5大都市首長選挙では社会住宅（公共賃貸住宅）の供給が一つの争点となった（黄 2011）。

そして2014年10月に「鳥の巣運動（巣運）」が組織され，居住権の法制化，公共賃貸住宅の増加，不動産税制の改革，賃貸住宅市場の拡大などの住宅政策要求キャンペーンを展開した（台湾大学建築與城郷研究所ウェブサイト）。この運動は2016年の台湾総統選挙で住宅政策改革を争点化することに成功した。

住宅政策の欠陥は借家市場の未発達と借家人の無権利状態を生み出した。無殻蝸牛運動とそれを継承する住宅運動は，積年の住宅政策の欠陥を糾弾し，住宅問題を解決するための改革を求めている。不安定と格差・分断の極致を示す台湾住宅市場を構造改革し，アフォーダブルで良好な借家の公正な供給を実現する住宅政策が求められている。

2000年代以降の住宅市場の変動と住宅問題の深刻化に対処すべく，政府は住宅政策の改革に取り組んできた。その経過をたどり住宅政策の課題を考察しよう。

（2）住宅政策の改革

3高問題の背景にあるのは，キャピタルゲイン期待に支えられた持ち家市場の成長，未発達の借家市場，そして公共賃貸住宅の極端な低水準である。台北市の住宅市場は1次取得層の参入がもはや不可能な状態であり，富裕層は低率の不動産課税のもと不動産利得を享受しているが，他方で多くの持ち家世帯が多額の住宅ローンを抱える「屋奴」（住宅ローンの奴隷という意味）と化している。低家賃借家に対するニーズはきわめて大きいにもかかわらず，台北市の公共賃貸住宅は約6800戸にすぎない。こうした状況は長年にわたる住宅政策の欠陥がもたらした結果である（以下，Chang and Hsieh 2018, Peng et al. 2019による）。

1999年初め，政府は国民住宅の建設を停止した。それ以来，住宅政策の重点は持ち家の需要サイド補助金の給付にシフトした。軍人，公務員，教師などのキーワーカーや台湾先住民に対する住宅ローン補助金が導入された。

持ち家支援偏重の不公平な住宅補助金政策に対する批判が強まり，陳水扁政権は2005年に「住宅総合政策」を策定して，住宅政策の目標を「すべての居

住者が持ち家に住むことを支援する」から「すべての世帯が適切な住宅に住む
ことを支援する」に転換した。そして2007年から低所得の借家人に対する家
賃補助の支給を開始した。したがって住宅補助金は 3 つの形態をとることに
なった。住宅購入者への住宅ローン補助金，既存の住宅所有者への住宅改修の
ためのローン補助金，借家人への家賃補助金である。家賃補助額は地域別に調
整されている。

2011年の住宅法制定

　住宅政策の軌道修正は，馬英九政権の下，2011年の住宅法制定で確認され
た。住宅法の第 1 条は，住宅政策の目標は「健全な住宅市場を確立し，住宅
の質を向上させ，すべての市民が適切な住居と尊厳ある生活環境を享受できる
ようにする」ことであると宣言した。また，社会的経済的に脆弱な世帯に対す
る種々の住宅補助の実施を規定した。これは，住宅の自力建設のための資金借
入に対する金利補助，住宅購入や改修のための住宅ローンの金利補助，そして
家賃補助である（第 9 条）。

　さらに住宅法は，公共住宅を「政府が建設するか，または政府の援助を受け
て民間団体が建設する賃貸住宅」（第 3 条）と定義した。これが現在の住宅政
策そして公共住宅供給の根拠法となっている。しかし公共住宅ストックは総住
宅戸数のわずか0.08％であり，財政難のため政府の建設供給量は非常に少ない
のが現状である。

　住宅法制定を受けて，政府は2015年 9 月に住宅総合政策を改定した。そこ
では住宅政策の戦略目標は，住宅の市場メカニズムを強化すること，社会正義
を堅持すること，公共賃貸セクターへの民間の参加を促進すること，居住の権
利を保護することの 4 つとされている。これらの目標を達成するための主要
な手段は，賃貸住宅市場の強化，多様な住宅支援の提供，居住環境改善である
とされている。

2017年の住宅法改正

　住宅問題の解決を求める世論の高まり，前述した「鳥の巣運動」のキャンペ
ーンを受けて，2016年総統選挙で与野党候補者は住宅市場と税制の改革を公
約に掲げた。民進党蔡英文候補は 8 年以内に20万戸の公共住宅建設，不動産

税制改革，住宅法の改正などの住宅政策改革を発表した。

　2017年の住宅法改正は，公共賃貸住宅の供給を増加させる具体的な方策を提供している。すなわち，公共施設とその敷地の活用，サブリースによる民間住宅の活用，これをおこなう民間団体への課税優遇のインセンティブ付与などである。さらに政府は，借家人の権利を保護し，賃貸住宅市場の発展を促すため，借家法の制定作業に着手した。

　民間借家市場では，多くの供給が個人家主か零細経営によるもので，家主は不動産経営の専門知識，経験が不足している。借家経営の収益性の低さが専門事業者の参入を妨げている。加えて借家紛争は複雑で調停が難しい。現在の法制度は家主と借家人の権利を公平に保護するものになっていないと指摘されてきた。

　こうした指摘に応えるかたちで，政府は2017年末に「賃貸住宅市場発展及び管理条例」を公布し，これが翌18年6月から施行された。民間借家市場の改革はようやく緒に就いたところである。

（3）住宅政策の課題——結びにかえて

　台湾の住宅政策は，平均地権の理念に基づき，一貫して持ち家取得支援を軸に展開されてきた。これは「国民住宅」の供給と称されたが，その実態は，1970年代後半の数年間を除き，低金利ローンの提供や不動産減税による民間市場供給の支援，つまり間接供給に終始した。その結果，既述のように台湾の持ち家率は85.4%，台北市は84.0%ときわめて高い。

　都市国家シンガポールも徹底した持ち家支援政策で知られており，持ち家率は91%（2017年）で台湾を大きく上回る。だがシンガポールの持ち家支援は，政府が分譲するHDB（Housing and Development Board：住宅開発庁）住宅の建設，つまり直接供給である。HDB住宅の供給は1980年代に本格化し，1990年代には住民の86〜87%が居住するまでに至った（ただし2000年代以降は82〜83%に低下）。これは台湾とは全く対照的である。

　もっぱら民間市場供給に依拠する住宅政策の結果，台湾の住宅市場の現状は大きな問題点を抱えている。持ち家市場は2次取得者（既存持ち家世帯による住宅購入）が大きなウェイトを占めている。彼らの購入目的は自分の居住用で

はなく投資目的が多い。持ち家率は世帯ベースではなく住宅ストックベースなので，富裕な持ち家層が複数の住宅を所有していることからすれば，持ち家率の高さは見かけ上のことで，借家層は実際にはもっと多い。

　その借家層の一部は住宅価格の暴騰で持ち家取得の可能性を断たれ，また低所得層は高家賃負担と居住の不安定にさらされている。借家人の居住権保障，家賃補助制度の充実，劣悪借家ストックの改修促進（租税優遇・低利融資）など民間借家政策の改革が必要であり，何よりもまず公共賃貸住宅の供給増加が急がれる。

　持ち家市場の歪みを是正することも住宅政策の重要な課題である。1次取得者（初めての持ち家購入）の参入が困難な持ち家市場は，きわめて不安定な市場とならざるをえない。2次取得者の住宅購入は，低金利，金融緩和とキャピタルゲイン期待に支えられている。これらの条件が揺らげば住宅購入はたちまち減少する。そのため持ち家市場はブームと不況を頻繁にくりかえすことになる。台湾の住宅市場はその典型例である。

　長年の持ち家取得支援政策が，平均地権条例がめざした開発利益の公共還元の税制度の形骸化をもたらした。不動産税制の改革は法人企業・富裕層の大土地所有，既存持ち家層の利害の壁に阻まれてきた。持ち家市場の歪みの根源はそこにある。これを突破することはきわめて困難な課題だが，住宅市場の安定的成長にとって不可欠の条件である。

第 *15* 章

中国の都市・住宅問題
——住宅価格の高騰と格差の拡大——

中岡深雪

はじめに

　中国の都市問題としてまず挙げられるのが，住宅価格の高騰が続いていることだろう。新築，中古とも20年来高い水準で上昇している。それは特に沿海部大都市，内陸部の中心都市で顕著で，人口集中，また投機需要がそれに拍車をかけている。住宅価格高騰の問題は社会問題として位置づいて久しい。そこで中国政府は価格高騰を緩和するため，投機需要を減らそうと，買い手の住宅ローン契約に対してしばしば制限をかける。一時的に効果を発揮するも，長期的には価格の上昇は止まらず，最も価格の高い深圳市では平均的な年収では2平方メートルしか新築住宅を購入できないという計算になる。

　このような状況に至ったのはやはり，需要が大幅に供給を上回っているからである。需要が膨大であるのは元来の人口の多さ，経済規模が大きい都市への人口集中，戸籍による移動制限がなくなったことなどが要因である。供給については低所得者層向け住宅が不足していることをはじめとする福祉住宅政策が不十分であること，公共交通機関整備の遅れによる都心信仰の強さ，集合住宅が主流であるため，大企業の土地（使用権）所有に偏ることが挙げられる。いずれも新自由主義の概念が根底にあり，住宅購入者，賃貸者は自助努力が前提となっている。その一方で地方政府が住宅投資の増大により経済成長を維持しようとしたため，いわば官民一体で都市・住宅開発がおこなわれている。土地の使用権は国有で，地方政府がこれを分譲する権利を持っており，都市開発に関しては中国型の開発主義モデルが適用されていると言える。このように新自

由主義の圧力にさらされつつも，土地所有権については国家に帰するという中国独自の開発主義モデルが存在している状態である。

　本章では中国都市部の住宅問題について，歴史的経緯をふまえ，住宅供給体制のあり方，価格高騰の要因，社会的背景など多方面から考察をおこなう。中国の都市問題といえば住宅問題と言っても過言ではなく，住宅問題発生のメカニズムを解き明かすことで現代中国社会における都市の実態について理解することができるだろう。

1　中国経済の成長と住宅──供給側の整備

（1）経済発展と都市住民の生活の変化

　中国は1978年から始まった改革開放政策により，国有企業改革を中心とする経済改革をおこない，対外開放を進める市場経済化を実施したことで経済成長を達成した。1978年の GDP と2020年の GDP を比べると40倍にも増加している。この間の経済成長率の年平均は9.2％であり，長期にわたり経済成長が持続している。図15-1からわかるように，1978年以降経済成長率がマイナスになったことはない。

　40数年の間には1989年に起こった天安門事件の影響で外国投資が減少し，経済成長の伸びが鈍化した時期もあったが，1999年に WTO（世界貿易機関）に加盟したことで，中国経済の成長は新たな段階に入った。日本をはじめとする先進国の製造業企業が中国の郷鎮企業と合弁し，生産拠点を設けた。外国企業側は部品と工作機械を本国から持ち込み，中国側は郷鎮企業が用地と労働力をまかない，工場を建設し，組み立てをおこなう加工貿易をおこなってきた。中国が WTO に加盟したことで，その形態がより活発化した。香港に隣接する深圳市や同じ広東省の省都である広州市，そしてその周辺都市の東莞や珠海などの都市が集まる珠江デルタ地域に合弁企業が急増した。珠江デルタからはるか離れているが，北東方向にある長江デルタ地域は上海市や隣接の江蘇省，浙江省の有力都市から構成される。長江デルタでも同様の形態で工業化が進展した。その後は両デルタ地域のみならず，沿海部の都市に日本をはじめとする外国の製造業企業が進出するようになった。以降，中国は世界の工場と言われる

図15-1　経済成長率，都市住民可処分所得上昇率，都市部消費者物価指数の推移：
　　　　1978～2020年

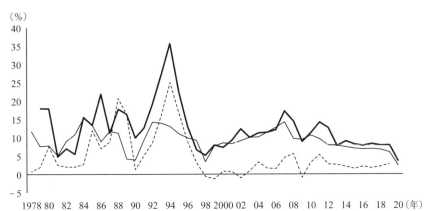

出所：『中国統計年鑑』各年版と国家統計局のウェブサイトより作成。

までに製造業を基盤とした経済成長モデルを築いた。

　経済成長が進展し都市住民の数が増えた。ここでいう都市住民とは，都市戸籍を持った住民である。2019年，中国の総人口は14億5万人で，60.6％の人が都市戸籍を持っている。そして，2億3600万人が自身の戸籍証に記載されている出生地とは異なる地域で居住している。その土地に戸籍を持たずに居住する人の多さは，特に大都市に見られる。たとえば，上海市の常住人口は2019年では2428万1400人であるが，そのうち上海市の戸籍を持つ者は1469万3000人である。つまり市外からの移入者が958万8400人いる。北京市では2153万6000人の人口がいるが，745万6000人が他地域からの移住者である。深圳市に至っては1343万8800人のうち，849万1000人が他地域の戸籍を持つ移入者である。これらの都市は一線都市と呼ばれる経済規模が特別大きい都市である。経済活動の活発な地域に人口が集中する傾向が顕著である。

　経済成長につれ，都市住民の生活は豊かになった。可処分所得で見てみると，都市部住民の平均は1978年には343.4元であったのが，1988年になるとその1.8倍の1000.2元になった（『中国統計年鑑 1999』318ページ）。1990年は1510.2元であったのが，2000年には6147元と10年で4倍になった（『中国統計年

鑑 2013』380ページ）。同じく図15-1で都市部住民平均可処分所得の上昇率も
わかる。1997年にはアジア通貨危機の影響もあり，景気が後退し，可処分所
得の伸び率も急激に下がったが，以降は10％を超える伸び率の年もあった。
2014年以降，経済は伸び悩んだが，2020年のコロナ禍に見舞われるまで，値
が大きく下落することはなかった。このように都市住民の所得も増加傾向にあ
る。一方，エンゲル係数を見てみると，1978年時点での都市部住民のエンゲ
ル係数は57.5であった。1984年まではそれ以上の年もあった。1996年に初め
て50を下回った。その後急速に低下し，2000年に40を下回った。2014年と15
年のデータが入手できないので30を下回ったのがいつか明確にはできないが，
2016年には29.3となり，2020年現在，29.2で落ち着いている。このように豊
かになった都市住民にとっての関心事が住環境の改善に向かうのは自然なこと
であった。

（2）住宅供給体制の経緯——計画経済時代

　改革開放が始まった1978年当時，都市部の一人当たり平均居住面積は3.6m^2
であった。畳で言うと2畳と少しくらいである。非常に窮屈である。その後，
1990年には4.8m^2，1998年には9.3m^{2}に拡大した。しかし，問題は居住面積が
拡大すれば解決する類のものではなかった。改革開放以前の都市部の一般的な
住宅にはトイレや浴室が各戸に備わっているケースが少なかった。水道が共用
という住宅も珍しくなかった。
　改革開放以前は社会主義計画経済が実施されていたため，住宅の供給は公的
部門からに限られていた。主に国有企業が所属人員の教育・健康・年金などの
社会保障を一手に担っており，住宅もそれに含まれていた。都市部住民は住宅
を新たに私有することは認められず，所属する国有企業や国家機関という職場
（中国語で「単位」という）を通じて住宅があてがわれ，賃借していた。そして
家賃は低めに設定されていた。その理由は単位が社会保障を担うという役割を
持っていたためと，住宅の分配を通じて労働力の固定化を図るというねらいも
あったからである。計画経済の時代，住宅に関する資金は投資の中でも「非生
産性建設投資」と位置づけられていて，工場などの生産設備に向ける「生産性
建設投資」に比べて後回しにされてきた経緯がある。

表15-1　計画経済時代の上海市で分配
された住宅の戸数（フロー）

年	分配された住宅（戸数）
1953〜57	36,772
1958	3,741
1959	8,814
1960	2,537
1961	42,018
1962	40,402
1963	28,256
1964	21,429
1965	25,800
1966	25,000
1967〜69	30,869
1970	20,456
1971	35,492
1972	27,870
1973	39,259
1974	26,737
1975	40,091
1976	30,348
1977	34,409

出所：『上海住宅（1949-1990)』150ページより作成。

　表15-1は計画経済の時代に上海市でおこなわれた住宅分配の戸数である。
「狭小で生活が困難」「結婚して親世帯から独立」「家がない」等の特別な理由
が認められると優先的に分配された。1953年から77年まで合計で52万300戸分
配された。1952年の上海市市区部の総戸数が110万2500戸で，78年には151万
8400戸に増えている。戸数の増加分が約40万戸であったので，52万戸の分配
は新規増加戸数より多い。しかし，1952年の110万戸がすべて1世帯に1戸割
り当てられていたわけではないので，増える戸数分でなんとかまかなっていた
状態であった。長らく住宅供給の方法は変わらず，改革開放当時にふたを開け
れば，住宅建設は資金面で行きづまっていたのが実情であった。このような歴
史的経緯があったため，改革開放以降の経済発展は都市部住民の潜在的な住環
境への改善欲求に火をつけたことになる。そして，時同じくして，住宅制度改
革という住宅供給体制の改革が始まった。

（3）住宅制度改革の実施

　改革開放以降，中国政府は「住宅制度改革」という取り組みで，都市部の住宅供給のあり方を変えていった。具体的には，供給量ならびにストックを増やし，都市住民の住環境を改善することを目的としていた。一見，福祉的観点からそれが推進されたようにも取れるが，実際は単位が負担してきた所属人員に対する福利厚生を軽減する，つまり公的部門が担ってきた住宅に関する資金投資を削減することが目的であった。住宅制度改革は中国政府が中心的課題として推進する国有企業改革という文脈から考えれば，公的負担の軽減を図ったとも解釈できる。

「私有化」と「商品化」

　ここでは住宅供給体制の改革に焦点を当て，「住宅制度改革」がどのような過程を経て，現在の住宅市場の創出に至ったのかについて考える。住宅制度改革を概括するにあたっては住宅の「私有化」，「商品化」，「市場化」という 3 つのキーワードから読み進めるとわかりやすい。まず「私有化」についてである。

　「私有化」は住宅の所有権を個人が取得すること，そしてそれを促すことである。土地は含まれない。憲法でも都市部の土地は国有と定められている。「私有化」促進のため住宅制度改革で最初に取り組まれたのが，公的に建設した住宅の試行販売である。地方政府や国有企業が資金を投入して公有住宅を建設し，個人が購入する。購入といっても当時の一般的な都市住民の所得水準では難しかったため，勤務先の単位が購入資金を補助していた。具体的には単位が補助として 3 分の 2 の金額を払い，従業員は住宅価格の 3 分の 1 を支払っていた。個人による住宅購入が可能となった後にも単位による補助制度は依然として継続していたため，この時点での住宅制度は福利厚生の一環としての性質は失っていなかったことが，Wang and Murie（1999）や Chen（1996）などで指摘されている。

　当初，私有化は容易には進展せず，単位の払い下げに多くが委ねられていた。そのため，単位の資金が住宅購入に流用された事例が存在した（Zhang 1998）。1986年の「都市公有住宅の補助付き販売試行の問題点に関する通知」にて

「住宅の売却価格が低く従来の低家賃制度と比較しても国家財政の軽減につながらない」との指摘があったことから，住宅建設コストの回収という点では効果的ではなかったことがわかる。公有住宅の販売は国家・単位の負担を軽減するという意味では財政赤字の削減に寄与していたとは言えないが，その後，全国の都市で実施することが推奨されるようになり，住宅を個人が購入する割合も年を経るごとに増えるようになった。

　次に推進したのが住宅の「商品化」である。公有住宅を試行的に販売することで，住宅は取引可能な財であり，市場で売買するものであるという観念が定着するようになった。これまでは公的部門が建設した公有住宅が売買の対象であったが，新たに商品住宅という，不動産開発企業が資金を投資，開発し，その後分譲，賃貸することで利潤を得るために建設された住宅が出てくるようになった。商品住宅価格構成は次のように定められていた。1 m^{2}あたりの住宅販売価格の構成は①建設コスト，②利潤，③税金，④立地による差額，の4項目からなっている。①建設コストの内訳は，i. 立ち退き作業にかかる費用ならびに補償費用，ii. 監察設計費および着工費用，iii. 建築コスト，iv. 住宅団地ならびに公共インフラ建設の分担費用，v. 管理費用，vi. ローン金利の6つから成る。図15-2は2000年以降の住宅販売面積の推移を示している。1990年代は微増で，あまり変化はなかった。経済成長に伴い，住宅販売面積が増加したとも言えるが，次に述べるように，1998年に国務院が「都市部住宅制度改革を

図15-2　住宅販売面積と伸び率：2001〜20年

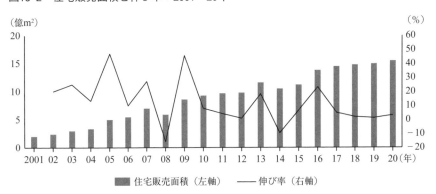

出所：国家統計局のウェブサイトより作成。

一層深化させ住宅建設を加速させることに関する通知」を公布し，住宅制度改革が転換点を迎えたことが大きい。

「市場化」――「実物分配」から「貨幣分配」へ

　「市場化」は「私有化」や「商品化」と同様，制度改革の過程で政策文書にて提示された概念であるが，おおむね，需要と供給によって価格が決定された住宅が市場で流通することと理解できよう。住宅市場の構築を促進したのは1998年の国務院の通知で明示された「実物分配から貨幣分配への転換」である。実物分配はこれまで単位や地方政府により賃貸もしくは分譲されてきた住宅，そしてかつて単位が所有していた住宅を従業員に払い下げたものを指す。この通知によりすべての実物分配を停止し，住宅は市場で取引し，個人が市場で購入するという概念が導入された。では「貨幣分配」とは何を指すのか。それは住宅公積金制度を導入することを指す。住宅公積金制度とは国有企業の従業員が1人1つ住宅積立金口座を持ち，加入者（被雇用者）と雇用主が毎月，加入者の口座に給料から一定割合を積み立てていく方式で貯蓄をおこなう制度である。シンガポールの積立金制度をモデルとして制度設計がおこなわれた。各地方に積立金基金と実務をおこなう積立金管理センターがあり，基金の運用も地域に委ねられている。国有企業の従業員は強制的に加入する必要があった。現在は国有企業の従業員に限らず，民間企業，外資系企業の従業員も加入の対象である。

　このように実物分配を停止し，雇用主が住宅に関わる資金を一部補助する形式で貯蓄を促す制度に転換した。資金の一部を補助するため「貨幣分配」と言うが，これにより，国有企業は従業員に対する住宅資金を大幅に軽減することができ，国有企業改革の目的に沿うこととなった。こうして単位側からの補助は大幅に減少した一方で，個人は自身の判断により住宅を購入するという選択の自由を得た。

　住宅公積金制度加入者は住宅購入時，条件が整えば公積金基金から借入が可能である。金利も一般の銀行ローンより低いため，住宅購入時に選好される。住宅購入のみならず，改装等住宅に関わることにも使用できる。借入条件などは都市によって異なる。しかし一般的に，特に大都市においては，住宅価格が継続的に上昇しているため住宅価格の一部がまかなえるのみとなっている。

　住宅市場構築に関する制度設計に政策が大きく関わったのはここまでで，その後，全国的な政策は出されていない。経済成長が本格化した2000年以降，住宅価格は上昇しつづけた。それを受けて中央政府レベルでは住宅価格高騰に対する注意喚起を促すことはおこなってきた。住宅ローン貸付の厳格化等を通じて購入制限をしたのである。地方政府もそれに形式上は追随するが，後述のように中央政府と地方政府の間では立場の違いがあり，中央政府の意図した方向に進まないことも多かった。

2　価格高騰下で自助努力が前提の住宅ブーム

（1）持ち家が選好される理由

　中国では持ち家志向が強い。世帯を構えてから購入するのではなく，結婚前に住宅を準備するのが理想的だという風潮である。そのため本人が資金を準備するだけでなく，両親，また親戚が援助することも一般的である。住宅購入に際して住宅公積金や銀行でローン契約をすると金利分の負担が増えるため，人のつてをたどり，金融機関で借りることをなるべく避けようとする人も多い。

　日本語訳された小説『上海，かたつむりの家』（原題：『蝸居』）は2007年に出版されたが，地方出身の大卒の夫婦が上海市内で住宅を購入するために金策に明け暮れる中で拝金主義や貧富の格差に直面する様子が描かれている。ここでも人のつて頼みで住宅購入資金を用意しようとする。資金を貸す側も金利を得ることができるため，たんす預金にしておくくらいならと貸すという動機がある。個人間の金銭のやりとりは避けることができるなら避けたいし，とくだん好まれているわけではないだろうが，住宅購入資金を集めるため手段を選ばないのには他にも経済的動機があるはずであろう。

　前述のように，持ち家志向が強いのは住環境改善の欲求が高いことが前提にあるのは言うまでもない。狭さ，設備などの問題を解消しようと購入を検討するのは理にかなっている。経済成長が続き，周りを見渡せば裕福そうに見える人が増えると，住環境改善の欲求はさらに強くなる。

　その他の動機も存在する。一つに物価の動向である。先の図15-1には都市部消費者物価指数の推移も示している。全体的な傾向を比較したいので，消費者

物価指数については上昇率が明確になるように，たとえば102であれば 2 と表記することにした。上昇が特に顕著であったのが1980年代後半，90年代前半で，上昇，下落も激しかった。1988年には20，1994年には25も前年と比べて上昇している。経済成長率も高い水準で伸びていたが，それに連動するように物価は上昇し，都市部住民はインフレに苦慮することとなった。そしてインフレによって住宅賃貸価格も上昇傾向になり，老後の生活に不安を覚えた人も多いはずである。また賃貸の場合，家主の退去要望があれば居住しつづけることができない。実際に家主が売却を決めたため 1 ヵ月以内に引き払う必要が出て忙しい，というような会話を中国人の友人としたことがある。中国では居住者保護の法整備がおこなわれていないため，賃貸では安定して居住しつづけることができないケースも多々ある。そのような中で持ち家志向がより強固になっている。

　1998年の実物分配の停止以降，国の方針としては住宅市場の拡大を前向きに捉えていたとしても，都市住民が住宅を取得することを支援したうえで住宅市場の拡大を推進しているわけではなく，「貨幣分配」という名の自助努力を推進しただけである。経済成長が続き，住宅供給が拡大する中で住宅価格の上昇を伴いながらも都市部では住宅需要が高まっている。常にバブルがいつ崩壊するかわからない，と話題にのぼるほどに中国の経済成長を象徴するのが住宅価格であった。

　図15-3は経済成長率と消費者物価指数，住宅平均価格上昇率を1998年から2019年まで比較したものである。先の図15-1と同様，消費者物価指数については，たとえば102であれば 2 と表記することにした。全体的に経済成長率と消費者物価指数の動向は経済成長率の値が大きいが，2 者の動きに大きな差はないように思われる。当初は住宅平均価格上昇率もそうであった。しかし2004年に住宅平均価格は跳ね上がり，翌年落ち着くも12.6％という高い数値で，その翌年の2006年には6.2％に下落し，そして2007年にはふたたび16.9％高騰する。その翌年2008年には世界金融危機の影響で初めて－1.9％となり，平均価格が下がった。さらに翌年はその反動で24.7％も上昇した。経済成長率と消費者物価指数の上下の動きに差がないのに対して，住宅平均価格は独自に激しく動いている。住宅価格変動は景気によるものだけとは考えられない。

図15-3　経済成長率，消費者物価指数，住宅平均価格上昇率の比較：1998〜2019年

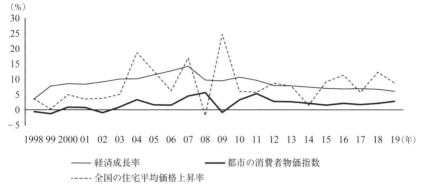

出所：『中国統計年鑑』各年版と国家統計局のウェブサイトより作成。

（2）住宅供給の拡大と同時に起こる住宅価格の高騰

　中国の住宅市場は徐々に拡大を続けていたが，1998年の政策以降，より拡大の幅が大きくなり，全国的に住宅建設が増えた。図15-4は2001年から19年までの不動産開発企業による住宅投資額（フロー）である。投資総額は継続的に上昇しており，2000年代前半は対前年比で30％以上増えていることが多かった。世界金融危機後，景気の伸びが鈍化した2009年でも投資額の伸びは14％増であった。そしてふたたび急速に投資が増えるようになり，2010年と11年には対前年比30％増となった。その後，伸びはまた鈍化しはじめ，2015年は前年とほぼ変わらなかった。そして再度伸び率は高くなり，コロナウイルス感染拡大の影響を受けた2020年でさえ，前年と比べて8％も上昇した。

　不動産開発企業による投資のうち住宅投資は常に3分の2以上を占めている。住宅投資が中国の不動産業のかなめとなっている。総じて2000〜20年で投資額は6645億元から10兆4445億元まで約15.7倍に増加していることから，不動産投資の拡大の様子がわかる。次に住宅がどれくらい販売されたのかを先の図15-2で見てみる。毎年増加を続けており，前年より減少したのは世界金融危機のあった2008年の−15.7％と2014年の−9.5％のみで，あとは前年より増加している。2000年代は世界金融危機までは伸び率が非常に高かった。最高で2005年は前年より47.1％も増加している。約1.5倍である。2009年の世界金

図15-4　不動産企業による住宅投資額の推移：2001〜20年

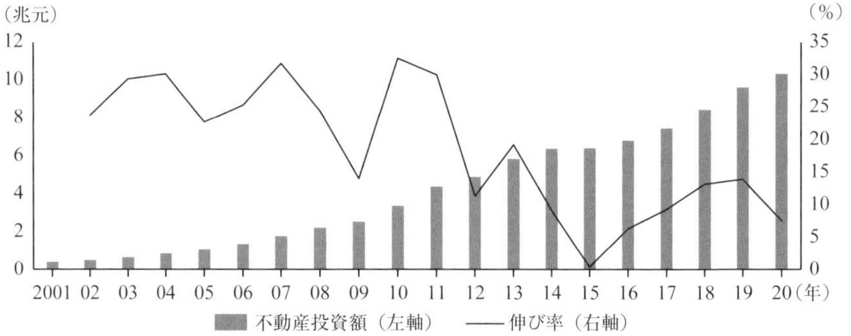

出所：国家統計局のウェブサイトより作成。

融危機後の反動も大きかった。前年より45.8％も増加している。しかし2011
年以降は若干動きが不安定で，急伸する年もあれば（2016年）その後は一気に
伸び率が鈍化している。2014年あたりで経済成長が鈍化するようになったこ
ともあるが，住宅販売については不動産投資過熱を懸念した中国政府による引
き締めの気運も大いに関係している。

　中国都市部の住宅価格が長期にわたり高騰を続けていることは日本のメディ
アでも時折報じられるし，中国人留学生からも聞いたことがあるかもしれない。
大都市の住宅価格が高騰し，庶民には手の届かないものになっている，という
ような内容である。中国に限らず大都市で住宅を購入するとなると，地方都市
と比べて割高であることは容易に想像できるだろう。ここでは中国の大都市の
住宅価格動向を俯瞰したい。

　中国の人口は13億人超で，日本の10倍以上である。その6割が都市部，4
割が農村部に居住している。中国で大都市，特に経済規模の大きい都市として
はまず首都の北京，長江の河口にあり，中国経済で金融の機能を強化した経済
都市の上海，南方，広東省の省都である広州，同じく広東省の深圳が挙げられ
る。深圳は香港に隣接しており，改革開放以降に整備され，急速に経済成長を
し，現在では中国のシリコンバレーと呼ばれるようにベンチャー企業が集積し
ている都市である。この4都市を中国では一線都市と呼んでいる。一線都市
に次ぐ規模の都市を新一線都市，その次が二線都市と続くのであるが，この呼
称は第一財経社というメディア企業に所属する新一線都市研究所が定期的に都

市の経済力により都市をランクづけし公表していることに由来する。[2]全国の地区レベルの市以上の都市合計337都市を一線都市から新一線都市，そして五線都市まで6つのランクに分けている。一線都市は上記の4都市，新一線都市は15都市，二線都市は30都市，三線都市は70都市，四線都市は90都市，五線都市は128都市という内訳になっている。2021年は5月末に第一財形社より発表された。詳しくは表15-2で一線都市から二線都市までと一部の三線都市，四線都市を表にまとめた。おおまかな位置は図15-5の地図で確認してほしい。

　そして，国家統計局が毎月発表している住宅価格関連の数値の中に35都市の平均住宅価格というものがある。表15-2の太字で示しているところがその35都市に該当する。35都市中，三線都市が4都市，四線都市が1都市入っているが，この35都市は各省の省都を含む中国の代表的な都市で，その住宅価格平均値の動向を知ることは，中国の都市全体像を知る手がかりとなる。全体的な動向としてはまず2002年から上昇傾向にあることが挙げられる。

　図15-6を参照してほしい。2002年時点では35都市の住宅平均価格は2267元/m²であったのが，2019年には1万5356元/m²になり，約7倍の価格となった。この間，平均価格は下がることはなかった。次に平均価格の上昇率はこの期間を平均して11％であった。先の全国の住宅平均価格動向と比べると，上昇の幅も大きく，速度も速いことがわかるだろう。グラフからわかるように上昇率はマイナスになることがなく，最も低かったのが2014年の3％で，その前4年ほどの上昇率は1桁であったが，2016年から2018年までふたたび上昇率が10％以上になった。

表15-2　都市の分類

	都市の分類
一線都市	**北京**，**上海**，**広州**，**深圳**
新一線都市	**成都**，**杭州**，**重慶**，**西安**，蘇州，**武漢**，**南京**，**天津**，**鄭州**，**長沙**，東莞，仏山，**寧波**，**青島**，**瀋陽**
二線都市	**合肥**，**昆明**，無錫，**アモイ**，**済南**，**福州**，温州，**大連**，**哈爾濱**，**長春**，泉州，**石家庄**，**南寧**，金華，**貴陽**，**南昌**，常州，嘉興，珠海，南通，恵州，**太原**，中山，徐州，紹興，台州，煙台，**蘭州**，濰坊，臨沂
三線都市	**呼和浩特**，**海口**，**烏魯木斉**，**銀川**
四線都市	**西寧**

出所：第一財形新一線都市研究所のウェブサイトより作成。

図15-5 主要都市の分布

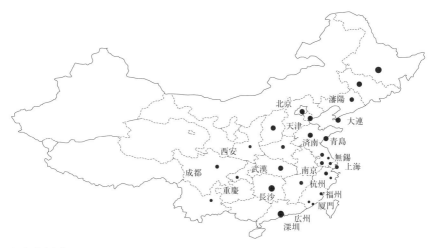

出所：筆者作成。

図15-6 35都市平均住宅価格の推移と上昇率：2002〜19年

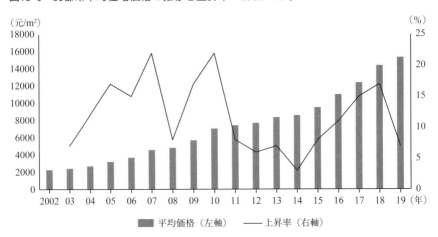

出所：国家統計局のウェブサイトより作成。

（3）貨幣分配への転換後の住宅政策

　1998年の通知の後に出された政策は，端的に言うと，価格が高騰した際の引き締め策に終始した。表15-3に，住宅価格高騰に対する抑制政策に着手されはじめた2005年からの政策をまとめた。太字で示したのが価格抑制のためとられた政策ならびに金融引き締め措置である。住宅価格の高騰に対する中央政府の対応としては，住宅購入に際して頭金を引き上げる規定や購入制限を課す規定を設ける。銀行ローンの金利を上乗せするという措置をとることもある。一方，下線つきで記したものが緩和のための政策である。緩和のタイミングは景気が悪くなった時である。具体的には世界金融危機後の不景気を受けて2008年に，そして2014年は前年までの引き締め政策が効果を発揮し，不動産投資を中心とした経済活動が縮小したためである。2005年以降の住宅政策の主軸は供給に関するものがほとんどなく，需要側のサポートでもなく，価格抑

表15-3　1998年の国務院による通知以降の住宅政策

2005年3月	「住宅価格を適切に安定させることに関する通知」
2006年5月	「住宅供給構造を調整し，住宅価格を安定化させるための意見に関する通知」
2007年	利上げが6回おこなわれた
2008年	世界金融危機による不景気より金融緩和政策
2008年12月	「不動産市場の健全な発展を促すことに関する若干の意見」（通称131号文件）←買い替え要件の緩和
2010年4月	「一部の都市で発生している住宅価格の急速な上昇を断固として封じ込めることに関する通知」（通称10号文件）
2010年6月	「個人向け商業性住宅ローンを利用して2軒目の住宅を購入できる基準を規範化することに関する通知」
2011年1月	上海市，重慶市で「房産税」の試験的導入
2011年	「不動産市場の調整に関わる問題の処理を一層進めることに関する通知」←地方政府が不動産市場の安定的な成長に責任を負う必要があることを強調
2013年2月	「引き続き不動産市場調整を実施することに関する通知」
2014～15年	抑制政策なし，購入制限の緩和，金融緩和がおこなわれた
2016年11月	上海市「本市不動産市場の平穏かつ健康的で段階を踏んだ発展をさらに完成することを促すための住宅金融貸付政策に関する通知」←住宅ローン借り入れの条件を厳格化
2016年12月	中央経済工作会議にて習近平国家主席が「住宅は住むもので投機の対象ではない」との発言をおこなう

出所：住宅・都市農村建設部などの政府ウェブサイトより筆者作成。

制に対する関心が中心である。価格が高騰した際，逆に住宅市場の景気が悪化
した際，政策で調整するのではなく，市場に対する介入をおこなうのが中国の
特徴である。

　また，住宅供給から公的部門が撤退しつつある中，低所得者層向け住宅が足
りていない。福祉住宅政策が皆無なわけではない。低所得者向け賃貸住宅や中
低所得者向け分譲住宅は存在する。地方政府が供給しているが，数は少ない。
2010年代後半になり，中央政府の号令のもと各地方政府の取り組みが増える
ようになったが，最も価格高騰が極端に起こっていた2000年代には，表15-3
に示したとおり，価格抑制のための投機防止対策に終始しており，福祉的観点
がほとんどなかったのは事実である。価格高騰抑制についても実際に価格の高
騰は続いており，効果的でなかったと言えよう（中岡 2021）。

3　住宅ブームは終わるのか

（1）地方政府の行動とマクロ経済状況

　ここでは住宅価格高騰の要因を他の側面から考察する。まず地方政府の財政
について考える。中国の地方財政，特に不動産に関する税制体系については任
（2012）が詳しい。中国の税体系は1994年の分税制の導入により大きく変わっ
た。中央政府と各地域の地方政府，そして中央・地方共有税という３種類に
区分された。ここでの地方政府とは省レベル（日本の都道府県に相当する最も上
位の行政区分）であり，省の下の地レベル，その下の県レベルについては分税
制の対象とならなかった。

　このような財政体系がどのようにして不動産経済と関わっているのだろうか。
まず財政収入は予算内収入と予算外収入に分類される。予算内収入は通常の予
算，予算外収入は政府部門の事業収入や「費用」の名目で徴収される財源で，
国家予算を経由せずに予算外で運用されている資金である。この予算外収入が
地方政府にとっては貴重な財源で，土地に関連する収入が予算外収入となる。
また予算内収入の中でも不動産関連の税金は地方税の扱いで，分税制によって
予算内収入の不動産関連の税金と予算外収入の土地関連費用が地方財政のもの
と確定した（任 2012）。わかりやすく言うと，土地使用権の譲渡を伴う不動産

取引がおこなわれると地方政府が収入を得る。不動産価格が上昇すると，地方政府が分譲する土地使用権の落札価格も上がるため，地方政府の予算外収入が増えることになる。経済成長の過程で確立した土地による錬金術が，中国の不動産投資をさらに活発化させる方向に導いたのである。

　次に金融面からも説明ができる。世界的な過剰流動性の発生が中国の住宅市場に影響を与えたとの説がある。大野・胥（2013）は，国際的な流動性の増大が中国の住宅市場に影響を与えるルートは 2 つあるとしている。「 1 つは非居住者による中国の住宅取得を通じて海外資金が中国の住宅市場に直接流入するルート」であり，もう 1 つは「固定相場制を維持するために実施した為替介入が中国のマネタリー・ベースを増大させ，増加した国内流動性が中国の住宅市場に流入するルート」であるとの解説をおこなっている。為替レートの変動を好まず，中央銀行がドルを買い，中国元を売る為替介入をおこなうため中国元の流通が増えて，それが住宅市場に流入しているという指摘である。

（2）払い下げ住宅が住宅購入の鍵

　住宅価格が高騰する中で，どのような人がどのような手順で住宅を購入しているのか。ここでは数例であるが，実際に住宅を取得した人から聞いた話を紹介し，イメージを持ってもらいたい。住宅価格が上昇していた2010年代前半から，いったんそれが鈍化した2010年代半ばに住宅を購入した人たちである。

　まず43歳の男性で，会社経営者である。所有する住宅は2014年に自己資金と積立金，銀行ローン併用で30年ローンを組んで購入した。名義は配偶者である。当時の収入に占める住宅費用の割合は30％であったという。かつて50万元で購入した住宅を180万元で売却した。これが自己資金の多くを占めるとのことである。

　次に39歳の男性であるが，所有者名義は自身と配偶者となっている。2013年に自己資金と積立金，銀行ローン併用で10年ローンを組んで購入した。当時の収入に占める住宅費用の割合は10％と比較的低い。かつて100万元で購入した住宅を500万元で売却できたことが大きいのだろう。

　3 番目の事例は39歳の女性である。所有者名義は自身と配偶者になっている。2013年に一括で購入した。ローンを組まずに一括で支払った資金の内訳

は，自己資金，そして親戚や知人から借金をしたという。かつて100万元で購入した住宅を600万元で売却できたのが役立っている。

　4番目の事例は28歳の女性である。住宅の所有者名義は自身と配偶者になっている。2015年に積立金，銀行ローン併用で30年ローンを組んで購入した。当時の収入に占める住宅費用の割合は50％であった。この女性の場合は，初めて住宅を購入するため，元手がなかった。そのため，収入に占める住宅費用の割合が50％と高いうえに，ローンの期間も先の3組より長い。これらの事例はすべて上海で，持ち家がある裕福な層である。

　最後，5番目のケースは他と異なる。それは1993年に一括支払いで旧公有住宅の払い下げを受けている点である。当時の所属単位より勤続年数や住宅の条件をもとに価格が算定され，払い下げを受けることができた。そこに住みつづけているという。設備や新しさでは新築の住宅に劣るが，価格は2016年当時の住宅価格とは比べものにならないほどの適正な価格であった。その持ち主は64歳の男性で，所有者名義は自身とのことであった。

　わずか5例であるが，明確に言えることは，1990年代かそれ以前に払い下げを受けたケース，または単位が3分の2を負担して，自身の負担は3分の1のようなケースでは資格があれば入手可能であった。その後，住宅価格が高騰するようになり，払い下げを受けた住宅を一定期間保持した後は売りに出す人も増えた。価格が高騰する前に住宅の所有権を保持しているかどうかが，現在の都市住民の住宅格差に大きな影響を与えていることは間違いない。Fang and Iceland（2018）も，払い下げられた住宅の有無が現在の住宅格差につながっていることを示唆している。おおまかに分けると，払い下げを受けることができた世代とそれより若い世代の格差，住宅価格高騰前に入手することができた世代とそれより若い世代の格差[4]，または当該都市の戸籍を所有しているかどうかの格差もある。目下，持ち家に関しては世代の格差が大きいのではないか。

（3）香港と上海の住宅事情

　ここでは香港と上海の住宅事情を紹介する。この2都市は住宅価格の高騰という意味では代表的な都市である。

香港の住宅事情

　香港はアヘン戦争後に当時の中華民国がイギリスに150年の約束で租借し、そしゃく
1997年に中華人民共和国に返還された。イギリス統治下で自由主義による経
済運営がなされ、1960年代にはアジア NIES の一角として経済成長を遂げた。
その後も自由貿易港、金融センターとしての地位を確立し、中国に返還される
際には金の卵として重宝された。返還後、内地からの移住者や不動産の投機需
要が増え、現在香港では新たな局面で住宅不足が顕在化している。現在、人口
約740万人を擁し、総戸数は286万戸である。都市型国家で人口密度が非常に
高い。平均的な居住環境はよいとは言えず、一般的には高層高密度住宅が密集
している。かつては市内にスクオッターが存在し、また"gage house"と言わ
れる共同住宅も香港を象徴する居住空間として知られていた。

　そのような中で、不動産業は香港の GDP の約10%を占める比較的重要な産
業である。中国大陸で業績がよいいくつかの不動産企業も香港の企業が複数あ
る。表15-4は香港の住宅ストックの内訳の推移である。公的な住宅が賃貸と分
譲の2種類あり、それは香港房屋委員会（Hong Kong Housing Authority）と香
港房屋協会と香港平民屋宇有限公司が供給している。特に HKHA は住宅全体
の4割以上、公共賃貸住宅の9割以上の賃貸・管理をしている（北原・篠
原 2014）。2020年、公営賃貸住宅は83万7000戸で全体の28.6%を占める。公
営分譲住宅は42万9000戸で全体の14.6%である。

　民間の住宅は賃貸と分譲の合計であるが、165万8000戸で56.7%を占めてい
る。実は住宅ストックは微増しているが、これらの構成割合は変化がない。最

表15-4　香港の住宅ストックの推移

	2009	2014	2019	2020
公営賃貸住宅	74万戸	78万戸	83万戸	82万戸
	29.0%	29.2%	29.0%	28.6%
公営分譲住宅	39万戸	39万戸	42万戸	42万戸
	15.5%	14.7%	14.6%	14.7%
民間住宅	141万戸	150万戸	161万戸	165万戸
	55.5%	56.1%	56.4%	56.7%
合計	255万戸	268万戸	287万戸	292万戸

出所：香港統計数字一覧より作成。

大の問題は価格の高騰である。というのも個人住宅販売価格指数は1999年を100とすると2009年は121.3，2014年は256.8，2019年には383.0，2020年には381.2と4倍近くまで上昇している。一方，個人住宅賃貸価格指数は1999年を100とすると2009年は100.4，2014年では159.4，2019年には194.4，2020年は180.3と2倍近くまで上昇している。アジア通貨危機，SARSの影響で不動産市況が低迷し，香港の不動産市況は2003年が底であった。そして不動産価格は2007年に1999年の水準まで戻る。

　これについて遊川（2017）は，「内地からの移民の流入で需給関係が大きく変化したことが一番の原因だが，政策的な誤り，放置がこれに拍車をかけた」（遊川 2017：146）と住宅政策について消極的な評価を下している。また，董建華時代に建てられた「毎年8万5000戸以上の住宅供給を実施」という計画がアジア通貨危機のため頓挫したことを挙げている。加えて，土地入札制度を廃止し，申請による土地販売を開始したこと，つまり事前に業者に購入する意思のある土地区画を希望価格とともに提出させる方式に転換したことも，状況を悪化させた要因であると指摘している。それは2004年から2013年までおこなわれた。さらに2002年に一度公営分譲住宅が廃止された。その後は次期の曽蔭権政権時の2010年まで再開されなかった。これらのことを指して，デベロッパー寄り政策が過ぎたこと，供給量の減少で価格高騰に拍車をかけたと指摘している。

　その後，2015年から16年にかけて中国本土のデベロッパーの土地取得が急増した。それが影響し，香港の住宅市場全体で価格高騰が起こった。さらに，狭小住宅の供給が増えたのである。中国政府としては香港の困難な住環境に対して民生問題として懸念，つまり今後不満が噴出するきっかけになるのではないかと認識しているという考えもある。[5]

上海の住宅事情

　上海市の住宅平均価格は2019年の値が3万3741元/m²であった。上海市は一線都市の一つで深圳，北京に次いで住宅価格の高い都市である。市内には内環状道路と外環状道路の2つの環状道路が走っている。内環状道路内の新築住宅の平均価格は11万8510元/m²，内環状道路と外環状道路の間の平均価格は5万3718元/m²，外環状道路の外の地域の平均価格は2万6737元/m²と大幅に価

格帯が異なる。1元を17円として計算すると，内環状内では1 m²あたり約200万円である。たとえば3LDK で80m²とすると，その家は1億6000万円する。また実際に売れている物件の数は，ある一日の数値では内環状内では101軒，内環状と外環状の間は35軒，外環状の外側は604軒と，こちらも圧倒的に外環状の外側に偏っている。内環状内ではほぼ新築で売ることができる物件が残っていないのであろう。

　近年，地下鉄が延伸し，郊外へ宅地展開がなされているが，それら郊外は市中心部へのアクセスは容易でない。モータリゼーション頼みの都市の拡張は，生活する者に大きなプレッシャーを与えている。日本のような私鉄の発展と一体の宅地開発と異なり，各市区政府が土地を分譲し，住宅地が展開されるため，交通網の展開と一体になっていない。経済規模が大きい都市なので，労働人口の上海への流入は後を絶たない。しかし，働きに上海にやってきた若年層は，上海で住宅を所有することを想像し，気が遠くなる思いで働いているという。

おわりに

　現在，住宅問題に関する議論には必ずと言っていいほど「住宅は住むもので投機の対象ではない」という文言が語られる。2016年12月の中央経済工作会議での習近平国家主席の発言である。権威ある最高指導者の発言は絶対的で，かつ2021年には「共同富裕」構想が新たに提起された。これは住宅が投機対象となっていることに対する懸念を再度強調する重みを持っており，これまでのような常軌を逸した価格の高騰は断固として認めないという中国政府の路線が明確となった。

　住宅が貧富の格差を体現するものとなっている以上，高価格帯の住宅が矢面に立つのは想像に易いが，場当たり的な規制の強化は根本的な解決にならないし，政治的なメッセージを持たせたところで状況が改善するとは思えない。中央政府と地方政府のかじ取りの齟齬もあり，既得権益層が応じる余地はあるのかなど容易に解決できない要素もある。また2021年に固定資産税の導入が発表されたが，これまでほとんど議論されてこなかった。今後は，そこから得た財源を利用し，見過ごされがちな中間層を対象とした住宅政策を実施する必要があると思われる。

註

1)　国民は生まれながらに自身が都市戸籍に属するのか，農村戸籍に属するのかが
決まっている。それは親の持つ戸籍に準ずる。農村戸籍より都市戸籍のほうが
好まれている。戸籍制度が実施されるようになったのは計画経済時代からで，
当時は自分の所属する地域から出ることが困難な状態であった。厳格に制限さ
れていた農村から都市部への移動は，改革開放後，都市部の工場等への出稼ぎ
労働については緩和された。ただ，出稼ぎ労働者は出稼ぎ期間に都市に居住し
ていても統計の対象とはならない。その後，より移動が緩和され，住宅を購入
すれば農村戸籍から都市戸籍に変更することができるという特典つきの物件も
売り出されるようになった。

2)　第一財形のウェブサイト　https://www.yicai.com/news/101063860.html　より。

3)　中国は2007年以降，管理変動相場制をとっている。固定相場制とは言えないが，
中央銀行が為替介入をおこなっていることは確かである。

4)　払い下げの際に男女間の格差（男性に優先的に払い下げをする）も存在したと
大連の大学教授が語っていた。

5)　ウェブサイト記事「韩正：解决香港住房问题难度很大，但总要有开始的时候」
2019年9月。

終　章

グローバル東アジア資本主義の展望

加藤光一・大泉英次

　私たちは，東アジアの農業と都市に貫通する小土地所有をめぐる諸問題を検討してきた。最後に第 I 〜 III 部での考察について，それぞれ若干の総括と展望を示しておきたい。

1　東アジアの農業・土地所有の展望

小農・小土地所有の存在とその存亡の危機

　東アジア小農社会で紡ぎ出されるアジア的零細農耕は「いえ・むら」と結びつき，社会編成の基底に固定，埋め込まれた歴史的な範疇概念である。また同時に没歴史的な範疇概念として現代にも貫通している，という意味でトートロジーの側面が存在する。

　第 I 部では，かかる零細農耕が各国・地域に独自な形態で存在していることを明らかにした。グローバリゼーションが本格化する1990年代以後，グローバル資本に適合的な土地所有形態，資本主義的大規模経営形態に改変するような農地制度・政策が遂行されているが，小農・小土地所有は急速に減少，かつ変容しながらも，いまだ支配的な形態として存在している。

　日本では，法人組織ないし株式会社組織等の大規模経営が生まれ，国の政策もこの構造政策，すなわち，土地の面的集積，規模拡大が可能になる事業法を組み入れた政策が進みつつある。その意味からすれば，小農・小土地所有は構造政策にとって最大の足枷・桎梏となっている。同時に各地域では，生産・生活の再生産が不可能な農山村解体が着実に進行しつつある。韓国でも，若干のタイムラグを持ちながらも，人口減と担い手不足による農村解体が急速に進みつつある。台湾でも同じ動向が見られ，「農村政策」は農業政策課題の重大な

アポリアになっている。一方，中国は，深刻な「貧困農村」問題に一定の決着をつけ，2021年から「農村振興戦略」に転換し，都市と農村の「調和的発展」が本格的な政策課題として位置づけられている。

小農・小土地所有の再定立＝展望のための農村政策

　日本，韓国，台湾，中国でほぼ共通している農業政策＝構造政策の目標は，「土地の面的集積，規模拡大」であった――ただし，その姿勢は国・地域の状況により違いは存在するが。しかし，これは小農・小土地所有の強靭な存在を無視するものではなく，小農も組み入れた「農村政策」が模索されている。つまり，構造政策を完全に放棄し「農村政策」に収斂させるという手法ではなく，構造政策は表看板から後景に退いてはいるが，「農村政策」の論理はあくまでも構造政策を前提としていると理解すべきである。その手法も地域共同体・コミュニティや住民を主体にする制度設計がなされているが，それは表象としては地域住民が運営・管理する地域内発的なものに見えるが，実は外からの支援かつ運営・管理が可能な資本が介入する余地を大きく残している。中国を除くと，たとえばNPO法人，コンサルタント業務を持つ企業＝資本が管理・運営を担うことを虎視眈々として模索しているのである。実際に台湾では，地域住民に管理能力と人材が不足しているために，運営・管理業務をアウトソーシングするという事例が多数報告されており，それが地域に様々な矛盾を生み出している。まさに地域のガバナンスの内実が問われているのである。

2　地域再生のオルタナティブ

　では地域再生にはどのようなオルタナティブが存在するか。これを第II部で具体的に検討した――本来，台湾，中国についても検討すべきであったが。ただし，韓国については第3章で「農村地域づくり運動」の事例を提示した。
　地域再生の内発的発展は，地域住民が主体的に制度設計，政策立案に参加することが重要である。行政が提示するものをそのまま受け入れるのではなく，可能ならば地域調査を協働で実施できればよい。少なくとも既存の諸統計をもとに施策の経済効果等を検証することも重要だ。行政が地域開発や公共事業等をおこなう場合，必ず「経済効果」という指標が使われる。経験上「経済効果

の嘘」に惑わされてきた歴史をふまえると，産業連関分析の仕組みと活用方法を理解しておく必要がある。

「関係人口論」では，都市・農村の協働的関係から地域再生プラットフォームを具体的に提示している。地域産業としての酒造業は「地域の原料＝米，地域の労働力，地域の地場市場」を前提として出発し，歴史的にも100年以上も経過している酒造業が存在してきた（実際には，酒米は地域外，杜氏も地域外，市場はグローバル化という業態が多くなっている）。このことをローカルとグローバルという観点から解明し，この業態の意義と限界そして発展の方向性を示した。

森林・林業問題については，21世紀の地球環境問題，直近ではテレワーク化との関係から森林共生社会への条件を具体的に提示した。有機農業は，世界的なSDGsとの関連で注目され，そして今後の日本農業の発展方向の一つに位置づけられている。かつて有機農家そしてオーガニック消費者は特別な存在であったが，一般的に認められるようになった。その過程を明らかにし，有機農業の主体は小農，家族経営であり，その発展なくして展望はないことを示した。

3　東アジアの都市土地所有の展望

小土地所有と居住の危機

戦後土地改革で小農＝小土地所有が東アジアの農村社会に再定置された。そして日本・韓国・台湾の都市社会においては，大衆的持ち家所有＝小土地所有が，「中流化」という社会的上昇を具現するものとして定置された。社会主義中国でも1980年代以降の住宅制度改革で，地方政府による土地利用権の売却，住宅の商品化が推進され，都市で持ち家所有が広がった。農村と都市の小土地所有は，東アジア開発主義国家の大衆的基盤を固める社会的装置となった。

だが資本蓄積への土地所有の包摂は土地集中と地価高騰を引き起こし，資産的土地所有の肥大化をもたらした。土地所有の金融化は新自由主義政策のもとで極致に達し，そのことが小土地所有の危機を生み出している。居住のための土地所有・利用は，多くの都市住民にとって過重な負担となり，家計破綻のリスクあるいはそれを回避するための所有・利用の零細化を生み出している。さ

302

らには所有・利用からの低所得層の排除を引き起こしている。

　日本の大都市では地価・住宅価格・家賃の高騰と同時に，デフレ経済下における土地所有・利用のリスクという側面が強く表われている。これは，韓国・台湾そして中国が今後直面するであろう，低成長の中での居住格差の広がりという問題状況を先取りしている。

　韓国・台湾の都市の問題状況は，ローン債務の膨張がもたらす家計破綻と金融不安のリスクの高まりで共通する。中国では住宅供給の市場化のスピードに政策・制度の整備が追いついていない。住宅価格暴騰に対して需要抑制，投機抑制策は効果が乏しい。借家人保護の法整備の欠如が持ち家志向に拍車をかけ，しかも住宅購入は不可能という深刻なジレンマに陥っている。住宅供給の促進でブーム過熱を沈静化すること，公的借家の供給を促進することが求められている。特に中国，台湾では借家市場の整備が急務である。

小土地所有と居住の再生に向けて

　居住の危機は生活の危機そのものであり，その克服は持続可能な都市社会の根本条件である。土地・住宅政策は都市という共同圏の再生の重要な手段である。

　金融グローバル化と土地所有の金融化が，大都市の住宅市場の格差と不安定を生み出している。土地所有の金融化は資本蓄積の金融化と表裏一体の現象である。法人企業による土地集中と土地市場支配を規制し，住宅市場への土地供給を促進することが必要である。

　日本・韓国・台湾・中国の大都市における住宅問題を通観する時，共通に指摘されるべき住宅政策課題は，良質でアフォーダブルな借家の供給推進である。都市における小土地所有の再生は，持ち家居住＝土地・住宅所有を高負担・零細化・排除から解放することだけでなく，所有はしないが利用する借家居住をも包括するものでなければならない。借家居住における小土地利用の再生とは，公有土地・住宅の供給だけでなく，土地・住宅の個人所有を，アフォーダブルで良質な借家の供給に活用する社会的仕組み――協同組合所有住宅，借上げ公共住宅，国・自治体が財政支援する社会住宅など――の発展を意味する。

　土地・住宅市場の格差と不安定性を克服するために，土地・住宅市場のガバナンスの社会的な仕組みを創りあげることが必要である。ガバナンスとは，自

治体のみならず民間企業，NPO，市民が参加する共同的な管理，規制，調整のシステムをいう。これを発展させるために，政策と社会運動の経験の蓄積と国際的な交流が求められる。

4　グローバル東アジア資本主義の展望

　グローバル東アジア資本主義を「東アジア外生循環構造」の形成・確立・変容として整理した（序章）。その実体はアウトソーシング・国際的サプライチェーンの各国・地域間の相互依存，ネットワークである。2000年代に入って，「日－韓・台（NIES）－中」編制序列は，中国が2001年 WTO 加盟を果たし，2011年には日本を抜き GDP 世界第2位になると，「中－日・韓・台（NIES）」へと逆転・顚倒し，大きく変容した。その変容をいかに理解するか，今後の方向をいかに展望するかが問われている。中国の動向を中心に若干の展望を示しておきたい。

　2010年代の「東アジア外生循環構造」において中国経済はいかなる地位を占めているのか。紺井（2017，2021）は，グローバル経済の中の「中国リスク」を次のように整理している。

①リーマンショックと世界金融危機に直面して，中国は経済成長の減速を回避するため，2009〜10年に巨額の財政支出に踏み切った。金融危機後の世界不況においては，中国など BRICS 新興国の経済成長＝需要増が先進国の需要不足を補完したのである。

②この大型景気対策によって，中国国内で顕在化した過剰投資・過剰生産の処理は先延ばしされた。2014年以降，中央・地方政府の財政危機そして国営企業・民間企業の債務累積が深刻化した。財政出動で投入された資金は，国営企業などを通じて住宅・不動産市場に流入し，それが不動産バブルを発生させた。

③一帯一路構想と連動する AIIB（アジアインフラ投資銀行）の設立（2015年末）は，その長期的な戦略的な位置づけを別とすれば，途上国への資金融資と直接投資を通じて各国のインフラ整備を促し，そこに中国国内の過剰資本・過剰生産能力のはけ口を求めるという役割を担っている。

④中国は今や IMF や世界銀行の融資を上回る，世界最大の対途上国債権国である。だが，その融資条件が IMF・世銀より緩いぶんだけ，融資は高金利で

ある。したがって途上国の負担は重く，コロナ禍で深刻化する途上国の経済危機はいずれ中国に債務減免や返済期限延長などの対応を求めることになる。

⑤他方，中国では公的部門ならびに民間部門の債務残高が，他の新興国全体のそれをはるかに超える規模に達している。中国の過剰生産危機が金融・経済恐慌として顕在化すれば，その影響は中国経済への依存を深めている東アジア・東南アジア諸国を巻き込み，さらに世界経済に波及する。

　以上の状況をふまえれば，グローバル東アジア資本主義において中国経済が占める地位とリスクは明らかである。しかも中国経済は構造的な「不安定」を抱えている。これに関する指標を列記すれば，①第1次産業の大きさ（労働人口の23.6%），②都市化率の低さ（人口の63.9%，都市戸籍比45.4%），③サービス産業比率の低さ（GDP比率54.5%），④都市と農村の格差・地域格差，⑤ほぼ3億人の農民工の存在，⑤生産と貿易における外国企業への依存（工業生産額で20%強，貿易額の40%強）などである（いずれも2020年統計）。この構造的「不安定」は，同時に「農業」的領域が中国の社会編成をなおも根本的に規定している側面を表している。

　1990年代以後の本格的グローバリゼーションの前提はICTである。そのICTをもとに，かつコロナパンデミックの中でも，増収・増益を達成しているGAFA（Google, Amazon, Facebook, Apple）に対抗して，中国ではBATH（百度，アリババ，騰訊，華為）が成長している。AIとアルゴリズムを使った「監視社会」のもとでは，私たちもGAFAに掌握されており，「民主主義の危機」が言われている。

　「監視社会」中国は，政治的な意味を含めて様々な問題を投げかけているが，これは私たち東アジアの共通の課題だ。ICTを前提にした現代社会において，一部の「富裕層」にのみ富が集中するのではない，公正な生産と分配のシステムを構想しなければならない。「共生の大地」（内橋1995）の実現は一地域あるいは一国で完成するわけではない。私たちの課題は「東アジア外生循環構造」を「東アジア共生経済圏」に変革する方途の探求である。

文献一覧

日本語

赤堀楠雄（2017）『林ヲ営ム』農山漁村文化協会

朝日新聞取材班（2019）『負動産時代』朝日新書

安藤光義（2006）「農業構造改革と集落営農」『農業法研究』第41号

──（2021）「基本計画における農業政策の批判的検討──構造施策に焦点を当てて」『日本農業年報』第66号

池上彰英（2012）『中国の食糧流通システム』御茶の水書房

石川滋（1990）『開発経済学の基本問題』岩波書店

石川啓雅（2020）「現代地方中小酒造業における生産・労働に関するモノグラフ──ワークショップ・エコノミー論序説」『高岡法学』第39号

磯辺俊彦（2005）「日本農法変革への基本論理──家族制農業と『むら』」『農業法研究』第40号

伊藤亮司（2000）「流通再編下における酒造業の展開に関する実証的研究」『北海道大学大学院農学研究科邦文紀要』第23巻第3号

上杉昌也・浅見泰司（2009）「日本における住宅規模水準の存在意義と研究動向」『東京大学空間情報科学研究センターディスカッションペーパー』98

上野淳子（2017）「『世界都市』後の東京における空間の生産」『経済地理学年報』第63巻

上野秀人（2019）「持続可能な土壌を未来に残す──農業の持続と土壌保全のために」『農業と経済』臨時増刊号，2019年11月

卯月由佳（2018）「貧困対策に必要な住宅と居住の支援とは？」岩永理恵・卯月由佳・木下武徳『生活保護と貧困対策──その可能性と未来を拓く』有斐閣

内橋克人（1995）『共生の大地──新しい経済がはじまる』岩波書店

大泉英次（1991）『土地と金融の経済学──現代土地問題の展開と金融機構』日本経済評論社

──（2003）「現代都市と居住空間の変動」大泉英次・山田良治編『空間の社会経済学』日本経済評論社

──（2006）「民活・規制緩和時代の住宅問題と住宅政策」塩崎賢明編『住宅政策の再生』日本経済評論社

──（2013）『不安定と格差の住宅市場論──住宅市場のガバナンスのために』白桃書房

──（2019）「今日の借家市場」日本住宅会議編『借家の居住と経営──住宅白書2017-2019』（電子版：日本住宅会議ウェブサイトに掲載）

大島一二（2016）「中国における農業改革と大規模農業経営の育成」愛知大学現代中国学会『中国21』Vol. 44

太田秀也（2014）「賃貸住宅管理業の史的・実態的研究」『都市住宅学』第87号

大津健登（2019）『グローバリゼーション下の韓国資本主義』大月書店

───（2020）「韓国資本主義とソウルをめぐる住宅・土地に関わる現状について」『明大商学論叢』第102巻第3号

大西敏夫（2018）『都市化と農地保全の展開史』筑波書房

大西裕（2014）『先進国・韓国の憂鬱』中公新書

大野早苗・胥鵬（2013）「国際的流動性の中国住宅価格高騰への影響──金融政策，住宅融資，海外資本流入の検証」大野早苗・黒坂佳央編『過剰流動性とアジア経済』日本評論社

岡田知弘（2020）『地域づくりの経済学入門──地域内再投資力論』増補改訂版，自治体研究社

奥村哲編（2013）『変革期の基層社会──総力戦と中国・日本』創土社

小田切徳美（2009）『農山村再生──『限界集落』問題を超えて』岩波ブックレット

───（2018a）「農村ビジョンと内発的発展論」小田切徳美・橋口卓也編著『内発的農村発展論』農林統計出版

───（2018b）「関係人口という未来──背景・意義・政策」『ガバナンス』第202号

小田切徳美・筒井一伸編著（2016）『田園回帰の過去・現在・未来──移住者と創る新しい農山村』農山漁村文化協会

小田切徳美・橋口卓也編著（2018）『内発的農山村発展論』農林統計協会

小山正明（1992）『明清社会経済史研究』東京大学出版会

梶谷懐（2008）「中国の土地市場をめぐる諸問題と地方政府──『地方主導型経済発展』の変容」『現代中国研究』第23号

桂明宏（2021）「農地中間管理事業の制度見直しと今後の展望」農地保有合理化協会『土地と農業』第51号

加藤光一（1989）「戦後自作農制と農業・土地問題」大泉英次・山田良治編『戦後日本の土地問題』ミネルヴァ書房

───（1991a）『アジア的低賃金の《基軸》と《周辺》』日本経済評論社

───（1991b）「韓国の土地政策」本間義人編『韓国・台湾の土地政策』東洋経済新報社

───（1993）「東北庄内地方の農家・全羅北道の農家」日本村落社会学会編『家族農業経営その日韓比較』農山漁村文化協会

───（1998）『韓国経済発展と小農の位相』日本経済評論社

───（2020）『グローバル東アジア資本主義のアポリア──日韓中台の「農村」的領域から考える』大月書店

川崎直宏（2019）「住宅セーフティネット制度の限界と今後」『都市住宅学』第105号

川島真・清水麗・松田康博・楊永明（2020）『日台関係史1945-2020』東京大学出版会

川瀬光義（1992）『台湾の土地政策──平均地権の研究』青木書店

――（1998）「転換期の韓国土地公概念政策」『立命館経済学』第47巻第2・3・4号

――（2004）「金大中政権下の住宅政策と住宅市場の変貌」静岡県立大学『経営と情報』第16巻第2号

菅野正・田原音和・細谷昂（1984）『東北農民の思想と行動』御茶の水書房

岸本美緒（1998）「東アジア・東南アジア伝統社会の形成」『岩波講座　世界歴史13』岩波書店

――（2021）『明末清初中国と東アジア近世』岩波書店

北波道子（2008）「台湾における公営事業の民営化」アジア経済研究所『台湾の企業と産業』

北原玲子・篠原聡子（2014）「香港房屋委員会による公共賃貸住宅の供給状況に関する研究」日本建築学会技術報告集20（46）

――（2015）「香港房屋委員会の公共著賃貸住宅における住宅問題と環境改善への取り組みに関する研究」日本建築学会技術報告集21（48）

具滋仁（2010）「韓国における契約職公務員制度の現状と課題――韓国鎮安郡の事例を中心に」『地域開発』2010年9月号

――（2013）「韓国鎮安郡における福祉社会開発の事例研究」提出報告書，私立大学戦略的研究基盤形成支援事業『国際共同フィールドワークに基づく福祉社会開発の方法論研究』（日本福祉大学プロジェクト）

――（2016）「韓国における農村地域の内発的発展への取組み――事例と課題」『農林金融』2016年5月号

棡澤能生（2016）『農地を守るとはどういうことか――家族農業と農地制度その過去・現在・未来』農山漁村文化協会

桑森啓編（2020）『アジア国際産業連関表の評価と応用可能性』IDE-JETRO アジア経済研究所

公営住宅法令研究会編（2018）『逐条解説公営住宅法』第2次改訂版，ぎょうせい

黄麗玲（2011）「台湾の住宅政策と住宅問題」大阪市立大学都市研究プラザ『第1回東アジア包摂的都市ネットワークの構築に向けたワークショップ』報告書

国税庁（2019～）「日本酒のグローバルなブランド戦略に関する検討会」https://www.nta.go.jp/taxes/sake/kentoukai/index.htm

国税庁課税部酒税課（2020）「清酒製造業者の輸出概況（平成30年度分）」

国土交通省（2016a）「多様な世帯が安心して暮らせる住まいの確保に向けた当面の取組みについて（参考資料）」『安心居住政策研究会』第9回資料2　https://www.mlit.go.jp/common/001124557.pdf

――（2016b）「家賃債務保証の現状」『家賃債務保証の情報提供等に関する検討会』第1回資料4-1　https://www.mlit.go.jp/common/001153371.pdf

――（2019）「資料5　わが国の住生活をめぐる状況等について」『第47回住宅宅地分科会』https://www.mlit.go.jp/policy/shingikai/content/001308853.pdf

――（2020）「戸当たり住宅床面積の国際比較（壁芯換算値）」『令和2年度住宅経済関連デ

ータ』 https://www.mlit.go.jp/statistics/details/t-jutaku-2_tk_000002.html

後藤道夫（2001）『収縮する日本型〈大衆社会〉』旬報社

コルナトウスキ，ヒェラルド（2011）「香港における住宅困窮問題——民間低家賃住宅の役割」人文地理学会大会研究発表要旨2011（0）

紺井博則（2017）「現代の金融危機と経済危機」「中国の複合危機と人民元国際化」牧野裕・紺井博則・上川孝夫編『複合危機』日本経済評論社

———（2021）「現代資本主義と債務累積のグローバル化」松本朗編『グローバル経済と債務累積の構造』晃洋書房

近藤康男編（1967）『酒造業の経済構造』東京大学出版会

斉藤修（1988）「大開墾・人口・小農経済」速水融他編『日本経済史1 経済社会の成立』岩波書店

———（2008）『比較経済発展論——歴史的アプローチ』岩波書店

斎藤幸平（2020）『人新世の「資本論」』集英社

坂根嘉弘（2011）『日本伝統社会と経済発展』農山漁村文化協会

作野広和（2019）「人口減少社会における関係人口の意義と可能性」『経済地理学年報』第65巻第1号

佐々木憲昭（2016）「日本財界による政治支配の変容」渡辺治ほか『戦後70年の日本資本主義』新日本出版社

指出一正（2016）『ぼくらは地方で幸せを見つける——ソトコト流ローカル再生論』ポプラ社

佐藤岩夫（2009）「『脱商品化』の視角からみた日本の住宅保障システム」『社会科学研究』第60巻第5・6号

佐藤和宏（2021a）『戦後日本における居住保障システムの福祉社会学的研究』東京大学人文社会系研究科博士論文

———（2021b）「コロナショックは住宅問題にどのように現れているか——不可視化された住宅危機」『地域政策研究』第24巻第2号（近刊）

佐藤淳（2021）『國酒の地域経済学——伝統の現代化と地域の有意味化』文眞堂

佐藤宣子（2020）『地域の未来・自伐林業で定住化を図る』全国林業改良普及協会

佐野淳治（2011）「世界金融危機以降における韓国経済のV字回復と二極化」福島大学『商学論集』第80巻第1号

座間紘一（2021）「中国における『農村振興戦略』段階での農民層分解」『経済』2021年9月号

塩崎賢明（2006）「戦後日本の住宅問題と住宅政策」塩崎賢明編『住宅政策の再生』日本経済評論社

篠塚信義・石坂昭雄・高橋秀行編（2003）『地域工業化の比較史的研究』北海道図書刊行会

下山房雄（2010）「『日本的低賃金』論の系譜」石井まこと・兵藤淳史・鬼丸朋子『現代労働問題分析』法律文化社

「自由民主党賃貸住宅対策議員連盟が総会実施」『全国賃貸住宅新聞』（発行年月日）https://

www.zenchin.com/news/post-5646.php

食料・農業・農村基本政策研究会編著（2000）『逐条解説　食料・農業・農村基本法解説』大成出版社

鈴木庸夫（1996）「『住む』権利と法政策」『都市住宅学』第13号

鈴木芳行（2015）『日本酒の近現代史──酒造地の誕生』吉川弘文館

住まいの貧困に取り組むネットワーク（2020）「すべての家主，不動産業者，家賃保証会社への緊急アピール──家賃滞納者への立ち退き要求を止め，共に公的支援を求めましょう」https://drive.google.com/file/d/1dIUCesltsivGL6EW6jHNqu5rDI799tBs/view

住田昌二（2003）『マルチハウジング論』ミネルヴァ書房

隅谷三喜男・劉進慶・涂照彦（1992）『台湾の経済──典型 NIES の光と影』東京大学出版会

関根佳恵（2021）「食料危機の打開と持続可能な農林漁業への転換」『経済』2021年7月号

総務省行政評価局（2018）「公的住宅の供給等に関する行政評価・監視結果〈勧告に対する改善措置状況（1回目のフォローアップ）の概要〉」http://www.soumu.go.jp/menu_news/s-news/107317_1800907_2.html

園田茂人（1994）「フィールドとしてのアジア」溝口雄三・浜下武志・平石直昭・宮嶋博史編『アジアから考える　1　交錯するアジア』東京大学出版会

高田好章（2021）「雇用によらない働き方──その実態と雇用社会の限界・未来社会」基礎経済科学研究所編『時代はさらに資本論』昭和堂

高橋博之（2016）『都市と地方をかきまぜる──『食べる通信』の奇跡』光文社

田代洋一（2012）『農業・食料問題入門』大月書店

田代洋一・田畑保（2019）『食料・農業・農村の政策的課題』筑波書房

田中輝美（2017）『関係人口をつくる──定住でも交流でもないローカルイノベーション』木楽社

──（2021）『関係人口の社会学──人口減少時代の地域再生』大阪大学出版会

谷口吉光（2020）「食料・農業・農村基本法の理念に立ち戻った有機農業政策を」『農業と経済』臨時増刊号，2020年3月

筒井一伸（2018）「田園回帰の潮流にみる農山村の未来」『農業と経済』第84巻第9号

都留康（2020）『お酒の経済学──日本酒のグローバル化からサワーの躍進まで』中公新書

暉峻衆三編（2003）『日本の農業150年──1850〜2000年』有斐閣

土居英二（2019）「産業連関表のしくみと見方」土居英二・浅利一郎・中野親徳編著『はじめよう地域産業連関分析　改訂版　基礎編』日本評論社

東京都（2019）『東京の土地2018（土地関係資料集）』東京都都市整備局

冨浦英一（2014）『アウトソーシングの国際経済学──グローバル貿易の変貌と日本企業のミクロ・データ分析』日本評論社

外山浩子（2004）「わが国の有機農業運動の展開と環境保全型農業振興における政策的課題──改正 JAS 法をめぐる諸問題を中心に（2）」『早稲田大学大学院法研論集』第110号

内閣官房国家戦略室編（2012）『國酒等の輸出促進プログラム』財団法人経済調査会

中岡深雪（2008）「上海における住宅供給と価格形成──新沢・華山理論による検討」『中国研究月報』第62巻第7号

──（2016）「不動産業と万科集団の発展の経緯」佐々木信彰編『現代中国の産業と企業』晃洋書房

──（2018）「中国海外集団有限公司発展の経緯と中国住宅市場」佐々木信彰編『転換期中国の企業群像』晃洋書房

──（2021）「中国の住宅市場とマクロ経済調整──住宅需要とアフォーダビリティの観点から」『基盤教育センター紀要』第35・36号合併号

中川恵（2019）「農家経営のもとでの有機農業の面的展開──山形県高畠町露藤集落『おきたま興農舎』の事例から」『年報村落社会研究』第55集

中田亮輔（2013）「機械産業におけるフラグメンテーションの進展と貿易コスト削減への政策的課題」JICA 研究所『フィールドレポート』No. 1

中村剛治郎（2004）『地域政治経済学』有斐閣

新青渡史誌編纂委員会（2004）『新青渡史誌』新青渡自治会

西尾道徳（2019）『検証有機農業──グローバル基準で読みとく理念と課題』農山漁村文化協会

日本政策投資銀行地域企画部（2013）「清酒業界の現状と成長戦略──『國酒』の未来」https://www.dbj.jp/topics/investigate/2013/html/20130901_200517.html

日本賃貸住宅管理協会日管協総合研究所（2013-2021）「賃貸住宅景況感調査『日管協短観』」第9回～第25回　https://www.jpm.jp/marketdata/

日本弁護士連合会（2020）「新型コロナウイルス感染拡大によって家賃の支払に困難を来す人々を支援するため、住居確保給付金の支給要件緩和と積極的活用を求める会長声明」https://www.nichibenren.or.jp/document/statement/year/2020/200507_3.html

丹羽健司（2014）『木の駅』全国林業改良普及協会

任哲（2012）『中国の土地政治──中央の政策と地方政府』勁草書房

野田公夫（2012）『日本農業の発展論理』農山漁村文化協会

──（2013）「『土地改革の時代』と日本農地改革」奥村哲編『変革期の基層社会──総力戦と中国・日本』創土社

バーシェイ，アンドリュー・E（2007）『近代日本の社会科学──丸山眞男と宇野弘蔵の射程』NTT 出版

朴兪美・具滋人（2013）「韓国鎮安郡の村づくりに見る福祉社会開発──行政・住民をつなぐ専門家」穂坂光彦・平野隆之・朴兪美・吉村輝彦編著『福祉社会の開発──場の形成と支援ワーク』ミネルヴァ書房

橋本卓爾・山田良治・藤田武弘・大西敏夫編（2011）『都市と農村──交流から協働へ』日本経済評論社

橋谷弘（1995）「韓国・台湾の NIEs 化と都市化」アジア経済研究所『発展途上国の都市化と貧困層』

浜口允子（2019）『現代中国都市と農村の70年』左右社

平川均・町田一兵・真家陽一・石川幸一編（2019）『一帯一路の政治経済学——中国は新たなフロンティアを創出するか』文眞堂

平野悠一郎（2021）『マウンテンバイカーズ白書』辰巳出版

平山洋介（2013）「持家社会と住宅政策」『社会政策学会』第127回大会報告

———（2020）『マイホームの彼方に』筑摩書房

———（2021）「これが本当に住まいのセーフティネットなのか」『世界』第944号

広原盛明編（2001）『開発主義神戸の思想と経営』日本経済評論社

藤井孝哉（2020）「地域再生と『関係人口』論（I）」『松山大学大学院松山論叢』第41号

———（2021）「地域再生と『関係人口』論（II）」『松山大学大学院松山論叢』第42号

藤田昌久・Jacques-Francois Thisse（2017）『集積の経済学』東洋経済新報社

藤本典嗣（2008）「台湾における都市システム」アジア経済研究所『アジ研ワールドトレンド』第151号

宝剣久俊（2017）『産業化する中国農業——食料問題からアグリビジネスへ』名古屋大学出版会

本間義人（1991）「韓国・台湾の土地政策の教訓」本間義人編『韓国・台湾の土地政策』東洋経済新報社

丸川知雄（2021）『現代中国経済』新版，有斐閣アルマ

三木敦朗・加藤光一（2021）「資本に呑み込まれる農業」基礎経済科学研究所編『時代はさらに資本論』昭和堂

宮嶋博史（1994）「東アジア小農社会の形成」溝口雄三・浜下武志・平石直昭・宮嶋博史編『アジアから考える　6　長期社会変動』東京大学出版会

宮本憲一（1989）『環境経済学』岩波書店

森一憲（1990）「開発利益の還元（台湾の土地制度を中心に）」ニッセイ基礎研究所調査月報1990年7月

森本信明（1976）『民間貸家の更新に関する研究』博士論文

簗田優（2014）「韓国住宅金融市場の近年の動向」『季刊個人金融』2014年夏号

山田盛太郎（1977）『日本資本主義分析』（岩波文庫版），岩波書店

山家悠紀夫（2019）『日本経済30年史』岩波書店

遊川和郎（2017）『香港　返還20年の相克』日本経済新聞出版社

劉進慶（1975）『戦後台湾経済分析』東京大学大出版会

———（1990）「台湾の経済計画と産業政策」アジア経済研究所『アジア諸国の産業政策』

劉進慶・朝元照雄（2003）『台湾の産業政策』勁草書房

六六（2012）『上海，かたつむりの家』（青樹明子訳）プレジデント社

林宗弘（2012）「崩壊への不安——台湾中間層の変容と危機」アジア経済研究所『アジ研ワールドトレンド』204号

若林正丈（2021）『台湾の政治』東京大学出版会

若林正丈・家永真幸（2021）『台湾研究入門』東京大学出版会

涌井秀行（2005）『東アジア経済論——外からの資本主義発展の道』大月書店

──(2010)『戦後日本資本主義の根本問題』大月書店

──(2013)『ポスト冷戦世界の構造と動態』八朔社

「社説　民間賃貸住宅へのコロナ対策支援　大家・賃借人らに更なる支援策を」『住宅新報』
　　2020年5月19日号　https://www.jutaku-s.com/newsp/id/0000043567

『ソトコト』（新・関係人口入門）第22巻第4号，2020年4月

『別冊ソトコト（MADURO 7月号増刊)』（合本・関係人口入門2019年度版）2019年7月

韓国語

韓国農村経済研究院編纂（2019）『農業・農村100年（3.1運動及び大韓民国臨時政府樹立
　　100周年記念)』農林畜産食品部

具滋仁ほか3人（2011）『マウルづくり，鎮安郡10年の経験とシステム』創造的都市再生シ
　　リーズ20，国土研究院

大統領直属農漁業・農漁村特別委員会（2021）『農漁村政策の新たな方向と課題』（韓国農
　　村経済研究院）

中国語

殷章甫（2004）『土地経済学（2版)』五南図書出版

──(2015)『土地経済問題正解』（現代地政叢書68）現象文化

汪利娜（2006）『中国城市土地産権制度研究』社会科学文献出版社

顔愛静（2013）『土地資源概論』五南図書出版

交通運輸部（2008）「公路水路交通運輸行業発展統計公報」2008年版，交通運輸部「交通運
　　輸行業発展統計公報」各年版。

国務院第三次全国農業普査（2019）『中国第三次全国農業普査総合資料』中国統計出版社

国家統計局「農民工監測調査報告」各年版

国家統計局『中国統計年鑑』各年度版，中国統計出版社

蕭錚（1980）『蕭錚回顧録土地改革五十年』中国地政研究所

中華人民共和国国家農業委員会弁公庁編（1981）「関于退社和大社問題（中央農村工作部簡
　　報1956年12月6日)」『農業集体化重要文件編（1949〜1957)』中共中央党校出版社，
　　655〜656ページ

中華人民共和国農業部（2009）『新中国農業60年統計資料』中国農業出版社

中共中央文献研究室編（2005）「関于実行糧食統購統銷一些問題」『陳雲文集（第二巻)』中
　　共中央文献出版社，457〜471ページ

中国信通院（2020）「2020年中国寛帯発展白皮書」9〜10ページ

中国農業部農村経済研究中心当代農業史研究室編（2000）『中国土地改革研究』中国農業出
　　版社

陳誠（1961）『台湾土地改革紀要』台湾中華書局

頼明豪（1988）『国父遺教與台湾土地改革』正中書局
劉偉・楊傑（2016）「第十一章　住房市場監管」主編猊鵬飛『中国住房発展報告（2015－
　　2016)』広東経済出版社

英語

Chang, Chin-Oh and Chen, Ming-Chi (2012) "Taiwan: Housing Bubbles and Affordabili-
ty" A. Bardhan, R. Edelstein and C. Kroll eds., *Global Housing Markets: Crises, Poli-
cies, and Institutions*. New Jersey: John Wiley.

Chang, Chin-Oh and Chen, Shu-Mei (2018) "Dilemma of Housing Demand in Taiwan", *In-
ternational Real Estate Review*, Vol. 21 No. 3.

Chang, Chin-Oh and Hsieh, Bor-Ming (2018) "Changes in housing policy, housing wellbe-
ing and housing justice in Taiwan", R. Chiu and S-K. Ha eds., *Housing Policy, Wellbe-
ing and Social Development in Asia*, London and New York: Routledge.

Chen, A. (1996) "China's urban housing reform: Price-rent ratio and market equilibrium,"
Urban Studies, Vol. 33 No. 7.

Chiu, R.L.H. (2019) "Housing challenges in Hong Kong's dualistic housing system: Impli-
cations for Chinese cities," R. Chiu, Z. Liu and B. Renaud eds., *International Housing
Market Experience and Implications for China*, London and New York:Routledge.

Cho, Man and K-H. Kim, S. Park, S. Dong You (2019) "The land and housing delivery sys-
tem in Korea", R. Chiu, Z. Liu, and B. Renaud eds., *International Housing Market Ex-
perience and Implications for China*, London and New York: Routledge.

Fang, Changchun and Iceland, J. (2018) 'Housing inequality in Urban China: the heritage of
socialist institutional arrangements' *Journal of Chinese Sociology* Vol. 55,Issue 1.

Ha, Seong-Kyu (2019) "The role of government and housing market dynamics in Korea", R.
Chiu, Z. Liu, and B. Renaud eds., *International Housing Market Experience and Impli-
cations for China*, London and New York: Routledge.

Kemeny, Jim (1995) *From Public Housing to the Social Market: Rental Policy Strategies
in Comparative Perspective*. London：Routledge.

Kim, Soo-Haeng and H. Ahn (2002) "The Peculiar 'Publicness' of Housing in South Ko-
rea", G. Dymski and D. Isenberg eds., *Seeking Shelter on the Pacific Rim: Financial
Globalization, Social Change, and the Housing Market*, New York and London:
M.E.Sharpe.

Lim, G.C. and M.H. Lee (1990) "Political-Ideology and Housing Policy in Modern China",
Environment and Planning C.Government and Policy, 8.

OECD (2005) "Potential Offshoring of ICT intensive Using Occupations."

――(2021)"HC2.1. LIVING SPACE", Affordable Housing Database. https://www.oecd.
org/els/family/HC2-1-Living-space.pdf

Oizumi, Eiji and S. Kim(2012)"Government/Public Lending Institutions: Asia-Pacific" S.
J. Smith et al. eds, *International Encyclopedia of Housing and Home*, Vol. 2. Oxford:
Elsevier.

Peng, Chien-Wen and Hsieh, Bor-Ming, and Chang, Chin-Oh(2019)"Housing price, hous-
ing mobility, and housing Policy in Taiwan", R. Chiu, Z. Liu, and B. Renaud eds., *Inter-
national Housing Market Experience and Implications for China*. London and New
York: Routledge.

UN(1991)CESCR General Comment No. 4: The Right to Adequate Housing(Art. 11(1)
of the Covenant). Committee on Economic, Social and Cultural Rights(CE-
SCR).1991. https://www.refworld.org/docid/47a7079a1.html

Wang, Y. P. and A. Murie(1999)*Housing Policy and Practice in China*, London: Palgrave
Macmillan.

Wu,F.L(2003)"Globalization, Place promotion and Urban Development in Shanghai" *Jour-
nal of Urban Affairs*, Vol. 25.

Zhang, X. Q.(1998)*Privatisation: A Study of Housing Policy Urban China*, NOVA Sci-
ence.

国立台湾大学建築與城郷研究所ウェブサイト(http://en.bp.ntu.edu.tw/)"1989～2014 Cam-
paigning for Urban Housing Justice: The Shell-less Snail Movement".

執筆者（執筆順）

加藤光一（かとう　こういち）序章，第1章，第2章，第4章，第5章，終章
奥付の編者紹介を参照。

具　滋仁（ぐ　じゃいん）第3章，第13章
1965年生まれ。韓国・マウル研究所イルソゴンド協同組合所長。著書『住みよいマウルづくりの道案内：基本編』（韓国語，共著，グムルコ出版社，2021年），「韓国における契約職公務員制度の現状と課題──韓国鎮安郡の事例を中心に」（『地域開発』第552号，2010年）。

高橋文紀（たかはし　ふみのり）第5章
1987年生まれ。明治大学商学部助教。論文「中国農業と大規模経営──農業大規模経営の進展と問題を中心に」（『明大商学論叢』第102巻第3号，2020年），「中国農業の6次産業化──中国農業の6次産業化の進展と問題の一考査」（『商学研究論集』第51号，2019年）。

江成　穣（えなり　ゆたか）第6章
1992年生まれ。松山大学経済学部講師。論文「内発的発展論における地域産業政策の位置づけ──長野県飯田下伊那地域を事例として」（『政策科学』第28巻第1号，2020年），「都道府県経済の財政依存構造──47都道府県産業連関表の分析を基として」（『政策科学』第26巻第2号，2019年）。

藤井孝哉（ふじい　たかや）第7章
1994年生まれ。松山大学大学院経済学研究科博士課程。論文「地域政策としての『地域おこし協力隊』の制度と現実」（『農業法研究』第55号，2020年），「地域政策としての『地域おこし協力隊』をめぐる制度の非対称性」（『日本の科学者』第55巻第10号，2020年）。

石川啓雅（いしかわ　ひろまさ）第8章
1971年生まれ。高岡法科大学法学部教授。論文「現代地方中小酒造業における生産・労働に関するモノグラフ──ワークショップ・エコノミー論序説」（『高岡法学』第39号，2020年），「アジアの経済成長とグローバル・サプライチェーンの形成」（野口教子編『経済社会の発展と課題──アジア・欧州との交流がもたらすもの』芦書房，2022年）。

三木敦朗（みき　あつろう）第9章
1978年生まれ。信州大学学術研究院農系助教。著書『日本・アジアの森林と林業労働』（共著，川辺書林，2013年），論文「資本に呑み込まれる農業──地代論の可能性」（共著，基礎経済科学研究所編『時代はさらに資本論──資本主義の終わりのはじまり』昭和堂，2021年）。

外山浩子（とやま　ひろこ）第10章
日本農業法学会理事。論文「有機農業運動と改正JAS法──新潟県・ささかみ農業協同組合の取り組み事例に即して」（『農業法研究』第39号，2004年），「集落営農──その言説と政策の変遷」（『早稲田法学会誌』第62巻第2号，2012年）。

大泉英次（おおいずみ　えいじ）第11章，第12章，第13章，第14章，終章
奥付の編者紹介を参照。

佐藤和宏（さとう　かずひろ）第12章
1988年生まれ。高崎経済大学地域政策学部講師。論文「コロナショックは住宅問題にどのように現れているか――不可視化された住宅危機」（『地域政策研究』第24巻第2号，2021年），「住まいの貧困から見る日本の住宅政策」（五石敬路，ノ・デミョン，王春光編著『日中韓の貧困政策――理論・歴史・制度分析』明石書店，2021年）。

中岡深雪（なかおか　みゆき）第15章
1974年生まれ。北九州市立大学基盤教育センター准教授。論文「上海における住宅供給と価格形成――新沢・華山理論による検討」（『中国研究月報』第62巻第7号，2008年），「中国海外集団有限公司発展の経緯と中国住宅市場」（佐々木信彰編著『転換期中国の企業群像』晃洋書房，2018年）。

編者

加藤光一（かとう　こういち）
1953年生まれ。松山大学経済学部教授。著書『グローバル東アジア資本主義のアポリア
──日韓中台の「農村」的領域から考える』（大月書店，2020年），『アジア的低賃金の
《基軸》と《周辺》』（日本経済評論社，1991年）。

大泉英次（おおいずみ　えいじ）
1948年生まれ。和歌山リハビリテーション専門職大学健康科学部教授，和歌山大学名誉
教授。著書『土地と金融の経済学──現代土地問題の展開と金融機構』（日本経済評論社，
1991年），『不安定と格差の住宅市場論──住宅市場のガバナンスのために』（白桃書房，
2013年）。

松山大学教科書第21号【2021年度松山大学教科書発行助成による】

装幀　鈴木衛（東京図鑑）

東アジアのグローバル地域経済学──日韓台中の農村と都市

2022年2月28日　第1刷発行　　　　　　　　　　　定価はカバーに
　　　　　　　　　　　　　　　　　　　　　　　表示してあります

　　　　　　　　　　　　　　　　　　編　者　加藤　光一
　　　　　　　　　　　　　　　　　　　　　　大泉　英次

　　　　　　　　　　　　　　　　　　発行者　中川　　進

〒 113-0033　東京都文京区本郷 2-27-16

発行所　株式会社　大 月 書 店　　印刷　太平印刷社
　　　　　　　　　　　　　　　　　製本　中永製本

電話（代表）03-3813-4651　FAX 03-3813-4656　振替 00130-7-16387
http://www.otsukishoten.co.jp/

ISBN978-4-272-15046-5　C0033　Printed in Japan